eye 守望者

—

到灯塔去

# 昆汀·塔伦蒂诺访谈录

[美] 杰拉尔德·皮尔里 编
邵逸 译

# Quentin Tarantino Interviews

Edited by Gerald Peary

南京大学出版社

*Quentin Tarantino: Interviews*
Revised and Updated
Edited by Gerald Peary

江苏省版权局著作权合同登记　图字：10－2019－616 号

**图书在版编目(CIP)数据**

昆汀·塔伦蒂诺访谈录 / (美) 杰拉尔德·皮尔里编；邵逸译. —南京：南京大学出版社，2022.10(2023.1 重印)
书名原文：Quentin Tarantino：Interviews
ISBN 978－7－305－25853－4

Ⅰ.①昆…　Ⅱ.①杰…　②邵…　Ⅲ.①昆汀·塔伦蒂一访问记　Ⅳ.①K837.125.78

中国版本图书馆 CIP 数据核字(2022)第 113631 号

出版发行　南京大学出版社
社　　址　南京市汉口路 22 号　　　邮　编 210093
出 版 人　金鑫荣

**书　　名　昆汀·塔伦蒂诺访谈录**
编　　者　[美] 杰拉尔德·皮尔里
译　　者　邵　逸
责任编辑　顾舜若
照　　排　南京紫藤制版印务中心
印　　刷　南京爱德印刷有限公司
开　　本　787mm×1092mm　1/32　印张 14.25　字数 208 千
版　　次　2022 年 10 月第 1 版　2023 年 1 月第 2 次印刷
ISBN 978－7－305－25853－4
定　　价　68.00 元

网　　址：http://www.njupco.com
官方微博：http://weibo.com/njupco
官方微信：njupress
销售咨询：(025)83594756

---

# 目　录

# 引 言

在这个随时可以在网飞或 Hulu[①] 上看节目的慵懒时代，回忆一下看录像带的年代吧，当时你必须走出自己舒适的公寓才能租到录像带。不过，能够和你最喜欢的音像店店员互动也算是一种补偿。你还记得，对吗？那个穿着 T 恤的男孩或女孩，因为太懂电影而感到尴尬，七美元的时薪不影响他们与客人就电影（无论是欧洲电影作者[②]

① 网飞（Netflix）和 Hulu 都是美国视频内容订阅网站。（若无特殊说明，本书脚注均为译注。）

② 电影作者（auteur）指个性及艺术风格对其作品影响很大，能够被称为其作品的“作者”的电影导演。

的杰作,还是好莱坞类型片或中国香港功夫片)进行热烈的讨论。

1992 年 1 月,二十八岁的昆汀·塔伦蒂诺在圣丹斯电影节(Sundance Film Festival)上亮相时就是这样一位迷人的人物。他来自加利福尼亚州,自称"超级影迷",曾在曼哈顿海滩上的电影档案音像店(Video Archives)扎扎实实地工作了五年。他在那里看了无数电影,不停地与人讨论,并制定了自己拍摄电影的计划。如今,他自编自导自演的第一部长片《落水狗》在公园城首映后声名大噪。

1992 年 8 月到 9 月,塔伦蒂诺带着《落水狗》参加了蒙特利尔和多伦多电影节。每个遇到"昆汀"(很难把他和"塔伦蒂诺先生"联系在一起)的人都认为,他是一位非常随和亲切、平易近人的电影人。因突然受到关注而兴高采烈的他,与记者——像他在电影档案音像店工作时一样——就电影,以及他的作品展开了热烈的讨论。从艺术电影到剥削电影①,拍摄《落水狗》时,他似乎借鉴了

① 剥削电影是为了票房而滥用新闻热点、亚文化或哗众取宠的内容的影片,通常为劣质 B 级片。

所有类型的电影;不过他也用美国文学充实自己的作品。对他有影响的文学作品包括 J. D. 塞林格的格拉斯家族的故事,埃尔默·伦纳德、查尔斯·威尔福德和吉姆·汤普森的冷酷小说。他对流行电视节目——《鹧鸪家庭》(*Partridge Family*)和《海滩游侠》(*Baywatch*)也有浓厚的兴趣。

在多伦多,极富个人魅力的塔伦蒂诺成了一场非常精彩的新闻发布会的主角,与他一同出席的还有出演《落水狗》的演员——哈威·凯特尔、迈克尔·马德森、史蒂夫·布西密和蒂姆·罗斯。本书收录了这次新闻发布会的文稿和已故影评人彼得·布鲁内特在蒙特利尔对塔伦蒂诺的采访。(布鲁内特是密西西比大学出版社"电影人访谈录系列"的原主编。)这篇睿智的访谈展示了我们为何如此想念他的才华(和他本人)。接受布鲁内特采访时,塔伦蒂诺提到他将《落水狗》构建为一部黑色喜剧:"我喜欢这种构想:观众正在笑,结果下一秒,砰!墙上全是血。"他还毫不掩饰对"纯美式垃圾食品"生活方式的热爱:"其中有非常可爱的一面。不过我这么说可能是因为,这是我祖国的文化。这是我的个人喜好!"

我也在蒙特利尔采访了塔伦蒂诺。他向我讲述了他曾经做的一个梦:他在导演霍华德·霍克斯家中参加派对,其他客人包括罗伯特·米彻姆和约翰·韦恩。我还了解到他对让-吕克·戈达尔和让-皮埃尔·梅尔维尔等新浪潮电影人的喜爱。

我请塔伦蒂诺帮了个忙。他不久要来波士顿——也就是我教书的地方——在《落水狗》首映之前与本地媒体见面。"你有没有可能来波士顿大学,在我的法国新浪潮课上说几句?"一周后,他走进了波士顿大学的校园。那是 1992 年 9 月中旬,我说(怎么可能忘记?):"同学们,这是昆汀·塔伦蒂诺。你们还不知道他是谁,因为他的电影还没有在波士顿上映。但你们以后一定会认识他:那是一部非常精彩的长片首作。"学生们盯着他看:他看起来很酷("酷"是塔伦蒂诺最喜欢的字)。至于有没有才华,他们就只能相信我的判断了。

我说明道:"昆汀来与我们探讨法国新浪潮。"他简直口若悬河!我原本只期待他讲几分钟,结果他临场发挥,用一个半小时讲解了新浪潮作品如何精彩,不仅涵盖新浪潮导演拍摄的伟大电影(他很熟悉那些电影,简直倒背如流)，还提到了《电影手册》[①]上夸张的文章。我记得他转述《电影手册》上(为道格拉斯·塞克的一部战争片着迷的)戈达尔的话语:“多么好的片名:《无情战地有情天》(*A Time to Love and a Time to Die*)! 任何拥有这么伟大的片名的电影都一定会是……伟大的电影!”

有意思的是，塔伦蒂诺完全没提《落水狗》。他的身心都在 20 世纪 60 年代的巴黎。而波士顿大学的我们听他讲的故事过于入迷，竟然忘记把这场难得的活动录下来。太遗憾了! 1992 年 9 月，塔伦蒂诺的第一篇“职业”访谈发表在法国的《正片》杂志上，他同米歇尔·西芒和于贝尔·尼奥格雷讨论了自己与电影结缘的童年、《落水狗》之前他尝试拍摄的长片《我最好朋友的生日》，以及两部很久以前完成的剧本——《真实罗曼史》和《天生杀人狂》。

1992 年 10 月，《落水狗》在美国的影院上映。美国最优秀的影评人为之撰写长篇评论，赞扬塔伦蒂诺与年

① 《电影手册》(*Cahiers du Cinéma*)是电影史上影响力极大的电影杂志，由安德烈·巴赞创办。编辑部的批评家弗朗索瓦·特吕弗、让-吕克·戈达尔等人日后成为法国新浪潮电影的代表人物。

龄不符的卓越才华、机智的对话、对类型的娴熟运用；但也有人反对其作品明目张胆地表现大量暴力。比如，《洛杉矶周报》的埃拉·泰勒强烈谴责《落水狗》中用剃须刀折磨人的场景，称之为“虚假的、施虐狂的编排……完全没有必要，不考虑观众的感受”。

多年来，塔伦蒂诺作品中的暴力一直遭到质疑。导演本人坚持不懈地在一次又一次访谈中驳斥这种批评。在他看来，银幕上的暴力和现实中的暴力不同，而他对后者深恶痛绝。但他享受他人作品中编排得当的暴力场面，亲自编排这样的场面也让他感到快乐。对于塔伦蒂诺来说，电影中的暴力是一个品位问题，就像观众可能喜欢也可能不喜欢歌舞片或西部片。至于社会责任，塔伦蒂诺声称，他只有如实展现他的人物的艺术责任。如果他们是冷血杀手，那也没办法。

1994 年 5 月，他的第二部长片《低俗小说》在戛纳电影节首映，获得了电影人梦寐以求的金棕榈奖，有些人认为这部影片是他最杰出的作品。塔伦蒂诺声名鹊起，公关受雇监控和限制他的采访。《落水狗》时期畅所欲言的日子结束了，可能永远都不会再有了。在戛纳，记者被请进屋和塔伦蒂诺聊五到十分钟，这点时间根本不够深入讨论这部雄心勃勃、极端复杂的作品。

还好，不是没有例外。

塔伦蒂诺接受了为《视与听》杂志写作的曼诺拉·达吉斯的采访，向她介绍了自己制作电影的过程。《落水狗》之后，他再度接受法国影评人米歇尔·西芒和于贝尔·尼奥格雷的采访，与他们就《低俗小说》展开了深度讨论。（这次访谈最初以英语进行，被译为法语刊登在《正片》杂志上，又由波士顿大学电影教授 T. 杰斐逊·克莱恩译回英语后被本书收录。）针对《低俗小说》在银幕上的呈现，最深入的交流可能是《电影评论》杂志编辑加文·史密斯对塔伦蒂诺进行的采访。这次采访十分出色，是优秀深入的访谈的典范。

1994 年 10 月，《低俗小说》在美国首映，口碑和票房双丰收。到那时，几乎每家主流美国报纸都已刊登过塔伦蒂诺的访谈。然而，这样高密度的曝光会给这位电影人带来什么样的影响呢？会让观众审美疲劳吗？一年后，在他的多段式电影《四个房间》上映之前，塔伦蒂诺第一次流露出难过与疲惫。他在接受《首映》杂志的彼得·

毕斯肯德的采访时，谈及评论界对他在罗伯特·罗德里格兹的长片《杀人三部曲》(*Desperado*，1995)中表演的评价。塔伦蒂诺对此表达了不满。他认为所有影评人都在说:“我们厌倦这家伙了。我们不想再看到他的脸了。”

据我所知，1995年秋《四个房间》(在一座豪华酒店里发生的四个相互关联的故事，由四位不同的导演执导)上映时，塔伦蒂诺没有单独接受过采访。在媒体看之前，他先看了整部电影，且多半已经预计到影片会惨败。然而1996年初，他又和朋友罗德里格兹合作，出演了后者导演的西部恐怖片《杀出个黎明》。影片的剧本是塔伦蒂诺创作的，为了宣传这部电影，他同意接受杂志采访，也就是《通道》杂志刊登的轻松愉快的访谈。

但是在接受《细节》杂志的采访时，塔伦蒂诺进行友好交流的同时，提到了他作为被媒体追捧的明星所感到的日渐强烈的不适。“很古怪，”他承认道，“读我的访谈稿让我产生了一种奇怪的感觉，我明明只是在做自己，却感到不自在……没人能够忍受那种不自在，你会突然害怕自己真实的样子。”

接受《村声》杂志影评人J. 霍伯曼的采访时，塔伦蒂诺进一步吐露心声,这次访谈颇具信息量。三部速成的塔伦蒂诺传记已经出版,而塔伦蒂诺认为其中有对他毫无必要的批评:“如果他们将说我的坏话当作自己的职业——那就祝他们一帆风顺。”至于他不被赏识的表演尝试,他表示会继续表演,哪怕“影评人将我视为偶尔过过表演瘾的名人”。

还有,他厌倦了嗜影成痴的形象。这是一种误解:“我的生活中只有电影——电影是唯一和我有情感联系的东西。太离谱了!我觉得相较于我遇到的很多人,我的生活都更加丰富!”他计划如何调整状态?“我要休息,”塔伦蒂诺宣称,“看书,和朋友在一起,快乐地生活。”

塔伦蒂诺决意远离聚光灯,因此《危险关系》拍摄期间,剧组不对外开放。后期制作期间,塔伦蒂诺只接受了一位记者——林恩·赫希伯格的采访,该访谈刊登在《纽约时报杂志》1997 年 11 月的电影特刊上。在这篇名为《改变一切的人》(“The Man Who Changed Everything”)的访谈中,塔伦蒂诺放慢了节奏,进行了更多的思考。他表示,《危险关系》中的人物奥德尔(塞缪尔·杰克逊饰),一位杀了人的非裔美国骗子,与他本人十分相似。“如果我没有想拍电影，我就会变成奥德尔，”他说，“我不会成为邮递员或者去电话公司工作……我会被卷入一个又一个骗局。我会被送进监狱。”

同时，塔伦蒂诺抱怨——他的抱怨不是没有道理——美国媒体总是要求采访他，现在又因为他乐于接受采访而批评他，称他为“自我推销大师”。塔伦蒂诺提及：“我所做的和演员没有区别。我没有比演员接受更多的采访。”

《危险关系》的上映很低调。报纸和杂志只能采访演员，尤其是帕姆·格里尔。看来，塔伦蒂诺唯一一次在美国讨论这部影片，是在洛杉矶的一次招待会上，当时距离《危险关系》的首映——1997 年圣诞节——还有几周时间。《波士顿凤凰报》的彼得·基夫在现场记录了塔伦蒂诺所说的话。基夫的文章是本书的 1998 年版收录的最后一篇文章。

2013 年增补。我采访塔伦蒂诺，以及他来波士顿大学在我的课上发表流利演说，已经是二十一年前的往事了。谢谢，昆汀！《昆汀·塔伦蒂诺访谈录》首次出版也是十五年前了。现出版更新版，增补内容从《危险关系》(1997)取得的反响开始，包括此后塔伦蒂诺拍摄的电影：《杀死比尔》(2003)、《杀死比尔 2》(2004)、《刑房》(2007)和《无耻混蛋》(2009)。这本大幅修订的《昆汀·塔伦蒂诺访谈录》以 2012 年上映的塔伦蒂诺作品《被解救的姜戈》收尾。

对于希望塔伦蒂诺“成熟”的评论家来说，《危险关系》这部影片会让他们欣喜若狂。这部根据埃尔默·伦纳德的小说《危险关系》(*Rum Punch*)改编的影片不仅比伦纳德出色的小说情节更巧妙，也更深刻、更感人、更具明显的哲学意味。影片结合了迈阿密犯罪传奇和近乎契诃夫式的温柔的中年爱情故事，表现了人生中不可避免的渴望和失望。骄傲的塔伦蒂诺告诉英国记者阿德里安·伍顿，伦纳德“很喜欢这部电影……显然让我非常开心”。

昆汀——他的单身母亲有一半彻罗基族印第安人血统——解释了他为何能够自信地写非裔美国人物(帕姆·格里尔、塞缪尔·杰克逊)的对话：“我可以说是在黑人文化的熏陶下长大的。我上的是全黑人学校。我对黑人文化有认同感。……我们内心都有很多不同的侧面，我有像黑人的一面。”

《危险关系》之后，塔伦蒂诺休息了很长时间。六年没有拍摄电影。

重回影坛的他会选择哪一条道路呢？他决定满足自己“内心”的另一面：那个依旧热血沸腾的前音像店店员——热爱亚洲的功夫和武侠电影、意大利西部片等外国动作片。相隔几个月上映的《杀死比尔》和《杀死比尔2》使影迷梦想成真（获得了米拉麦克斯[①]的A级电影[②]的预算，资金相对充裕）：全球各种动作片类型被巧妙编织成了一股汹涌洪流，复仇新娘（乌玛·瑟曼饰）在重拳飞腿和刀光剑影中左突右冲，将敌人一个个剿灭，直到她的暗杀对象只剩一人——比尔（大卫·卡拉丁饰）。

《杀死比尔》系列影片让塔伦蒂诺开始和一群欣赏他作品的新影评人互动。这群活跃在网络上的年轻人喜欢这两部影片，因为他们从小看亚洲动作电影，看得懂影片

---

① 米拉麦克斯影业公司（Miramax Films）由韦恩斯坦兄弟于20世纪70年代创立，为美国最重要的独立片商之一。

② A级电影指制片厂相对重视、投入较多的影片。

中的引用。塔伦蒂诺和网站 JAPATTACK 的町山智浩围绕《杀死比尔》进行了网络问答，还有比这更亲密愉快的采访吗？两人看过韩国、中国和日本的几乎所有动作片。当町山提出典型的内行问题——“你是如何获得使用《独臂拳王大破血滴子》(王羽，1976)的音乐的授权的？”——时，塔伦蒂诺怎么能不被打动？

然而，令他失望的是，80 后、90 后并不喜欢他和罗伯特·罗德里格兹合作的《刑房》(2007)，其中塔伦蒂诺导演了名为《金刚不坏》、十分刺激的部分。灾难性的票房成绩表明，塔伦蒂诺对 70 年代美国性剥削电影的真诚致敬，对于 80 后、90 后观众没有太多意义。“我为我的失败而骄傲。”他当时说过。在之后的采访中，他回忆起影片在洛杉矶格莱曼中国剧院美好的首映，当天在场的观众看得都很投入。

塔伦蒂诺凭借大获成功的《无耻混蛋》(2009)东山再起。影片讲述“二战”期间一群残暴、无政府主义的犹太士兵抓捕纳粹并向他们快意复仇的虚构故事。大多数观众和影评人都很喜欢这部影片。不过还是有人认为，该影片只是青少年的幻想，是对大屠杀的真实故事——饱受欺凌、食不果腹的犹太人无力反抗——的冒犯。塔伦蒂诺在广播节目《新鲜空气》中接受特里·格罗斯的采访时为自己辩护:“多年来,我想到美国犹太人复仇的故事时,我会讲给我的男性犹太朋友听。他们的反应都是:‘这正是我想看的电影……’就连我都感到热血沸腾,而我都不是犹太人。”

新千年的塔伦蒂诺。

和20世纪90年代初(当时刚刚推出《落水狗》的昆汀是令人耳目一新的另类电影人)相比,如今的世界已经截然不同。一方面,曾经处于边缘地位的极客[①]成了主流。想想哈利·波特。想想火爆的动漫展(Comic Con)。想想漫画改编的大片——《蝙蝠侠》《蜘蛛侠》,以及《复仇者联盟》。塔伦蒂诺曾经独特的感性因为无穷无尽的模仿者——尽管他们的才华和想象力都远不及塔伦蒂诺——而变成了主流。这让被模仿者何去何从?和悠闲

① 极客(geek)指智力超群、善于钻研、不爱社交的学者或知识分子,含有贬义,近年来随着互联网文化的兴起,贬义成分逐渐减少。

的 1992 年不同，他与评论其作品的人时常是疏离的。

2009 年，就《落水狗》接受影评人埃拉·泰勒采访十七年后，塔伦蒂诺再次与她见面，还在洛杉矶的同一家丹尼快餐厅。他抱怨道："这些剩余的影评人的文章中出现了一种新的形式主义……电影中的活力不再受到肯定。"这句话针对的是那些否定《无耻混蛋》的人，他们对电影人要求更高，认为电影不仅仅是一种技巧高超、逃避现实的娱乐。他们永远希望塔伦蒂诺再拍一部《危险关系》。但这次访谈显示，塔伦蒂诺和他的很多忠实粉丝——网络影评人——也渐行渐远。"有一些不错的网络影评人，但有些比较像影迷，会说：'哦，这太糟糕了。'"最近接受采访时，塔伦蒂诺哀叹了有见识的电影评论的衰亡——他是为数不多承认自己读影评的电影人之一——将活跃在网络空间的无知影评人称为"渡渡鸟"。

随后与我们见面的是《被解救的姜戈》——塔伦蒂诺表现美国内战前的南方奴隶制和奴隶贸易的意大利西部片。影片欢快乐观，但也充满激情和愤怒。本书准备印刷时，《被解救的姜戈》登陆院线。影片得到了评论家和观众的喜爱，成为塔伦蒂诺票房成绩最出色的作品。影片获得了两项奥斯卡奖，导演机智、错乱的剧本收获了最佳原创剧本奖，实至名归。

这一次，塔伦蒂诺明智地选择了对谈者。本书的最后一篇是关于《被解救的姜戈》真正经典、绝对权威的对谈——影片骄傲的（理应如此）导演和杰出的非裔美国学者、哈佛大学教授小亨利·路易斯·盖茨的对谈。盖茨作为奴隶制问题方面最博学的专家之一，对《被解救的姜戈》——包括其中的暴行和类型元素——十分欣赏，还赞扬它让观众直面奴隶制的残酷。

2007 年，有人问塔伦蒂诺："观众对你的作品的反馈还会让你感到兴奋吗？"他回答："和观众一起看电影，观察影片的效果，能够即刻产生满足感……但终极的回报是影片被观众铭记和喜爱。十年后他们还在看。二十年后他们还收藏着影片。"

这一定会是《被解救的姜戈》的未来。

和"电影人访谈录系列"的其他图书一样，本书收录的访谈大多未经改动。尽管这个系列采用的形式会导致一些重复，但塔伦蒂诺很有创意，能用不同的有趣方法表述同样的意思。另外，这些访谈是从诸多采访中挑选出来的，最具见地、信息量和表现力。

特别感谢特里·格罗斯、尼克·詹姆斯、凯瑟琳·巴托舍维奇和我的妻子艾米·盖勒。感谢密西西比大学出版社的莱拉·索尔兹伯里和瓦莱丽·琼斯在编辑方面的指导。谨以此纪念罗伯特·奥尔德里奇和凯琳·凯。我想念你们。

杰拉尔德·皮尔里

# 年　表

1963 年　3 月 27 日出生于田纳西州诺克斯维尔，是康妮·麦克休和托尼·塔伦蒂诺之子。

1965 年　康妮移居洛杉矶，和柯蒂斯·扎斯托皮尔结婚，将昆汀接到洛杉矶。

1968 年　进入加利福尼亚州圣盖博谷的幼儿园。

1971 年　全家移居洛杉矶南湾地区的埃尔塞贡多。塔伦蒂诺进入霍桑基督教学校学习。

1973 年　康妮离婚。

1977 年　完成第一部剧本《桃子毛船长和凤尾鱼大盗》。

1979 年　从中学退学，在加利福尼亚州托伦斯的一家放映 X 级电影[①]的电影院担任引座员。

1981 年 开始在詹姆斯·贝斯特剧院公司上表演课，并在那里认识了克雷格·哈曼。12 月 31 日，康妮与扬·博胡施结婚。

1983 年 为博胡施工作，销售展会展位。搬出母亲的房子。

1984 年 克雷格·哈曼提出《我最好朋友的生日》的剧本设想，塔伦蒂诺与他合作创作。

1984—1989 年 在曼哈顿海滩上的电影档案音像店工作，在那里认识了当时的同事、后来的合作编剧罗杰·阿夫瑞。

1985 年 开始在比弗利山庄的艾伦·加菲尔德的演员庇护所（Allen Garfield's Actors' Shelter）学习表演。

1986 年 作为导演用 16 毫米胶片拍摄《我最好朋友的生日》的主要部分（未完成）。

---

① 在美国电影分级系统中，X 级相当于现在的 NC－17 级，即十七岁及十七岁以下不得观看。

1987 年　创作《真实罗曼史》剧本。

1989 年　创作《天生杀人狂》剧本初稿。创作《落水狗》剧本。

1989—1991 年　与格蕾丝·洛芙蕾丝恋爱。

1990 年　创作《杀出个黎明》剧本。在一家制作公司——电影电视公司(CineTel)工作,承担有线电视电影《限时索命》(*Past Midnight*, 1992)的剧本改写工作。

1991 年　6 月,带着《落水狗》的剧本在犹他州公园城参加圣丹斯学院工作坊。夏季至秋季,用五周时间拍摄《落水狗》。

1992 年　1 月,《落水狗》在犹他州公园城的圣丹斯电影节举行全球首映。《落水狗》在戛纳、蒙特利尔和多伦多电影节展映。10 月,《落水狗》在美国上映。

1993 年　《真实罗曼史》上映,塔伦蒂诺创作了该片剧本。

1994 年　冬季,拍摄《低俗小说》。5 月,塔伦蒂诺自编自导的《低俗小说》在戛纳电影节首映,获得金棕榈奖。9 月,《低俗小说》成为纽约电影节的开幕电影。10 月,《低俗小说》在美国上映。在《与我同眠》(*Sleep with Me*)中饰演一个喜剧角色。主演《淘金梦魇》(*Destiny Turns on the Radio*)。为《红潮风暴》(*Crimson Tide*)剧本贡献额外内容(未署名)。为《肥仔》(*It's Pat*)剧本贡献额外内容(未署名)。《天生杀人狂》上映,该片剧本为塔伦蒂诺所创作。

1995 年　出演《杀人三部曲》。塔伦蒂诺和劳伦斯·班德组建滚雷电影(Rolling Thunder),通过米拉麦克斯发行他人的新旧电影作品。9 月,《四个房间》在多伦多国际电影节首映,塔伦蒂诺自编自导了其中的一个故事。9 月,《四个房间》在美国上映。《杀出个黎明》上映,塔伦蒂诺为该片创作剧本并出演该片。

1996 年　塔伦蒂诺出演的《6 号女郎》(*Girl 6*)上映。塔伦蒂诺与女友米拉·索维诺一同参加奥斯卡颁奖典礼。《勇闯夺命岛》(*The Rock*)上映,塔伦蒂诺为该片剧本贡献额外内容(未署名)。

1997 年　夏季，拍摄自编自导的《危险关系》。圣诞节，《危险关系》上映。

1998 年　六年未拍电影。在百老汇出演情节剧[①]《盲女惊魂记》(*Wait Until Dark*)。

2000 年　出演史蒂文·布里尔导演的《小尼基》(*Little Nicky*)。

2002—2004 年　出演电视剧《双面女间谍》(*Alias*)中的四集。

2003 年　塔伦蒂诺自编自导的《杀死比尔》上映。

2004 年　塔伦蒂诺自编自导的《杀死比尔 2》上映。

2005 年　执导电视剧《犯罪现场调查》(*CSI*)中的一集，并因此获艾美奖提名。

2006 年　制作科林·K. 格雷和梅根·拉尼执导的纪录片《自由的怒吼》(*Freedom's Fury*)。

2007 年　担任伊莱·罗斯执导的《人皮客栈 2》(*Hostel: Part II*)的监制。出演三池崇史执导、用英语

---

① 情节剧(melodrama)是含有大量戏剧性事件，人物情感夸张、不真实的戏剧。

拍摄的日本长片《寿喜烧西部片》。与罗伯特·罗德里格兹合作拍摄的《刑房》上映。出演该片中罗德里格兹导演的第一部分《恐怖星球》（"Planet Terror"），负责第二部分《金刚不坏》的导演、剧本、摄影工作，并出演其中一个角色。接受菲律宾总统格洛丽亚·马卡帕加尔-阿罗约授予的终身成就奖。

2008 年　担任拉瑞·比肖普执导的《地狱骑士》（*Hell Ride*）的监制。

2009 年　塔伦蒂诺自编自导的《无耻混蛋》上映。《杀死比尔》的演员大卫·卡拉丁在曼谷因窒息意外去世。

2010 年　《无耻混蛋》获八项奥斯卡提名，包括最佳影片、最佳导演和最佳原创剧本。克里斯托弗·瓦尔兹获最佳男配角奖。与塔伦蒂诺合作多年的剪辑萨莉·孟克在洛杉矶的一个公园内去世，终年五十六岁。塔伦蒂诺买下洛杉矶的新比弗利电影院，以便其继续放映 35 毫米胶片。

2012 年　宣布计划自编自导《杀死比尔 3》。塔伦蒂诺自编自导的《被解救的姜戈》于圣诞节上映。

2013 年　《被解救的姜戈》获五项奥斯卡提名，包括最佳影片和最佳摄影。塔伦蒂诺获最佳原创剧本奖，克里斯托弗·瓦尔兹获最佳男配角奖。

# 戛纳电影节访谈

米歇尔·西芒和于贝尔·尼奥格雷/1992年

*采访者*:你以前拍过电影吗?

*昆汀·塔伦蒂诺(以下简称塔伦蒂诺)*:我二十二岁的时候,借了一台16毫米摄影机,花了三年时间,在周末或者有闲钱的时候拍摄《我最好朋友的生日》这部自制电影。但我没有钱冲洗胶片。我用自己的钱拍摄这部电影,而我当时在音像店工作,拿的是最低工资。断断续续地拍摄了三年之后,我终于凑齐了冲印所需要的资金。我开始将片段组合起来,随后备受打击。成品远达不到我想象的效果。简直一无是处。要完成它可能还需要一年半左右的时间,“好,现在开始后期制作”。所以我想:

“就当是上电影学院了。我学到了拍电影的错误做法。”后来为了筹钱拍一部真正的电影，我开始写剧本。先写了《真实罗曼史》，然后是《天生杀人狂》。

采访者：这些剧本是讲什么的？

塔伦蒂诺：《真实罗曼史》是围绕一次毒品交易展开的爱情故事，很像埃尔默·伦纳德的小说。《天生杀人狂》是一对连环杀手夫妻变成文化偶像的故事。他们成为世界各地（尤其是美国，后来还有日本和法国）青少年的偶像。

采访者：这些故事是根据真人真事改编的吗？

塔伦蒂诺：不是，只是我的想象。美国有一个被称为“夜行者”的连环杀手，叫理查德·拉米雷斯。他的粉丝——十六岁的女孩——会去参加他的庭审。有人问她们：“你们一整天在法庭里做什么？”她们回答：“我们试图和理查德对视。”我想：“这很有意思。”所以我构思了这部黑色喜剧，讲述连环杀手变成媒体宠儿的故事。

为了将我的第一部剧本《真实罗曼史》用《血迷宫》

(*Blood Simple*,乔尔·科恩和伊桑·科恩,1984)的预算拍成电影,我花了三年的时间筹措资金。科恩兄弟和山姆·雷米用有限合伙的方式为《鬼玩人》(*The Evil Dead*,1981)筹措资金,给了我很多启发,有妇科及其他医生为他们提供了一些资金。我尝试了这种方法,但没有人给我钱。然后,我写了需要五十万美元预算的《天生杀人狂》,我以为自己可以筹到这笔钱。一年半之后,我一分钱也没有筹到。我就此失去了信心,相信不会有人愿意投资我的电影。"但我一定要拍一部电影。"我想。所以我卖掉了一部剧本。

*采访者*:是《真实罗曼史》吗?

**塔伦蒂诺**:现在托尼·斯科特在拍这个剧本。我拿到的钱并不多,但我准备用这笔钱拍《落水狗》。剧本是我自己写的,因此我可以和很久之前一样用16毫米的黑白胶片拍摄,不过现在我知道该怎么做了。我准备用七八天的时间完成仓库里的戏,剩余的在周末完成,总预算大约三万美元。我会用它去参展,不过我其实就是想拍一部电影。

当时的剧本和现在是一模一样的,不过本来是我和我的朋友出演,没有哈威·凯特尔。我把剧本给我的合作伙伴劳伦斯·班德(我的电影制片人)看。他说:"昆汀,这很棒。我们试着把它拍成影片吧。一部真正的电影。"

我说:"不不不不。你说的这一切我以前都听过。没有人会投资的。我不想再花一年该死的时间空谈拍一部电影。"过去的经历给我留下了很大的阴影,于是劳伦斯说:"这样吧,你给我两个月时间试一试。等三个月再拍这部你无论如何都要拍的电影。"我说:"好吧。"两个月之后我们成功了。有人承诺给我们投资二十万美元。随后涨到五十万美元。最终我们得到了一百五十万美元的投资。

采访者:我们可以从头开始聊吗?你出生在田纳西州。

塔伦蒂诺:是的,我两岁前住在那里,后来就搬到了洛杉矶。此后我一直在洛杉矶生活,除了五年级的时候,那年我回了田纳西。

采访者:你的父母呢?

塔伦蒂诺:我的母亲是田纳西人。她是医疗保险公司——健康维护组织(HMO)的管理人员。买不起医疗保险的人可以在那儿登记,公司有为他们服务的医院。

采访者:你的父亲呢?

塔伦蒂诺:我的父亲,我从没见过我的生父。

采访者:小时候,你是超级影迷吗?

塔伦蒂诺:小时候,我就只喜欢看电影。真奇怪,我遇到过二十岁或二十五岁的人,他们不知道自己这辈子想做什么。我记事起就知道了。小时候我想成为演员,因为如果喜欢看电影,就一定会产生这种渴望。我只学习过表演,师从一些非常好的老师。

我学了六年表演。我的第一位老师是詹姆斯·贝斯特,他出演了塞缪尔·富勒的《禁止!》(*Verboten!*,1959)。他在富勒的《恐怖走廊》(*Shock Corridor*,1963)中饰演邦联士兵,在《行错桃花运》(*Three on a Couch*,1966)中饰演杰瑞·刘易斯的伙伴。然后我师从艾伦·加菲尔德多年,他是一位优秀的演员[出演过《窃听大阴谋》(*The*

*Conversation*,弗朗西斯·福特·科波拉,1974),还是影片《事物的状态》(*The State of Things*,维姆·文德斯,1982)的制作人],是一位特别好的老师。他给了我很多信心,在表演方面教会我很多。

詹姆斯·贝斯特在加利福尼亚州托卢卡湖有一所学校。我跟着贝斯特学习的时候,想要成为一名演员。但我逐渐意识到我和学校里的其他演员格格不入。我对电影太着迷了,我的偶像也不是其他演员,而是布莱恩·德·帕尔玛这样的导演。我决定,我不只要出演电影,还要拍电影。我尽管改换了志向,努力成为电影导演,但还是开始跟着艾伦·加菲尔德学习。我特别喜欢他的作品。艾伦在比弗利山庄有一个剧团,所以我成了一名洛杉矶演员!这太酷了,因为在他的课堂上我可以导演一些片段。他会说:"昆汀,你想做导演是吗?在我的课堂上,我希望你每次演戏的同时都当导演。"对我而言,那就是电影学院。他就是我的导师。

采访者:作为影迷呢?

塔伦蒂诺:我小时候总是在看电视,也常被带去电影院。到了可以独立去电影院的年纪，我就每个周末都去。如果所有电影都看过了，我就再去看一遍。在洛杉矶，周末电视上会整天播放老电影。我的父母会冲我发火："昆汀，你是个小孩。你应该出门，去打橄榄球，出去玩儿。"

但我从小眼里就只有一件事。我在学校的表现很糟糕。我对学习毫无兴趣。我也不喜欢运动，不喜欢汽车模型或者其他东西。我喜欢电影和漫画，还有怪物杂志。

*采访者*：你的电影品位是怎样的？

*塔伦蒂诺*：我开始形成我的"美学"（因为没有更合适的词，就姑且这么说吧）时，喜欢剥削电影。我喜欢70年代新世界[①]大批量制造的那些纯粹的作品，比如乔纳森·戴米的《监狱风云录》（*Caged Heat*，1974）。还有罗杰·科曼的所有作品，汽车电影院放映的电影。与此同时，我喜欢犯罪电影和恐怖电影。我还——这话可能很

---

① 发现美洲新大陆后，欧洲探险家称欧洲为"旧世界"，称南北美洲为"新世界"。

老套——发现了戈达尔。我喜欢《精疲力尽》(*À bout de souffle*,1960),但最喜欢的是《法外之徒》(*Bande à part*,1964)。我公司的名称(A Band Apart Films)就来自这部影片。

德·帕尔玛对我影响也很大,他和戈达尔是我最早的电影偶像。还有赛尔乔·莱昂内。我决定成为一名导演时,电视上播放了莱昂内的《西部往事》(*Once Upon a Time in the West*,1968)。这部影片就像一部导演教科书,设计得特别好。我看的时候留心人物如何进入和离开画面。

他们是我的电影导师。还有宝琳·凯尔。我十六岁的时候买了她的书《灯光熄灭时》(*When the Lights Go Down*,1980)。我读了之后想:"希望有朝一日我对电影的理解也能达到她的水平。"我读了她为《纽约客》杂志撰写的所有文章,还买了她的所有书,我从她身上学到的东西不比从电影人身上学到的少。她教会我如何戏剧性地吸引人,如何与观众建立联系。她是我的教授。在我的个人电影学院中,她之于我就像《力争上游》(*The Paper Chase*,詹姆斯·布里奇斯,1973)中的金斯菲尔德(约翰·豪斯曼饰)[①]。

采访者:你见过她吗?

塔伦蒂诺:没有。

采访者:她已经退休了,所以无缘评论你的作品了。

塔伦蒂诺:别提了,我知道。真是讽刺到家了。我进行《落水狗》的前期制作时,她退休了。怎么会这样?不过这或许是最好的安排。或许我并不想知道她怎么看这部影片。

采访者:你是怎么开始写剧本的?

塔伦蒂诺:我先想出一个自己觉得不错的主意,然后一直存在脑子里。我会酝酿好几年。想要写的时候,我再确定自己想要什么体裁和什么风格。然后我就翻阅心中的目录,看哪个故事的时机到了。我八年前想到一部

① 在影片《力争上游》中,哈佛大学法学院教授金斯菲尔德非常严格,他提出问题后,学生必须给出精准且有创意的回答。

抢劫电影，所有人在抢劫之后集合，进行倒叙，这就是《落水狗》。角色一个一个出现。观众看不到抢劫过程，但有可怕的事情发生了。

采访者：是先有《落水狗》这个标题，还是先有剧本？

塔伦蒂诺：拍电影之前我就想好这个名字了。“这是一个很棒的名字，”我想，“我会去看叫这个名字的电影的。”所以我是在寻找适合这个名字的电影。想到这个故事的时候，我就觉得：“太棒了！就是它了！”

采访者：这是一个俚语吗？

塔伦蒂诺：不是。它对我有某种意义，但我不想说出来，因为很多人会来找我，告诉我他们对这个标题的理解，他们的想法令我震惊。一旦公布我的理解，这一切就不会再发生了。我可以告诉你们，参加与这部电影的拍摄有关的会议时，我特别担心这个片名会被换掉。如果我告诉他们一个模棱两可的含义，他们可能会说，“那么，可以不叫这个名字”，或者说，“可以叫《狗吃狗》《枪手》或者《爆裂枪战》”。

我不希望这种事情发生，所以我说："这是法国新浪潮黑帮电影中的一种表达，是'老鼠'的意思，在《精疲力尽》和《法外之徒》中都出现过。"完全是瞎编的，但他们信了。他们没看过那些电影。"这是一种很常见的表达。"我说。希望影片上映后它真的能成为一个常用词。我喜欢这个片名的原因之一是，它听起来像是让-皮埃尔·梅尔维尔和阿兰·德龙合作的影片中会出现的词，梅尔维尔的作品对我影响很大。我可以想象，阿兰·德龙穿着一身黑西装说："我是金先生。"

*采访者*：能说说你写剧本的过程吗？

*塔伦蒂诺*：开始写新剧本时，去文具店买笔记本对我来说一直是一件大事。这道工序被我彻底浪漫化了。我会买三支要用的红色铅笔，以及笔记本。"我要用这本笔记本写《落水狗》。"我说。这是重要的仪式。但我不擅长拼写，也不会用标点。我写的东西别人读不懂。所以完成之后，我把稿件给我的朋友，请他们帮我打出来。《落水狗》写完之后，我很快就需要一份打印稿，但以前帮我打字的朋友都在忙着写剧本。

因此我借用了我女朋友的电脑,那是世界上最原始的电脑,必须写一页打印一页。我自己在这台电脑上打出了剧本。我打字的过程中,角色们突然开始就他们名字的颜色争论起来,我写剧本一定要用笔的理论就此不攻自破。人物们不断地对话,我把他们的对话记录下来,效果非常好!

有人对我说:"你的对话写得很好。"宣称这些对话是我写的让我感觉自己像一个骗子。这些对话是人物创作的。我让他们开始交谈,然后写下了他们所说的话。对我来说,对话特别特别简单。只要我在意并了解人物,他们自然就会交谈。这就是为何我的对话有时天马行空。人物可能突然花十分钟聊帕姆·格里尔,或者聊麦当娜、可乐、奶酪通心粉,就像我在现实中会进行的对话一样。

采访者:影片的开头,关于麦当娜、《宛如处女》("Like a Virgin"),以及是否给小费的对话,从这个角度看非常精彩。

塔伦蒂诺:那个场景与影片的故事毫无关系,是用来构建人物的。我希望观众在观影过程中不断回想起这个场景，以便更好地理解人物。除了他们的性格之外，我关于人物提供的信息很少。我希望观众能够跳出人物所面对的仓库中的糟糕情况，看到他们的性格。

剧本中对话之外的东西我写得都很简略。比如，第一页上的准确描述是："六个身着黑色西装、系着黑色细领带的男人在餐厅围坐在一起吃早饭。他们的名字分别是棕先生……"然后，啪！对话开始了。我不想描述角色，比如"这个人一头金发，那个人很胖，那个人很老"。我希望通过对话展现角色的性格。

最终的影片与剧本一模一样。影片的结构一直是这样的。我们在剪辑的时候没有做任何调整，比如前后颠倒等。我认为影片很紧张的原因之一是：它是实时的。影片中人物经历的时间，他们在仓库中的时间，就是一个小时。影片的时长超过一小时，因为叙事中有一些时间线上的前后跳跃。但人物被困在仓库里时，他们的一分钟就是影片的一分钟。

采访者：写作过程中，你会让别人读你的剧本吗？

塔伦蒂诺:我完成之前都不会给别人看。别人看到的初稿对于我来说可能已经是第六稿了。只有这样我才能接受批评,首先要我自己满意。不过就测试剧本效果而言,尽管我不让别人读完整的剧本,我可能会在完成一个场景后觉得特别激动,也许是夜里十二点,我会给朋友打电话,对他们说:"你快听这个!"我就是想把我写的东西大声读出来。这是创作的一个阶段。我其实不在意听的人的反应。我相信反响一定是积极的。我就是想大声念出来给别人听,就像我可以通过他们的耳朵听到一样。我经常这么做,给朋友打电话。

采访者:在抢劫电影这个类型中,《落水狗》显然很像约翰·保曼的《步步惊魂》(*Point Blank*,1967),因为劫案是用碎片化的剪辑讲述的。

塔伦蒂诺:是的,《步步惊魂》,以及理查德·斯塔克其他以帕克为主角的小说对这部影片有很大的影响。媒体手册上写道,我说这部影片完全是对库布里克的《杀手》(*The Killing*,1956)的致敬,这其实并不准确。但我可能是自找的,因为我说过:"这部影片是我的《杀手》。"

我的意思是，如果我要拍一部几个人聚在一起炸毁纳粹武器的战争电影，那就会是我的《血染雪山堡》(*Where Eagles Dare*，布莱恩·G.赫顿，1968)。如果拍一部西部片，它就是我的《独眼龙》(*One-Eyed Jacks*，马龙·白兰度，1961)。我只是在类比一些电影。《杀手》是我最喜欢的抢劫电影，我必然受到了它的影响。

采访者：但这两部电影的结构很不同，没有任何类似的场景。

塔伦蒂诺：最大的区别是，《杀手》是用新闻片或者纪录片的形式拍摄的。"在他人生最后一天的五点十五分，某某起床了，随后……"而我的电影是以小说的形式拍摄的。我一直认为《落水狗》是我没有机会写的低俗小说。我很努力地尝试实现小说的结构。我认为我写的不是闪回，而是人物章节。因此，章节名是《白先生》《棕先生》《金先生》。后来回到仓库，观众就会想："好，我知道他的背景故事了。"

采访者：仓库就像舞台一样。

塔伦蒂诺:没错。我们筹拍这部电影时,这给我们制造了很大的困难。我们把剧本给其他人看的时候,他们会说:“这是戏剧。”我会说:“不,这不是。我对导演戏剧没有兴趣。”摄影机对我非常重要。否则我就做戏剧导演了。剧本这么写主要有两个原因。第一,别忘了,我开始想用 16 毫米胶片拍摄这部影片,因此不得不尽量让故事发生在同一个地点。第二,在保留电影质感的前提下,我喜欢运用戏剧元素。

观众捕捉到了金先生在影片中出场方式的戏剧性,这令我很吃惊。两人剑拔弩张时,镜头后移,观众发现:“哦! 原来他一直在那里。”

另外,观众要能感受到人物在封闭环境中的恐惧不安。观众要和他们关在一起。约翰·卡朋特翻拍的《怪形》(*The Thing*,1982)真正做到了这一点。从某些角度看,《怪形》和我的影片讲述了同一个故事。一群人被困在一个他们无法离开的地方。在《怪形》中,困在小小营地中的人物之间的紧张关系、不信任、背叛和猜疑被很好地传达给了观众。我就像影片中的人物一样感同身受,这令我感到恐惧。这就是我在《落水狗》中所追求的。我希望再次实现这种效果,让观众感到不确定、恐惧、不知道应该信任谁。

采访者:你的影片离不开鲜血,甚至可以说血流成河。从这个角度看,你的作品不是更像英王詹姆斯一世时期的复仇悲剧(Jacobean tragedy)吗? 比如躺在地板上的人,我们能看到血不断从他身上涌出来。

塔伦蒂诺:那是影片中我唯一承认血腥的场面。令观众崩溃的地方在于,它不是戏剧化的,而是真实的。如果有人像片中一样腹部中弹,他会失血过多而死。腹部中弹是最痛苦的,因为一旦胃被射穿,胃酸就会流出来。那是非常可怕的剧痛,直到你变得麻木,什么也感觉不到。是的,那个场景中的血是很真实的。我们请了一个医生在片场监控血量,他会说:"可以了,再多一品脱他就死了。"

采访者:你是先拍摄了仓库的戏还是其他场景?

塔伦蒂诺:我们拍摄得非常顺利。第一周拍摄开场和所有办公室的戏。第二周是所有的动作戏,粉先生的追车戏及巷子里的场面。然后连续两周拍仓库里的戏。

最后一周是橙先生的篇章，这一部分就像另外一部电影。我希望影片像电视剧，像《最佳拍档》(*Starsky & Hutch*, ABC, 1975—1979)的一集。我们已经跟哈威·凯特尔告别，除了蒂姆·罗斯，所有演员都走了。所以我们感觉是在和蒂姆·罗斯拍摄另外一部电影。并不是我们安排得特别好，只是恰巧一切都很顺利。

采访者：聊聊你的摄影师，安德烈·塞库拉。

塔伦蒂诺：你得知道，同时选择摄影师和剪辑师令我非常紧张，因为我知道无论选谁，他们对这份工作的理解都远超过我。但我了解我的影片。我不想找个老油条，让他对我说："啊，年轻人，你这样搞是行不通的。"所以我做好了和他们长期斗争的准备，但人生苦短，我不想这样。选择安德烈对我来说是一个颇为冒险的决定，对我的制作人、对投资影片的公司来说更是如此。他以前从来没有拍过长片，而其他想拍这部影片的摄影师有过相当好的作品。事实上，不仅仅是相当好。我非常喜欢那些作品。

采访者：所以塞库拉到底是谁？

塔伦蒂诺：他是一位住在伦敦的波兰人，拍过一些 BBC 电影。有一部名叫《蜂蜜和毒液》（*Honey and Venom*，森淳，1990），非常美。他还拍了很多欧洲广告。我看过他的作品集。我们请他担任摄影师，不仅因为他的热情和对这部影片的热爱，还因为他给人疯狂天才的印象。和其他人相比，他的作品不只是不错，而是有争议却特别优秀。而且他是一个狂野的人！《落水狗》用的是柯达制造的感光度最低的胶片 50 ASA。小成本影片一般用感光度最高的胶片拍摄，这样就不用保证光线充足。而我们四处补光，每一个镜头都来之不易。那个仓库非常热。像烤箱一样，但这一切是值得的，因为我们拍到了非常深的颜色。

我对照明不是很了解。但我知道自己想要什么样的效果，不过每次和安德烈讨论我想要的画面效果时，我都用颜色形容。我希望红色特别鲜艳醒目，希望蓝色是纯蓝，黑色是纯黑，不要有灰色。我形容颜色的清晰度，最终胶片实现了这种效果。

我不用故事板①,因为我不会画画。我不愿请别人来画,因为我认为他们无法确保取景正确。但我可以用文字,所以我写了很多镜头表(shot list),把所有镜头描述了一遍。摄影机先这样,再那样,所有不同的设置都描述出来。我们讨论每个镜头,有时安德烈会用自己的方式拍,然后给我看。我会说:“行,这我喜欢。”或者说:“不,我不喜欢这个。”“嗯,你的比我的好,我觉得这样更有意思。”

他的风格比我更激进。我会说,不能每个镜头都是推轨镜头,那样就永远都拍不完了。事实上,有人向我建议:“昆汀,你已经很野了。找摄影师的时候,不要找一个不断对你说‘不,不,这样不行’的成年人。你要找一个比你还不羁的,这样你就必须去做成年人。”怎么会有人给出这么绝的建议?和我们后来的情况一模一样。

我有很多想和安德烈一起看的电影。“我希望你看一下这个,看一下那个。”他说:“我会看你想让我看的所有电影,但我们必须静音看。”所以我们静音观看了八部

---

① 故事板(storyboard)也称分镜,指电影、动画等在实际拍摄或绘制之前制作的一系列按时间顺序排列的图像板,连续画面会被分解成单个图像板,勾勒出电影场景展开的过程。

我想让他看的电影。我以前从没这么做过,真的是完全不同的体验。这样看电影,你才会真正注意到摄影、颜色,以及影片拍摄的风格。这令我大开眼界。

采访者:你的制作人之一是电影导演蒙特·赫尔曼。他对《落水狗》的拍摄有什么特别的贡献吗?

塔伦蒂诺:我非常尊敬他,因为他是一位非常优秀的电影人。《旋风骑士》(*Ride in the Whirlwind*,1966)可能是有史以来最自然主义的西部片,很美。他的《旋风骑士》和《射击》(*The Shooting*,1966)中的老西部对白是最地道的。《旋风骑士》中使用的俚语应该被封装进时间胶囊里。观众知道自己听到的对话是真实的。但是针对《落水狗》,他给了我自由与尊重。他总是在保护我,尽力给我提供支持。但他从来没有跟我谈过应该如何拍电影,因为他不信那一套。作为一名电影导演,他不喜欢别人跟他说那些。

一次我们试映的时候,他说他认为我没有实现画面的力量。但他从来没有就应该如何拍给过我建议。第一天拍摄结束时,我问:"蒙特,你觉得我们这样拍电影如何?”他说:“昆汀,我都没关注那方面。你完全可以按照自己的想法去拍。我只想确保你每天完成我们希望你完成的工作。”

采访者:你考虑过让赫尔曼导演这部电影吗?

塔伦蒂诺:嗯,有点奇怪。没有考虑过让他导演;这是一个误解。我之前从来没有见过蒙特,但我很喜欢他。我们一个共同的朋友说会把剧本给蒙特看。我想,太棒了,我想听听蒙特·赫尔曼对剧本的评价,但我并不想卖掉剧本。而蒙特以为我是想请他导演这部电影。所以他是以此为前提读剧本的!然后他说:“我想见见昆汀·塔伦蒂诺。”

我们在好莱坞大道上一家名为 C. C.布朗的小冰激凌店见面,吃了热巧克力圣代。他说:“我可以找到投资。我自己来导演。”我说:“由蒙特·赫尔曼来导演是我莫大的荣幸,但这一部我要亲自导演!”然后我们继续吃东西。他问:“那你打算怎么拍?”我说:“一切都还只是理论。”然后我自以为是地长篇大论了一番。但我说完之后,他说:“听起来很不错。我可不可以做监制?”我想:“我的天啊!

蒙特·赫尔曼！没问题！”他是个很好的人，真的特别好。

采访者：你是怎么想到叫你的人物蓝先生、棕先生和白先生的？

塔伦蒂诺：我喜欢人物互相不认识的设定。这样，如果一个人被抓了，他就什么也供不出来。需要决定假名或者说化名的时候，我就想到了用颜色，一定程度上是因为这样听起来像一部法国新浪潮黑帮电影。我可以想象让-皮埃尔·梅尔维尔这么做。我觉得这很有硬汉存在主义的感觉。一开始念“白先生，金先生，蓝先生”，我就觉得：“听起来很酷！我喜欢！”如果不用颜色，我可能会用漫画角色给他们命名：“这个叫蜘蛛侠，这个叫雷神，这个叫石头人①。”

采访者：神风牛仔（Kamikaze Cowboy）的海报？那是美国漫画吗？

---

① 石头人（The Thing），漫威超级英雄之一，原名本·格林姆（Ben Grimm），被宇宙射线辐射后，身体变得像岩石一样坚硬，同时力大无穷且耐力超强。

塔伦蒂诺:电影之外,我也非常喜欢漫画。我希望橙先生的房间里能有一张银影侠(Silver Surfer)的海报。他不仅是一个伟大的漫画角色,还在《断了气》(吉姆·麦克布莱德翻拍自《精疲力尽》)中出现了,美国版是理查·基尔主演的,我很喜欢。这个角色最初是杰克·科比创作的,那是官方的银影侠。所以我请我的朋友丹尼和曼尼·维拉·罗伯斯给我画一个杰克·科比版本的银影侠。他们画了,我把它贴在一面墙上,但他们还创造了他们自己的漫画海报角色,叫神风牛仔。我把那张海报贴在蒂姆饰演的橙先生的公寓里。有些记者问我:"哪里可以买到神风牛仔的漫画?"我的朋友们如果知道有人这么问一定很开心。

采访者:跟我们聊聊电影中的广播吧。

塔伦蒂诺:电台就像一个从头到尾一直都在的隐形角色。电影中出现的所有广告、交通报道、社论都是我和罗杰·阿夫瑞写的。我们请了不少演员来录音,影片中最终播放的就是这些内容。观众听得不是很清楚,但这样创造我们的世界很有意思。

采访者：音乐呢？

塔伦蒂诺：那些歌是70年代的金曲。我想用流行泡泡糖音乐[①]，青少年的摇滚乐。70年代少年时，我听的就是这样的音乐。我认为这种配乐——让人想问“这电影是不是有毛病”——能与影片粗暴和粗鲁的本质形成讽刺的对比，一方面让影片不那么尖锐，另一方面让它更令人不安。

采访者：有一个特别精彩的镜头是，歹徒在前面跑，警察在后面追。你更喜欢拍这种动作场面，还是对话的场面？

塔伦蒂诺：因为我有好的演员，和他们相处得很好，所以对话场面要简单得多。哈威·凯特尔和蒂姆·罗斯这样的演员很容易合作，你知道他们会有精彩的表现。只要把摄影机对准他们，他们就会有精彩的表演。有人问：“和

① 泡泡糖音乐(pop bubblegum music)是一种欢快的流行音乐，一般认为这种音乐不具备持久魅力，主要受众是儿童及青少年。

这样的演员合作,你会感到害怕吗?”怎么会被他们吓到呢?我会害怕和特别糟糕的演员合作,因为最终的电影会很糟糕。好演员可能个性很差,坏演员亦然。和好演员合作更轻松,因为你知道最终的影片质量会很好。

拍摄动作场面很难,真的很难,尤其是只有一百万美元预算的时候。事实上,拍摄时我说再也不会用低成本拍摄这样的动作场景了,因为这样的追逐戏需要清空街道。但我们没有钱这么做,我们无法控制环境。我们需要五名警察拦住车辆,但只请得起两个。

当时我对史蒂夫·布西密说:“好的,你要做的是,拿枪,向警察开枪,打掉所有的子弹,跳进车里,如果是绿灯的话,开车离开。”他说:“还要等红灯?不清空道路吗?”“嗯,清了一部分,这边和这边拦起来了。警察说:‘只要是绿灯就可以走!’”

史蒂夫刚参演了《胜者为王》(*Billy Bathgate*,罗伯特·本顿,1991),那部影片的投资有五千万美元。他觉得我们应该把整个城镇都清空。真的很好笑:在他的一场开车戏中,他要全速把车开走,但那条路的一头有一个停车标志,我们没有钱请警察站在那里。史蒂夫没有停车，我当时坐在后座上。有人用对讲机告诉我们：“你们违法了！没有停车，警察很生气！”

希望拍摄下一部电影时我们能有更充足的预算。

采访者：拍摄总共持续了几周？

塔伦蒂诺：五周。三十天。

采访者：拍的镜次不多？

塔伦蒂诺：我没有尝试从特别多的角度拍，然后再到剪辑室里把它们拼起来。但有些场景，比如开头，必须拍很多次：需要大量的影像，然后以最好的方式组合在一起。那个场景十分依赖演员的节奏，因此无法预设，不过通过演员的声音可以确定如何剪辑组合在一起。

我能够确定的是，我想在这场戏中混合不同的电影风格。第一部分，聊麦当娜的整个片段，摄影机是移动的，观众无法与任何人物建立联系，谁在说话，这些人是谁，都令人略感迷惑。第二部分，他们谈论电台的时候，更正常一些，两个镜头加上主镜头①，也有一些摄影机的

① 主镜头（master）指捕捉一个场景中所有或大部分动作的长镜头。

移动。后面给小费的部分全是特写。其他大部分的镜头我都用一种方式拍摄,因为我不想有太多选择。我就想:"这么拍应该可以。如果不行,剪辑的时候再调整。"

采访者:你请到了理想的演员?

塔伦蒂诺:是的。唯一提前选好的演员是哈威·凯特尔。像我之前说的那样,我们从没想到能请到哈威。你要知道,他是世界上我最喜欢的演员。我这么说不是因为我和他合作过,他人很好,我知道他的能力,而是因为我十五岁时看过他在《出租车司机》(*Taxi Driver*,马丁·斯科塞斯,1976)和《决斗的人》(*The Duellist*,雷德利·斯科特,1977)中的表演。

采访者:还有詹姆斯·托贝克的《手指》(*Fingers*,1978)?

塔伦蒂诺:特别棒!我看过哈威在托贝克的《曝光》(*Exposed*,1983)中饰演恐怖分子的表现。他演得特别好,就恐怖主义发表了精彩的演讲,绝对能说服你,让你成为他的同盟。他说:"我想要什么?你觉得我想要什么？我想要一间豪华的酒店房间，睡在高级的床单上，享用精致的食物，看克林特·伊斯特伍德的西部片，这就是我想要的。”

我与哈威取得了联系，他同意出演这部电影。其他所有人都来读了剧本。这是处理群戏的好办法，一旦找到一个完美的人选，就能以其为中心进行搭配。我们花了很大的力气才选到合适的演员。我们很幸运，因为洛杉矶和纽约的演员对剧本的反应十分热烈。

选的演员不同，最终的影片就不同。找到合适的感觉非常重要。我们不想预先选好太多演员。“我们让凯文·培根和基弗·萨瑟兰搭档，那多有意思！”不，我们需要适当的平衡。每个人都要不一样，节奏不同，长相不同，个性不同，表演风格不同，但要构成一个整体。还有，有些演员朗读剧本时表现非常出色，但他们看起来不像职业罪犯。我难以想象劳伦斯·蒂尔尼饰演的乔会雇他们。尤其是和爱德华·邦克（饰演蓝先生）放在一起看。他货真价实。他以前真的是罪犯。

*采访者*：你在片中的表演呢？

塔伦蒂诺：原本计划用16毫米拍摄的时候，我的戏会更多一些。后来，我也可以给自己多安排一些戏份，哈威很支持，但我最终决定不演主要角色。我觉得如果我不出演影片，就能把它拍成。我觉得影片能更激烈，因为我每天都全身心地投入摄影机后的工作。所以我演了一个戏份比较少的角色——棕先生。但我希望能在不同的角色之间转换。我一直很欣赏罗曼·波兰斯基有时在他的电影中只出现两秒钟，有时候则出演重要角色，比如《天师捉妖》(*The Fearless Vampire Killers*，1967)和《怪房客》(*The Tenant*，1976)。

采访者：鉴于预算很少，你在拍摄之前和演员彩排了吗？

塔伦蒂诺：我们连续排练了两个星期，非常有帮助。是我要求这么做的，我说："你们看，这不仅是正确的做法，还能够节约成本，因为我们无须到很赶的时候再坐下来讨论重要的问题。"

后来的情况正是如此。我们敲定了很多事情。当然，排练和正式开拍是绝对不同的。这就像同居和结婚的区别。拍摄的时候才会真正出效果。但是排练的时候会解决很多问题。另外,排练期间也会有很多发现。剧本是地图,而排练则是旅行,但你并不知道会走到哪里。像哈威这样的演员需要环游世界才能回到他出发的地方。但我们开始拍摄之后,效果很好!我们知道自己在做什么,没有乱搞!

采访者:你带着这部影片在圣丹斯学院参加工作坊是什么感觉?

塔伦蒂诺:那是拍摄快要开始时的事情。我的剧本被导演工作坊(Director's Workshop)接受了。我不知道我能不能去,因为影片的选角已经完成了。但我最终在那里度过了十一天,我的制作人搭档劳伦斯·班德替我坚守阵地,我在圣丹斯放飞自我的时候,他完成了所有前期制作的工作。

我认为在前期制作的过程中,我会逐渐失去对影片艺术方面的掌控,因为要考虑金钱、时间和日程。除了剧本什么都要操心。这一切开始快速运转时,我逃离了,远离好莱坞,去了位于群山之中的美丽的圣丹斯度假村。

在那里我连续十一天专注研习剧本。真是无与伦比的体验。后来我再没有过那种经历。在原本应该鸡飞狗跳的时候,我找到了平和与宁静。

采访者:你在那里遇到了《粉碎》(*Crush*)的导演艾莉森·麦克莱恩?

塔伦蒂诺:是的,当时她也在。只有我们将此次所学直接用于自己影片的拍摄。其他人都在尝试实现自己的项目,而我们的影片都已经启动了。圣丹斯的经历十分美妙,还有一个原因是每个人都会配一个小摄制组——一名摄影师和一名制作设计师,所以我拍摄了两个场景。我们有一天时间彩排,一天时间拍摄,所以我做了实验。那是非常棒的体验,不过我自己本来也准备这么做。为了找到拍摄的状态,我会拿出16毫米摄影机,叫上几个朋友,在周末试着拍摄。拍得好不好无所谓。

采访者:你的下一部影片是什么?

塔伦蒂诺:我正在写剧本。叫《低俗小说》。

采访者:一部关于教皇的电影?

塔伦蒂诺:没错!不,不是“教皇”(pope),是“低俗”(pulp)。这是一部犯罪题材的多段式电影。三个犯罪故事,过去《黑面具》[①]杂志上的那种。故事之间完全没有联系,情节都是很老套的,就是这种体裁最常讲述的故事,但我希望拍出全新的感觉。在不同的故事中出场的是同一组人物。第一个故事的主角在第三个故事中可能一下就被杀掉了。这是那种要写到最后一页我才知道写得好不好的剧本。我完成了第一个故事,目前感觉还不错。后面还要再看情况。

采访者:你是在欧洲写的?

塔伦蒂诺:不是在戛纳这儿。我是在阿姆斯特丹停留时写的,是与丹尼·德·维托的公司泽西电影(Jersey Films)合作的。丹尼不会出演这部影片,但他会是监制之一。

---

① 《黑面具》(*Black Mask*)是20世纪20年代开始发行的低俗杂志,主要刊登犯罪小说。

采访者:为什么在阿姆斯特丹?

塔伦蒂诺:我以前从来没有来过欧洲,所以一完成《落水狗》,我就想来欧洲。洛杉矶的情况现在有点疯狂,所以阿姆斯特丹很棒,因为我没有电话也没有传真,可以专心写作。没有人认识我,我可以坐在我的一居室公寓里看着运河写作,太美好了。美妙如梦。我是3月去的,准备7月中旬回去。我会再去一次伦敦,回去之前再去趟巴黎。

采访者:拍摄日期确定了吗?

塔伦蒂诺:没有。我夏末也许能够完成剧本,我们考虑在冬天拍摄。但可能会再推迟一些,因为我想去其他一些国家宣传《落水狗》。影片上映时我会再来法国,我还会去英国和日本。我去过的地方很少,我希望自己的电影成为让我环游世界的护照。

"Interview at Cannes" by Michel Ciment and Hubert Niogret from *Positif*, September 1992, pp. 28 - 35. 

## 《落水狗》：超级影迷梦想成真

杰拉尔德·皮尔里/1992 年

杰拉尔德·皮尔里（以下简称皮尔里）：宣传材料中的简介说你曾经出演过让-吕克·戈达尔的《李尔王》。

昆汀·塔伦蒂诺（以下简称塔伦蒂诺）：那是瞎写的。我在我的演员简历上写了这一条，说我演过那部电影，因为不会有人看过那部电影。

皮尔里：《落水狗》的演员阵容会令你感到紧张吗？

塔伦蒂诺：好的演员不会吓到我。排练了两周之后，他们已经找到了状态。他们有以自我为中心的一面，但都放平了心态。

皮尔里:你让好莱坞的B级电影老手劳伦斯·蒂尔尼饰演抢劫的主谋乔·卡伯特。能聊聊这个选择吗?他个人生活中也经历了很多波折。

塔伦蒂诺:我是在演员工作室[①]的一个聚会上遇到他的。他年纪比较大,耐力有限。他人很好,但是会拖慢拍摄的速度。他时而像泰迪熊,时而像大灰熊。他经历过一次枪击事故。你记得他出演的电影《搭便车的魔鬼》(*The Devil Thumbs a Ride*,费利克斯·E. 费斯特,1947)吗?那部影片其实可以叫《劳伦斯·蒂尔尼的故事》。

皮尔里:《落水狗》与曾导演《射击》(1966)和《双车道柏油路》(*Two-lane Blacktop*,1971)的邪典电影导演蒙特·赫尔曼有什么关系?

塔伦蒂诺:他参与过很多最终没能成功的项目。三

---

① 演员工作室(Actors' Studio)是由职业演员、导演和编剧构成的组织,1947年在美国纽约成立,因教授方法表演(method acting)而著名。

年前他拍过一部名为《鬣蜥》(*Iguana*)的电影,一直未能发行。[1] 我们一位共同的朋友给蒙特看了《落水狗》的剧本,他想导演这部电影。我们去了一家名叫 C. C. 布朗的冰激凌店,我对他说:"尽管你来导演是我的荣幸,但这部影片我要亲自来导。""好吧,"我们继续吃冰激凌,他说,"那我做监制。"他每隔几天会在片场出现一次,他通过托尼·萨福德(圣丹斯选片员)把影片提交给了圣丹斯电影节。

我可能会写一个剧本给蒙特导演,可能会改编他以 20 世纪 30 年代为背景的西部片《旋风骑士》。

皮尔里:你提到约翰·卡朋特对《怪形》充满幽闭感的翻拍影响了《落水狗》。

塔伦蒂诺:最伟大的翻拍之一:再看一遍《怪形》!库尔特·拉塞尔演得太棒了。我从来没见过他,希望他能看到这篇访谈!我要说吴宇森也是灵感来源之一。

① 该说法似有误。《鬣蜥》最终于 1988 年发行。

皮尔里:描述一下二十九岁的你吧。

塔伦蒂诺:我首先是一个超级影迷,拍摄电影是一个超级影迷的梦想。我的钱全都用来买电影海报、录像带和书了。现在我可以买很多电影书,全都可以免税。

我十八九岁的时候,想写一本关于类型电影导演(约翰·弗林、乔·丹特、约翰·米利厄斯、理查德·富兰克林)的书,让他们聊电影。世界上我最喜欢的四位电影导演是德·帕尔玛、莱昂内、戈达尔和霍华德·霍克斯。我曾经梦到受邀去霍克斯家参加派对。罗伯特·米彻姆在阳台上对我说:“你是来见老先生的。”霍克斯和约翰·韦恩在院子里。他说:“嗨,昆汀,孩子,下来。”然后我就醒了。我很难过,梦里的感觉太真实了。

皮尔里:塞缪尔·富勒看过《落水狗》吗?

塔伦蒂诺:我们有时会待在一起。他会毫不留情地批评你的电影:“你的电影是给白痴看的!太多废话了!对话太多了!哈威·凯特尔?他不是演员!他是一颗行星!”

皮尔里:迈克尔·马德森的出演呢?

塔伦蒂诺:迈克尔会让人有很多联想:英俊的内维尔·布兰德、《霹雳街歼枭战》(*Thunder Road*,阿瑟·里普利,1958)中的罗伯特·米彻姆。迈克尔会让我想起迈克尔·帕克斯,他是《骑士行》(*Then Came Bronson*,NBC,1969—1970)中最出色的在世演员!

皮尔里:著名的剃刀戏之前,马德森跳舞的片段呢?

塔伦蒂诺:我喜欢他慢条斯理地播放磁带。他很棒。那是整部电影里我最喜欢的片段。一位女导演对我说:"真正恐怖的是你特别享受那一段。"之前,米拉麦克斯的哈维·韦恩斯坦问:"可不可以删掉折磨那一段?"把那一段剪掉?我不愿那么做。"你看,"我说,"那是影片的一部分,适合能接受这一切的观众。"如果暴力是你的表现手法之一,你就必须有遵从内心的自由。

当然,我承认那个场面很恐怖。我拍它不是为了让白痴大惊小怪。它就应该很恐怖。但我无意传递任何讯息。我不认为库布里克在《发条橙》(*A Clockwork Orange*,1971)中谴责了暴力。他只是想拍摄这些。从电影的角度看，拍这些令人兴奋。他喜欢嘲讽《雨中曲》(*Singin' in the Rain*)。

克林特·伊斯特伍德很幸运地给《不可饶恕》(*The Unforgiven*，1992)选择了正确的结局：所有人都死了。你看过《爱国者游戏》(*Patriot Games*，菲利普·诺伊斯，1992)吗？是一部复仇电影，但他们不让哈里森·福特最终杀死反派。那家伙掉在了一把铲子上，这是一种愚蠢、懦弱的杀死反派的方式。他们应该为此去蹲电影监狱！结局只能是哈里森·福特把他打死。

皮尔里：有人把你和斯科塞斯比较，你怎么看？

塔伦蒂诺：我和他一样，喜欢将快节奏的画面和更从容的画面混合在一起，并且对取景很挑剔。但他就像挂在年轻电影人脖子上的一块石头。很多新电影都在模仿斯科塞斯。我不想成为山寨斯科塞斯。

“A Talk with Quentin Tarantino” by Gerald Peary from the Montreal World Film Festival, August 1992.

# 昆汀·塔伦蒂诺:暴力是我才华的一部分

彼得·布鲁内特/1992 年

彼得·布鲁内特(以下简称布鲁内特):你能解释一下《落水狗》中奇怪的时间顺序背后的逻辑吗?

昆汀·塔伦蒂诺(以下简称塔伦蒂诺):我想要打破叙事,这么做不是为了显摆智商,也不是为了炫技,而是为了让影片更具戏剧性。如果成功了,就能得到观众的共鸣,所以我喜欢先给出答案,后面再公布问题。小说经常这么做,但将小说改编成电影时,最适合电影的元素反而常常被删掉。从故事中间开始对于小说家来说是家常便饭。小说中的角色回头讲过去的事情不是闪回,而是正常的叙事。我认为电影应该享有小说的自由。

布鲁内特:所以你构架《落水狗》的策略是什么?

塔伦蒂诺:我知道自己想要如何展开整个故事。《落水狗》看起来结构非常严密,确实如此,各个部分结构都非常严密,但每部分的具体内容——接下来发生什么——是人物决定的。如果一个人物做了不符合计划的事情,我不会去修正,不会扮演上帝去干扰人物。然后我就有了新的故事:好吧,粉先生选择了这么做。这就是我的工作方式:让人物即兴发挥,而我像法庭书记员一样将一切记录下来。我有机会既做演员又做导演。作为演员,我把所有角色都饰演了一遍,让他们融入影片,删掉无关的东西。

布鲁内特:《落水狗》有很多戏剧的特点。最初是以戏剧的形式创作的吗?

塔伦蒂诺:不,但可以排成戏剧。整个故事都发生在同一个地点,故事开始时抢劫已经结束了。任何其他抢劫电影结束的地方,却是这部电影的开始。戏剧改编权确实在我手里。戏剧改编估计会很快,我会交给别人:

“你搞吧。我到时候去看。”

“戏剧”不是一个不好的词,只是我想拍电影而已。但我不喜欢大部分戏剧改编的电影:只是把戏剧录下来,只是让演员饰演一些他们没有在剧院中饰演的人物。我想要做更多。

我在圣丹斯学院参加导演工作坊的时候,特瑞·吉列姆是指导导演(resource director)之一,我们讨论了这个问题。他一直认为——尽管他还没有实验过——只有一个场景的电影是接近纯粹电影的存在。不用花大量的时间从一个地方搬到另一个地方,拆东西,装车,再拿出来安装。你可以心无旁骛地创作,不断地拍摄、拍摄、拍摄。

布鲁内特:如果让我定义你的美学风格,我觉得可能是大卫·莱特曼[①]加上格斯·范·桑特[②],做到极致的现

① 大卫·莱特曼(David Letterman,1947— ),美国脱口秀主持人、喜剧演员、电视节目制作人。

② 格斯·范·桑特(Gus Van Sant,1952— ),美国电影导演,代表作有《心灵捕手》。

实主义反而显得古怪、搞笑和假正经。

塔伦蒂诺:我不认为是假正经。但我确实将一切当成喜剧,《落水狗》是应该让人发笑的。我喜欢这种构想:观众正在笑,结果下一秒,砰!墙上全是血。然后还有更多搞笑的片段。比如,折磨的场景之后,乔分配颜色代号时,观众又笑了。迈克尔·马德森拿着剃刀跳舞的时候,很多人脸上都有笑容,这让我很开心。

在我看来,极致的现实主义是荒诞的,真实生活是荒诞的,就像你在丹尼餐厅里听到的隔壁桌的对话一样。我的人物通过流行文化自我定义并与他人交流,因为他们在这方面都是行家。如果一个人提到朗费罗[①],其他人不会知道那是谁。但如果他提到麦当娜或者麦当劳,大家就都知道。或者猫王。大家都有自己的看法。我妈妈能聊各种流行文化。她从来不去看电影,但她知道麦当娜是谁、理查·基尔是谁。

① 亨利·沃兹沃斯·朗费罗(Henry Wadsworth Longfellow,1807—1882),美国诗人、翻译家。

布鲁内特:你觉得如此迷恋流行文化有什么不好吗?

塔伦蒂诺:我不认为这是世上最糟糕的事情。这是美国的基因,赋予美国魅力,是美国个性的一部分。一种垃圾食品文化。其中有非常可爱的一面。不过我这么说可能是因为,这是我祖国的文化。这是我的个人喜好!

今年之前我没有出过国,但我现在去过其他国家了,我喜欢去麦当劳。有什么区别?巴黎的麦当劳卖啤酒。他们卖的不叫足三两汉堡[①],那里用公制单位,所以叫皇家奶酪汉堡!他们不知道该死的足三两汉堡是什么!

布鲁内特:构思匪徒时,你想要实现什么样的效果?

塔伦蒂诺:首先是真实的人在对话。这让他们有了心跳。他们会有正常的、幼稚的、人性化的回应。他们不开“玩笑”,因为你难以想象普通人真的那样说话。但他们有电影式的派头、电影式的幽默感。我所追求的是高

① 足三两汉堡(Quarter Pounder)指麦当劳售卖的、肉饼重 1/4 磅(约 113.4 克)的一款汉堡。

度风格化的艺术美学和完全现实的美学相结合。他们都穿黑西装就是这样一个例子。

布鲁内特:他们都配了愚蠢的黑色细领带,像《福禄双霸天》(*The Blues Brothers*,约翰·兰迪斯,1980)。

塔伦蒂诺:有一种很酷、很风格化的感觉,是我个人一直以来想在作品中实现的。另一方面,这也是现实的,因为劫匪工作时常穿制服,可能是棒球帽、连身裤、风衣,以防脸被记住。“劫匪什么样?”“我不知道,一群穿黑西装的人。”

布鲁内特:不过,“现实主义”和“现实”之间是有区别的。有一个场景是真实的,那一大摊血。

塔伦蒂诺:蒂姆·罗斯躺在那里说:“求求你,抱着我。”那个场面让很多人感到不适。他们说:“你为什么不将镜头移开?我们已经知道你要表达什么了。”但表达什么并不是重点!他腹部中弹,在求别人送他去医院!你不可能用一两句话就说清,然后继续后面的剧情!

布鲁内特:所有人都会问到你影片中的暴力。

塔伦蒂诺:我会说,我喜欢电影中的暴力,如果你不喜欢,那就像不喜欢踢踏舞或者滑稽剧一样,并不代表它们就不应该存在。我妈妈不喜欢阿伯特与科斯特洛[①]或者劳莱与哈台[②],但这并不意味着他们不应该拍电影。

布鲁内特:她喜欢暴力吗?

塔伦蒂诺:在我的电影中,那场折磨戏是她的最爱。

布鲁内特:我来自华盛顿特区,那里一年发生五百桩谋杀案。有人说《落水狗》这样的电影没有积极地打击暴力,你对此有何回应?

塔伦蒂诺:只要没有解决问题,就是问题的一部分?我的回应是我无法顾虑这些。暴力是我——作为一名艺

---

① 阿伯特与科斯特洛(Abbott and Costello)是美国的一个喜剧组合,他们凭借在广播节目、电影及电视中的表演成为20世纪中叶广受欢迎的喜剧组合。

② 劳莱与哈台(Laurel and Hardy)是一个喜剧组合,劳莱是英国人,哈台是美国人,他们以滑稽喜剧闻名于世。

术家——才华的一部分。如果我开始考虑社会，考虑某个人对另一个人做的事情，我就戴上了手铐。小说家不用管这些，画家不用管这些，音乐家也不用管这些。

有两种暴力。一种是《致命武器》(*Lethal Weapon*，理查德·唐纳，1987)中的卡通暴力，并没有什么问题。我无意嘲讽这种风格。但我的暴力更粗暴、更强硬、更令人不安，会令人毛骨悚然。去音像店的恐怖片区或者动作冒险片区看一看，那里的电影十部有九部比我的作品更血腥暴力。但我希望让观众感到不安，让他们感到是真实的人在经历这一切，这一切是有后果的。

布鲁内特:《落水狗》会引发人们对暴力的思考，因为它恶心、令人反胃。片中的匪徒似乎很享受他们的职业，对此你是怎么想的?

塔伦蒂诺:他们欺骗自己，让自己相信抢劫和普通工作没什么区别，就像木匠和工匠一样。但做骗子不是正常的职业，是反社会的。不可能做这种工作还清清爽爽。给人枪，让他们通过威胁杀人去做事。这种事做到一定程度就不能叫职业了。

布鲁内特:无论电影多么“写实”,让角色探讨橙先生和白先生还是会让影片显得奇怪。

塔伦蒂诺:我知道,我知道,我知道!像让-皮埃尔·梅尔维尔的法国黑帮电影。他借鉴了迈克尔·柯蒂兹和拉乌尔·沃尔什与卡格尼、鲍嘉合作的华纳兄弟影片,剧情几乎一丝不变,但将故事移植到了马赛,并赋予它们法国风格、法国节奏、法国情感。在我看来,这些影片不仅非常写实,还非常荒诞。向低俗的美国类型片中注入法国情感:我非常喜欢!我所尝试的是将美国语言重新注入梅尔维尔的作品中。

我喜欢在我的人物的语言中玩游戏。有些人会说奇怪的、诗一般的话语,尤其是粉先生。我最喜欢的一句他的台词藏在影片中间:“我想乔不会太同情我们的困境。”粉先生就是这样说话的,这就是他的风格!

布鲁内特:有人批评《落水狗》缺乏女性角色,你对此有何回应?

塔伦蒂诺:这其实是我的心头痛。我写的其他剧本都有非常好的女性人物，不少都是最令我骄傲的人物。《落水狗》中没有女性角色是因为现实中她们不适合这个情境。他们在仓库里，难道还要带女朋友来集合点吗？或者我也可以设定白先生有一个妻子，但那不是我想讲的故事。

布鲁内特：你上过电影学院吗？

塔伦蒂诺：我没上过大学，也没有上过电影学院。我学习过表演，但并没有什么职业表演经验。我演过一集《黄金女郎》（*The Golden Girls*，NBC，1985—1991）和一些洛杉矶电视剧。但我二十一二岁的时候决心成为一名电影导演，试图用16毫米的胶片拍摄一部名为《我最好朋友的生日》的影片。我没有花六万美元上电影学院，而是花六千美元拍摄了一部电影。那是世界上最好的电影学院：在资金不足，无法向他人支付报酬的条件下，学习每天如何出门拍片、如何防止项目中途夭折。哪怕影片最终失败了。

一切关于导演的电影书都没有意义。“彩排时你需要……”我不信这一套。我尝试读关于镜头等技术问题的书,但它们只令我困惑和头疼。我确实读了有关如何建立有限合伙关系、如何筹措资金的书。

"Interview with Quentin Tarantino" by Peter Brunette from the estate of Peter Brunette.

# 《落水狗》新闻发布会

多伦多国际电影节/1992 年

新闻发布会于 1992 年 9 月 16 日举行。昆汀·塔伦蒂诺、哈威·凯特尔、蒂姆·罗斯、迈克尔·马德森、史蒂夫·布西密出席。

亨利·贝阿尔(《世界报》记者,主持人,以下简称贝阿尔):《落水狗》的新闻发布会正式开始,我来快速介绍一下台上的嘉宾。最左边的是金先生迈克尔·马德森。他旁边是橙先生蒂姆·罗斯。我身边这位是粉先生史蒂夫·布西密。他旁边是白先生,也是影片的联合制片人,哈威·凯特尔。中间这位,我想我们可以叫他彩虹先生。

昆汀·塔伦蒂诺(以下简称塔伦蒂诺):棕先生!棕先生!

蒂姆·罗斯(以下简称罗斯):屎黄先生!

贝阿尔:影片的导演,昆汀·塔伦蒂诺。(掌声。)媒体的第一个问题是?

记者:我想知道你有没有考虑过在大银幕上展现抢劫珠宝的过程。

塔伦蒂诺:早期我可能想过,并非真的拍摄,而是加一点闪回,让观众感受一下当时的混乱。但正如实际拍摄出的结果所示,影片的前半部分制造了很多悬念,因为观众会想要知道人物到底在谈论什么。那很好。到了后半部分,你逐渐意识到抢劫的场景可能不会出现了,那已经不重要了,因为抢劫时发生了什么已经不再是影片的重点。

记者:据我所知,演员们为了进入角色,表演了抢劫的场面,是这样吗?

罗斯:我们抢了一个水果摊。我们想先小打小闹,后面再干大的。

塔伦蒂诺:为了体验那种“在边缘游走的感觉”,蒂姆·罗斯往报纸售卖箱里投了二十五美分,但不止拿一份报纸,而是拿了好多。其实——因为影片中不会出现——作为演员,我们希望知道自己的角色经历了什么。我们曾尝试在彩排室里将抢劫过程演出来。我们都有不同的分工,我们知道自己应该做什么,所以我们就走进房间演了一遍。很好玩,傻傻的,我们演得很开心。不过总而言之,演完之后我们知道发生了什么,也知道了情况是如何失控的。让金先生控制人群是一个巨大的错误。(笑声。)

史蒂夫·布西密(以下简称布西密):他控制了那些人!

迈克尔·马德森(以下简称马德森):我绝对控制了人群。他们需要被控制,你不觉得吗?

记者:昆汀,你的角色棕先生和爱德华·邦克饰演的蓝先生本来有更多的戏份吗?

塔伦蒂诺:没有,我们就是边缘角色。但在开头的场景中，他们并不知道自己是边缘角色。在他们看来，自己就是影片的核心。所以所有人都在说话，都没闲着，让他们恐惧的事情之一是他们关于棕先生被杀的讨论。但观众要看到后面才知道棕先生是谁。他们说："蓝先生在哪里?"他逃出来了吗？拿到钻石了吗？被警察抓住了吗？是正在局子里被警察严刑逼供，还是马上就会过来？我希望观众认为我们随时可能从门外走进来。

记者：凯特尔先生，鉴于你在《落水狗》的制作过程中起到了举足轻重的作用，你能聊聊你是如何加入的，以及这部影片为何对你这么重要吗?

哈威·凯特尔（以下简称凯特尔）：演员工作坊的一位女同事给我打电话，说看到了一个她觉得我会感兴趣的剧本。我读了之后心情很激动。昆汀用全新的方式表现友情、信任、背叛、救赎等古老的主题。我给劳伦斯·班德打了电话，告诉他我希望为这部电影的制作提供帮助。然后我们，昆汀、劳伦斯和我，进行了讨论，我们开始筹措资金。

记者:但是你有选角决定权。

凯特尔:我没有。今天不断有人这么说。怎么回事?

记者:媒体资料包(press kit)里这么说的。

塔伦蒂诺:媒体资料包里确实有。

凯特尔:那就是写错了。

记者:和新人导演合作会更有活力吗?

凯特尔:不仅仅因为他是新人导演,昆汀充满活力与热情,他认真、聪明,也有脆弱的一面。他愿意且渴望学习,用开放的心态面对演员逐渐进入他创造的角色的过程。和这八位演员合作对于任何人来说都不容易,对于新人导演来说更是艰巨的任务。

我觉得唯一与这群演员类似的是《基督最后的诱惑》(*The Last Temptation of Christ*,马丁·斯科塞斯,1988)中饰演使徒的那群演员。他们所有人都互相帮助,如果一个人摔倒了,其他人会去扶他起来。和他们合作我(饰演犹大)十分荣幸。

记者：我想请问昆汀：开头的麦当娜场景、对《宛如处女》下流的解读，是你即兴创作的，还是剧本里有的？

塔伦蒂诺：那场景是很久以前，我还在做演员的时候写的。那是我常表演的片段之一，作为演员必须有一些能够随时表演的片段。那是我给自己写的一个片段。所以当然，我将其加入了影片。

麦当娜看过这部影片吗？没有，她没有看过。她知道这部影片。她对这部影片颇为关注。她的律师对这部影片颇为关注。我的律师也知道她的律师在关注这部影片。有传闻说她会出席纽约首映，因为她知道影片中有《宛如处女》和对其内涵的解读，她会在首映时告诉我解读得对不对。我相信她一定会走过来对我说："昆汀，你完全正确，那首歌就是那个意思。看到十四岁的女孩唱那首歌，我都笑死了。"

记者：迈克尔·马德森，可以描述一下你在《落水狗》的制作中扮演的角色吗？

马德森：我读了剧本，认为这是很难得的好东西，我想和昆汀见面，想办法拍这部电影。但我不得不说在和哈威合作之前，我一直都不相信排练。他让我看到了排练的价值，我们在排练期间发现了很多问题。实际拍摄时就万事俱备了。

记者：你认为你饰演的人物是个疯子吗？

马德森：不，其实我不这么认为。我九岁或十岁的时候看了詹姆斯·卡格尼出演的《歼匪喋血战》（*White Heat*，拉乌尔·沃尔什，1949）。其中，卡格尼饰演的人物把一个人塞进了汽车后备厢，他问那个人需不需要空气，然后就对着后备厢盖连开了好几枪。与此同时，他一直在吃一块鸡。这赋予了他的行为一点正常的感觉，形成了一种诡异的矛盾感。可以说让我永世难忘，演金先生的时候我想到了那个场景。我认为用“精神变态者”这个词去形容他过度简单了。他只是面对眼前的处境，做了他不得不做的事。（笑声。）

布西密：只不过又是一个被误解的可怜人。

记者：影片标题《落水狗》是什么意思？

塔伦蒂诺：嗯，这可能有点怪，我不回答这个问题。

不回答的原因主要是，这是一个随心起的标题。这是个合适的标题，概括了整部影片，但别问我为什么。但我不愿在公开场合解释的主要原因是，我真的相信观众的解读。电影是一种艺术形式，我认为这种形式有百分之二十是观众构成的。很多人找到我，告诉我他们对标题的解读，我总是被他们的创造力和独创性震撼。就我而言，他们的想法都是正确的，百分之百正确。

布西密：告诉他们劳伦斯·蒂尔尼的版本。

塔伦蒂诺：我们拍摄这部影片时，有一位西德记者来采访饰演乔的劳伦斯·蒂尔尼。他们在房车里，史蒂夫·布西密也在。记者问（模仿德国口音）："《落水狗》是什么意思？"劳伦斯·蒂尔尼说（模仿洪亮的嗓音）："众所周知，'落水狗'是一个著名的美国俗语，意思是经常在水库周围出现的狗。"（笑声。）

记者：请问各位演员，出演一部风格如此割裂——可能从极端写实、血腥、粗暴突然变成特别愚蠢——的影片会不会很难？

罗斯：并没有割裂。影片是一个整体。昆汀提到过用喜剧的角度写作,我觉得正是如此。我们觉得影片很搞笑,但它也很吓人。

马德森:我觉得有点像《巴黎最后的探戈》(*Last Tango in Paris*,贝纳尔多·贝托鲁奇,1972):我们想要做爱,但我并不想知道你的名字。对我而言就是这样的含义。

布西密:我只是尝试从头到尾如实表演。读剧本的时候,我当然笑了,我知道有些台词很好笑。我不认为它们是玩笑。但我知道如果按照剧本演,会把观众逗笑。我是说,这些人物性格各异,把他们关在一个房间里就是一出喜剧。

记者:你能介绍一下你正在为吴宇森写的剧本吗?这组合太棒了!

塔伦蒂诺:谢谢你把我和他相提并论。我是说,他太伟大了。他的作品是赛尔乔·莱昂内之后最优秀的动作电影。他在香港地区重塑了这一体裁,见到他我感到十分荣幸。我真的很喜欢他,我为他构思了一个让我感到十分激动的有趣故事。说实话,和他合作令我非常兴奋。

我觉得我能为他做一点贡献，而他会教我很多。另外，我要担起责任，将吴宇森的作品原汁原味地引入美国电影市场。不是打了折扣的吴宇森作品，也不是为美国观众定制的吴宇森作品，而是为热爱吴宇森的观众引进的、符合导演本人意愿的作品。

记者：《落水狗》里为什么没有女性角色？

塔伦蒂诺：因为故事的结构，在我讲的故事发生的这段时间里，没有女性人物出现。打个比方：女性要如何出现在《从海底出击》(*Das Boot*，沃尔夫冈·彼德森，1981)中的潜水艇上？乔不会雇一个女人加入这个团伙，这是底线，乔不会这么做的。但我正在写的这个剧本中可能有我笔下最优秀的人物：一个令我自豪的女性角色。

记者：有人无法理解《落水狗》中的幽默，你认为这是个问题吗？

塔伦蒂诺：我和找不到笑点的观众一起看过这部电影，很难受，那是个问题。到了最后半小时，他们终于进入了状态，但还是不确定自己应不应该笑。所以哪怕听到有意思的台词,他们也一直憋着不笑。感觉很奇怪。我和这样的观众一起看过电影,然后觉得:“他们讨厌这部电影。他们不喜欢。”结果后来他们说:“天啊,太好看了。”不过,影片中的幽默现在引发了很多讨论,对吗?

无论如何,这部影片不可能适合所有人。我为自己拍摄了这部影片,欢迎所有人来看,但我不会傻到认为所有人都能接受。十个美国人中有九个都不会看到这部影片。但《落水狗》的制作成本很低,所以我想它的表现会很好。而且电影还没有上映,投资商就已经通过在全球销售版权获得了三倍于最初投资的收入。在我看来,《落水狗》大获成功,因为甘愿为我冒险的人得到了丰厚的回报。

贝阿尔:女士们先生们,非常感谢。

(掌声。)

# 先回答，再提问

格雷厄姆·富勒/1993年

昆汀·塔伦蒂诺1963年出生于田纳西州诺克斯维尔。那一年，塔伦蒂诺可能会告诉你，蒙特·赫尔曼的《通向地狱的后门》(*Back Door to Hell*)和《飞往愤怒》(*Flight to Fury*)、唐·希格尔的《财色惊魂》(*The Killers*)和赛尔乔·莱昂内的《荒野大镖客》(*A Fistful of Dollars*)都在制作中。他是极致的超级影迷，将自己对廉价的惊悚片和西部片的喜爱转化成了编剧和导演事业。

塔伦蒂诺由母亲抚养，在南加州长大。他在斯科茨代尔的卡森双子电影院看电影，后来学习表演时在曼哈顿海滩的电影档案音像店担任店员，这些经历构成了他的电影教育。他的剧本大量借鉴了他当时观看的影片。比如，托尼·斯科特导演的《真实罗曼史》是塔伦蒂诺对泰伦斯·马力克的《穷山恶水》(*Badlands*,1973)有意识的模仿，片中有大量埃里克·萨蒂的音乐和女主角笨拙的旁白。

与其说塔伦蒂诺是一位后现代电影作者，不如说他是一位后-后现代导演，因为他对生发自更古老的形式或已经被改写、加工过的流行文化作品和思想（电视、摇滚乐、漫画、垃圾食品和电影）有着狂热的兴趣。因为《穷山恶水》改编自《你只活一次》(*You Only Live Once*，弗里茨·朗，1937)。《真实罗曼史》是双重引用，借鉴了《卡车斗士》(*They Drive by Night*，拉乌尔·沃尔什，1940)、《枪疯》(*Gun Crazy*，约瑟夫·刘易斯，1950)和詹姆斯·迪恩。在《落水狗》[塔伦蒂诺对斯坦利·库布里克的《杀手》和拉里·柯恩的《翼龙Q》(1982)的革新]中，抢劫发生前关于麦当娜《宛如处女》内涵的讨论既荒诞又搞笑，是对《麦当娜大戏：关于性和流行文化的论文》(*Madonnarama: Essays on Sex and Popular Culture*，丽莎·弗兰克编）等著作热议的麦当娜后女性主义代表人物的身份所进行的反智去神秘化。在这个场景中，塔伦蒂诺关注的并不是麦当娜，而是麦当娜所代表的东西。

这一切看似只是点缀了塔伦蒂诺强硬、玩世不恭、兴高采烈地藐视道德、革新类型的剧本。此外，他对昙花一现的流行事物的欣赏也是他作品的核心——可以说是他的电影世界——如快节奏的对话、结构复杂的情节、信手拈来的暴力和反向心理（reverse psychology）。塔伦蒂诺的标志是：他为不仅追求刺激的观众创作低俗电影，用塔伦蒂诺的话说，这种观众可能没怎么读过托尔斯泰的作品，却知道《家有仙妻》（*Bewitched*，ABC，1964—1971）和《太空仙女恋》（*I Dream of Jeannie*，1965—1969）的本质区别。这句话引用自我们1993年5月交流时他刚刚完成、准备自己导演的剧本《低俗小说》。

格雷厄姆·富勒（以下简称富勒）：你写剧本是因为这是一条通往导演之路的途径，还是因为你想作为编剧讲述某些故事？

昆汀·塔伦蒂诺（以下简称塔伦蒂诺）：我从不认为

自己是创作剧本然后售卖的编剧，在我看来，我是给自己写剧本的导演。《真实罗曼史》是我写的第一个剧本。写的时候，我希望像科恩兄弟拍《血迷宫》一样拍摄这部电影。我和一位朋友——罗杰·阿夫瑞——计划通过有限合伙的方式筹集一百二十万美元。我们花了三年时间，希望能这样实现这个项目，但没有成功。然后我写了《天生杀人狂》，还是想亲自导演，这一次只要筹五十万美元——我的要求越来越低。一年半之后我仍在原地踏步。然后我在沮丧的状态下写了《落水狗》。我准备像尼克·戈麦斯拍摄《万有引力定律》(*Laws of Gravity*, 1992)一样游击拍摄[①]。我一失去找人投资的信心，就得到了投资。

富勒：卖掉《真实罗曼史》和《天生杀人狂》这两部你想亲自导演的剧本，你有什么感受？

塔伦蒂诺：《落水狗》之后，有人找我导演这两部作

① 游击拍摄是一种独立电影制作形式，主要特征是低预算、极少的工作人员和简单的道具，时常是在未经许可的情况下在真实地点拍摄。

品。买下《天生杀人狂》的制作人——在奥利佛·斯通拿下这个剧本之前——拼命劝我导演这个剧本。《真实罗曼史》在托尼·斯科特和（制作人）比尔·昂格手里。我说服了托尼导演这部电影。但比尔对我说："昆汀，《落水狗》之后你有兴趣导演这部作品吗？"我拒绝了。这两部作品本应该是我的首作，但我已经有首作了。我不想走回头路。在我眼中，它们就像前女友一样：我曾经很爱她们，但已经不再想和她们结婚了。最令我开心的是，我第一部拍成电影的作品是我自己导演的。

富勒：你最初计划如何入行？

塔伦蒂诺：我写这些剧本时，距离电影行业还很远。最终，我搬到好莱坞附近，并交了一些电影人朋友。其中之一是斯科特·斯皮格尔，他刚刚完成了克林特·伊斯特伍德作品《菜鸟霹雳胆》（*The Rookie*，1990）的剧本。很多人给他打电话，请他写剧本，但他没有那么多时间，于是就推荐我。随后，《真实罗曼史》和《天生杀人狂》都成了试镜剧本，我则开始为不同的公司修改剧本或润色对话。

富勒:你说你不是作家,但你每一个剧本的叙事都很精巧且有丰富的意象。你很快就能树立人物形象。

塔伦蒂诺:我不想故作谦虚。我是个不错的编剧,但我总以导演自居。

富勒:在《天生杀人狂》的剧本中,你写了很多摄影指导,所以这显然是一部你希望自己导演的作品的蓝图。我记得肯·罗素说他很烦剧本指导他摄影机怎么放。

塔伦蒂诺:为其他人和为自己写剧本是完全不同的。我无意贬低编剧,但如果我一心想要写作,我会写小说。

富勒:你提到过不少对你有很大影响的导演,包括塞缪尔·富勒、道格拉斯·塞克和让-皮埃尔·梅尔维尔——有对你影响较大的编剧或小说家吗?

塔伦蒂诺:我认为罗伯特·汤是一位名副其实的优秀编剧。我还喜欢查尔斯·B. 格里菲斯,他曾为罗杰·科曼写剧本。但我的大多数文学偶像都是小说家。我写《真实罗曼史》的时候,很喜欢埃尔默·伦纳德。我想写一部像埃尔默·伦纳德的小说那样的电影，但不是说我写得和埃尔默·伦纳德一样好。

富勒：更早一些的作家呢？《低俗小说》的剧本有没有借鉴凯恩、钱德勒和哈米特？

塔伦蒂诺：我不知道他们对我的影响到底有多大，但他们的作品我都读过，而且很喜欢。我想把《低俗小说》拍出《黑面具》（一本刊登侦探故事的老杂志）的感觉。但我刚刚完成的剧本和预想的完全不一样；有点偏离最初的构想。我非常喜欢的另外两位作家是本·赫克特和查尔斯·麦克阿瑟，他们的戏剧和影视作品我都很喜欢。事实上，在《低俗小说》剧本的第一页，我形容两个角色"像《女友礼拜五》[①]（霍华德·霍克斯）中一样连珠炮般"快速地交谈。

富勒：你创作剧本的过程是怎样的？

---

① 《女友礼拜五》（*His Girl Friday*）改编自百老汇戏剧《头版》（*The Front Page*），后者由本·赫克特和查尔斯·麦克阿瑟编剧。

塔伦蒂诺:我开始写的时候会提前想好故事的结构和前因后果。但总有一些尚未解答的问题、我想要探索的想法。开始写作之后,我就把一切都交给角色。你如果读我的剧本,就会发现对话场景一个接着一个。

富勒:你按照时间顺序创作吗?

塔伦蒂诺:我必须从头开始写,因为是人物们在讲故事。

富勒:《真实罗曼史》的叙事是线性的,但《天生杀人狂》的剧本中有很多闪回,以及一个很长的片段——关于一部制作中的八卦电视电影。你在《落水狗》中又更进一步,这个故事的结构有点像锯齿状。

塔伦蒂诺:《真实罗曼史》最初的结构更为复杂,制作人买下这个剧本之后,把它剪贴成了线性的结构。原先它是和《落水狗》一样的结构:先呈现答案,再给出问题。回想起来,那可能不是我写的最成功的剧本,但我仍然相信原本的结构也是可行的。托尼(斯科特)曾经尝试在剪辑室里按原来的顺序剪辑,但他说他觉得行不通。

我觉得我总是尝试将我在小说中看到的结构运用到电影中。对于小说家来说，从故事中间开始是很正常的。我这么做并不是为了假装睿智或者炫耀我有多聪明。如果故事从头开始讲更有戏剧性、更吸引人，我会那么做的。但用我的方式把故事讲好最令我自豪。

富勒：坐下来写《落水狗》的时候，你已经在头脑中构思好结构或策略了吗？

塔伦蒂诺：当然。我希望影片围绕一个观众看不到的事件展开，我希望整个故事都发生于人物在仓库碰头之后——一般的抢劫电影中，这一段只会有十分钟。我希望整个故事都发生在那里，影片中与现实中的时间同步流动，我不对时间做任何调整。我还想用一系列章节介绍这些人物，就像读一本书：第一章、第二章、第三章是关于莫、拉里和克里做某件事，第四章则是莫五年前的事情。这一章结束之后，再回到主情节，但现在你更了解这个人物了。

富勒：《落水狗》有没有改写过？

塔伦蒂诺:没有。我写得很快,写完六个月后,我们就已经在拍摄了。完成第一稿之后,我做的大改动是加入了橙先生在洗手间讲他的故事的场面——卧底警察训练那场戏。这场戏我之前就写好了,但整合剧本的时候我想:“没人在意这个;观众想赶快回到仓库。”所以我删去了这场戏,把文稿留在了我的抽屉里。筹拍这部影片时,我又把那一段找出来重读,读完之后我想:“昆汀,你是不是疯了?这是好东西,得加进去。”这是第二稿唯一的大改动。

我还不断修改开头的对话。那是改动最多的地方。一段话曾经是金先生说的,然后变成白先生说的,这句话是甲说的,那句话又是乙说的。我总是不断地调整对话。很奇怪,因为我现在看这些对话,感觉不到它们曾经被反复调整过。但也许这些调整是有益的,因为最终人物和对白的搭配是妥当的。

富勒:拍摄期间你需要对剧本进行修改吗?

塔伦蒂诺:我只在试镜后润色了剧本,因为试镜会暴露有问题的台词。所以我删掉了不合适的台词。另外,演员来了之后可能会无意中说出有意思的东西。

富勒:我不知道你有没有看过迈克尔·鲍威尔和埃默里克·普雷斯伯格的《百战将军》(*The Life and Death of Colonel Blimp*,1943)。

塔伦蒂诺:没有,但我一直想看。

富勒:前半部分的主要事件是罗杰·莱伍赛和安东·沃尔布鲁克的决斗。前面有很长一段关于决斗的规则和准则的铺垫。然后,就在决斗即将开始的时候,鲍威尔调转了镜头,观众没有看到决斗的场景。这场决斗的功能和《落水狗》中抢劫的功能是一样的。我的问题是:你是否认为省略也是剧本艺术的一部分?省略的部分是不是和保留的部分一样重要?

塔伦蒂诺:我完全同意。在我看来,这也适用于一个镜头如何取景。镜头里看不见的东西与能看见的东西一样重要。有的人喜欢把一切都拍出来。他们不希望观众有任何猜测;毫无保留。我不是这样的。我看过很多很多电影,我希望能玩点儿不一样的。大多数电影在开头十分钟就会让观众知道这是一部什么样的电影。我认为,观众会潜意识地阅读影片前十分钟传递的讯息,然后在剧情快要左转的时候往左靠;他们会预测故事的发展方向。我喜欢利用这一点去制造意外。

富勒:你在《天生杀人狂》的剧本中就是这么做的,故事开始是一个慵懒的咖啡店场景,然后突然变成了大屠杀。

塔伦蒂诺:《真实罗曼史》中阿拉巴马(帕特丽夏·阿奎特饰)和杀手殊死搏斗的场景也是如此。我认为那个场景非常激动人心的原因之一是——考虑到那个场景在影片中的位置——阿拉巴马可能会被杀,这很有戏剧性。我们喜欢阿拉巴马,但影片就要结束了,她死掉很合乎情理。这会让克拉伦斯(克里斯蒂安·史莱特饰)在最后十五分钟有事可做。

富勒:你是说为她复仇。

塔伦蒂诺:是的,我看过斯蒂芬·金的一部名为《银色子弹》(*Silver Bullet*,丹尼尔·艾提奥斯,1985)的电影,是加里·布塞主演的,他在里面很有意思。里面有一个坐轮椅的小孩（科里·海姆饰）和一个小女孩（梅根·佛洛斯饰）——故事就是由她讲述的。影片的最后有一场和狼人的大打斗。我知道他们不会杀死坐轮椅的小孩，也不会杀死这个女孩，因为她是叙述者，但加里·布塞会死。我特别为他担心！我很同情他，因为他死了也没关系。我想说的是，我其实不知道后来会发生什么。

富勒：在你自己的剧本中，你总是十分无情。《真实罗曼史》中暴民处决克拉伦斯的父亲（丹尼斯·霍珀饰）的片段如同一记重拳。就连汤姆·塞兹摩尔和克里斯·潘饰演的警察的死都十分出人意料——尽管他们在银幕上出现的时间很短，但我们还是喜欢上了这两个人物。

塔伦蒂诺：克拉伦斯和阿拉巴马不断遇见各种人物，影片变成了和他们相遇的人的故事。他们和克拉伦斯的父亲在一起时，我就把他当作影片的主人公来处理。克里斯托弗·沃肯饰演的黑帮成员文森佐·科科蒂出场时，似乎又变成了影片的主角。加里·奥德曼饰演的德雷克斯也是如此。不过克拉伦斯的父亲尤其如此——你会以为他是一个核心人物。喜剧动作片中，我不喜欢的元素之一是搞笑的反派。他们总是不能造成实际的威胁，像小丑一样。《真实罗曼史》中的反派非常非常吓人，他们只要一出现，你就会感到世上最可怕的事情要发生了。他们杀害丹尼斯·霍珀的片段令人震惊。

富勒：在影片的最后，克拉伦斯躺在阿拉巴马怀中，观众以为他死了，但是他没有。你真的考虑过让他死去吗？

塔伦蒂诺：在我的原剧本中，克拉伦斯被杀死了。如果我现在写剧本然后卖掉，我会加上不许修改的条件。我现在可以这么做。但是卖《真实罗曼史》的时候，我根本没想过它会被修改。看到新的结局（克拉伦斯没有死）时，我觉得这样也可以——但我认为原来的结局更好。一开始，我非常不安；事实上，我都提出不署名了。我很信任托尼·斯科特［我很喜欢他的作品，尤其是《复仇》（*Revenge*，1990）］，但我的想法就是，不可以修改我的结局。

后来，我们一起开会讨论。托尼说他改结局不是出于商业上的考虑，而是因为真的喜欢这些孩子，希望看到他们活下来。他说："昆汀，我把决定权交给你。我会拍两个版本的结局，我看了之后再决定用哪一版。"我认为我无法要求更多了。（然而）到后来，他确实喜欢大团圆的结局，并最终选择了那个版本。

富勒：奥利佛·斯通对你写的《天生杀人狂》的剧本做了很大的改动。

塔伦蒂诺：是的。

富勒：但《真实罗曼史》基本没有什么改动。

塔伦蒂诺：是的。除了结局。此外，我真的为这部电影感到骄傲。《真实罗曼史》可能是我最个人化的一部剧本，因为克拉伦斯这个人物就是写那部剧本时的我。他在一家漫画店工作——我在音像店工作。我当时的朋友看了《真实罗曼史》都感到忧郁，它会让我们想起那段时光。我第一次看这部电影的时候感觉很奇怪，因为影片就像大成本制作的我的家庭录影或者回忆。影片完全符合我的设想，我透过托尼·斯科特的眼睛看到了我的世界。我之前也提到过，托尼是我非常喜欢的导演。我知道可能不会再有给他写剧本的机会,所以《真实罗曼史》是我唯一的机会。奇怪的是,我们的审美十分相似。托尼不断尝试拍更黑暗的东西,不断与制片厂发生摩擦,被磨平棱角。我记得他剪辑《终极尖兵》(*The Last Boy Scout*, 1991)时,我给他看了《落水狗》,然后他感到很郁闷。我做了一部锋芒毕露的小成本电影,他在做大成本电影,但只能看着制片厂将所有的棱角磨平。

如果说我们的直觉是相似的,他的拍摄风格则和我完全不同。我喜欢他的拍摄方式;只不过这不是我的方式。他用很多烟,但我不喜欢我的电影中出现烟。我有很多长镜头,而二十秒对于托尼来说就是长镜头了。但我喜欢透过别人的眼睛看到我的世界被别样地呈现出来。

富勒:卖掉剧本就会失去对其的控制,你对这一点怎么看?

塔伦蒂诺:我认为这实在是吃力不讨好。这是我不想当编剧的原因之一——可能会导致溃疡。(哪怕)编剧赚的钱比小说家多得多,当然斯蒂芬·金除外。所有人都认为编剧的作品需要修改,这是正常的,但其实不是。

完成剧本后可以在合同里规定:除非原作者同意,否则不得修改。有人会说那这个剧本就没人买了,但其实不一定。如果你写了一部优秀的剧本,制片厂觉得可以从中赚到钱,他们就会买。如果某位作者能尝试这么做,说不定能带来一场革命。

富勒:在你看来,《天生杀人狂》某种意义上还是一部昆汀·塔伦蒂诺电影吗?

塔伦蒂诺:差得远。我和托尼·斯科特之间还有一定的相似性,奥利佛和我想做的事情则相差甚远,不过他也是一位很注重电影感的导演。我不拍事件,喜欢一切都是模棱两可的。人们总会问我:"《落水狗》的最后,橙先生为何告诉白先生他是警察?"我的答案是:"问这个问题就说明你没看懂电影。"我怀疑奥利佛不会允许他人就他的任何一部作品问出这样的问题。他要让观众完全领会他的意图,他的电影有明确的重点,追求强烈的情感。他不喜欢模棱两可。他完全掌控观众的情感,不遗余力地将他想要表达的东西敲进观众的大脑。他追求冲击力,希望他的东西给观众迎头一击。我对讲故事更感兴趣。从大局来看,这没有好坏之分,只是两种完全不同的风格。我最近和奥利佛见了面。我们聊天时他说:"昆汀,你像布莱恩·德·帕尔玛或者吴宇森。你喜欢拍偏娱乐的电影(movie)。你的人物是娱乐电影的人物。我拍的是偏严肃的电影(film)。"①是的,我对拍严肃电影没有兴趣。在我看来,奥利佛·斯通的电影很像斯坦利·克雷默在五六十年代拍摄的影片。主要区别在于,斯坦利·克雷默是一位有点笨拙的电影人,奥利佛·斯通则技艺精湛。

富勒:《天生杀人狂》你会作为编剧署名吗?

塔伦蒂诺:目前看来我会的,我希望影片一切顺利。它不是我的电影,是奥利佛·斯通的电影,上帝保佑他。我希望他拍出一部好电影。如果不是对这个剧本有感情,我肯定会觉得这电影很有趣。你如果喜欢我的风格,可能就不会喜欢这部电影。你如果喜欢他的风格,那很

① "film"一般指注重艺术风格或教育功能、商业潜力有限的影片,而"movie"则指以大众为对象、以盈利为目的的商业电影。

可能会喜欢这部电影。这可能是他最优秀的作品。显然，就实验性来说，他计划的东西会让《刺杀肯尼迪》（*JFK*，1991）相形见绌。

说实话，我非常期待这部影片。如果《真实罗曼史》是托尼·斯科特眼中我的世界，这部影片就是通过奥利佛·斯通的眼睛将我的故事融入奥利佛·斯通的世界。

富勒：在你看来，你的剧本是否给暴力提供了正当的舞台？

塔伦蒂诺：我不这么看。我没有把暴力看得很重。在我看来暴力很搞笑，尤其是在我最近讲的这些故事里。暴力是世界的一部分，我被现实中暴力的骇人所吸引。我不是说把人从直升机上降到快速行驶的火车上，或者恐怖分子劫持事件之类的。真实的暴力是：你在一家餐厅里，一个男人和他的妻子争吵，那个男人突然暴跳如雷，拿起叉子扎进女人的脸。这很疯狂，像漫画一样——但真的会发生；现实中的暴力就是这样闹腾。我对暴力行为本身、它的爆发，以及后面发生的事情感兴趣。这之后要怎么做？我们要不要打那个用叉子戳人的男人？要把他们分开吗?要叫警察吗?饭吃不成了,我们是不是应该把饭钱要回来?我对这些问题都感兴趣。

富勒:视觉上的暴力美学呢?它显然是你影片的重要组成部分。你提到了吴宇森。在他的影片中——如果你接受暴力是风格化的、漫画式的——暴力就是令人愉悦的。

塔伦蒂诺:就像我之前提到的,电影中的暴力令我感到兴奋。电影最糟糕的缺点是,在暴力这一点上,无论做到什么程度,你都戴着手铐,而小说家不受这种限制。卡尔·哈森这样的作家可以为所欲为。越是耸人听闻,越是对他的书有益。拍电影时你不具备这种自由。

富勒:我提到你的电影是否给暴力提供了一个正当的舞台时,我的意思是——当然在合理的范围内——在银幕上表现真实世界中不可接受的事物是合理的。

塔伦蒂诺:哦,我完全同意。在我看来,暴力完全是一个美学主题。说不喜欢电影中的暴力和说不喜欢电影中的舞蹈片段是没有区别的。我其实喜欢电影中的舞蹈片段，但如果不喜欢，我也不应该不允许舞蹈出现在电影中。影片中呈现暴力时，会有很多人不喜欢，因为这是一座他们无法攀登的高山。他们不是混蛋。他们只是不喜欢这些。他们可以不喜欢。他们可以看很多其他电影。如果你能够攀登这样的山，我就为你提供一座。

富勒：一般的道德观念在你的电影中变得复杂。你给了你的角色杀人执照。

塔伦蒂诺：我并不是在努力传播某种道德观念或讯息。但我影片中的一切疯狂通常会导向一个道德结论。比方说，我认为白先生和橙先生在《落水狗》最后的对话很感人，在道德和人类交流两方面很有深度。

富勒：就像托尼·斯科特希望克拉伦斯和阿拉巴马在《真实罗曼史》中幸存一样，你觉得观众会不会希望《天生杀人狂》中的连环杀手夫妇——米基（伍迪·哈里森饰）和梅乐丽（朱丽叶特·刘易斯饰）——成功逃脱？我感觉你所表达的是，他们想要毁灭的世界肮脏堕落，几乎就应该被毁灭。这十分诡异，他们似乎才是道德力量的代表。

塔伦蒂诺：不过，写《天生杀人狂》时，我并没有希望观众同情米基和梅乐丽。我希望观众享受他们的故事，因为他们每一次出现在银幕上都会创造精彩的疯狂。他们很会摆造型，很酷，他们是浪漫的、令人激动的。然后你会看到他们杀害无辜的人。我希望观众发问："等等，这已经不再有趣了。我为什么不觉得有趣了？一开始为什么觉得有趣？"但米基和梅乐丽仍旧极具个人魅力。最终，米基接受电视采访时，观众不知道应该如何看待这样的人，不知道自己想如何处置这样的人——这其实是连环杀手给我带来的问题。我不相信死刑。我不相信政府有权杀人。然而，我认为连环杀手非常恶劣，心里又希望他们被处死。我不知道剧本有没有体现我的这种想法。写这个故事的时候，我有点迷上连环杀手了；但我很快就厌倦了米基和梅乐丽。有人读了剧本之后来和我聊天，他们以为我是连环杀手迷，我会说："你找错人了。"

富勒：比利时恶搞伪纪录片《人咬狗》(*Man Bites Dog*，雷米·贝尔瓦、安德烈·邦泽尔、伯努瓦·波尔沃德，1992）开头是对连环杀手的搞笑讽刺，然后变得很血腥，让人质疑自己到底在看什么，应该有什么样的反应。

塔伦蒂诺：没错，但那个连环杀手一直很搞笑。《人咬狗》所展现的正是我在原本的《天生杀人狂》中追求的效果。

富勒：你的剧本中为何有大量流行文化、漫画和电影？

塔伦蒂诺：都是我加进去的令我着迷的东西。如果我对它们做了一些有趣的处理，目的并不是讽刺或者让观众嘲笑它们。我希望展现它们的魅力。

富勒：还有垃圾食品。

塔伦蒂诺：船长麦片（Cap'n Crunch）之类的！这很有意思，因为我其实在尝试营养更丰富的饮食。我在写一张糟糕的快餐餐厅清单，我会去（那些餐厅）吃一大堆我其实并不想吃的东西。我现在就在我的公寓里看这张清单，上面写道："能不去就不去。去了就好好享受。但别养成习惯。"另一个不好的地方："办公室的厨房"——

那里有可乐和曲奇什么的;尽量远离。拒绝卡路里。

富勒:你觉得自己是否可能创作相对传统的剧本——少一些对流行文化的引用,不那么狂乱?写一部古装片?

塔伦蒂诺:我并不想拍一部不那么狂乱的电影。现在不想。举一个例子,L. M. 基特·卡森给我看了他为《看电影的人》(*The Moviegoer*,改编自沃克·珀西 1961 年的小说)所写的剧本,并暗示他同意我执导这部影片。我很喜欢那个剧本,但我告诉他:"我现在还不够成熟,无法拍摄这样一部电影。"不是说我现在的作品不成熟,而是我还在摸索我的道路。未来我会想要执导他人创作的剧本。就古装片来说,我想拍一部西部片。

富勒:萨姆·佩金帕对你有影响吗?

塔伦蒂诺:他对我的影响没有很多人想象的那么大。

富勒:赛尔乔·莱昂内呢?

塔伦蒂诺:影响很大。但如果让我挑最喜欢的三部西部片,它们会是:第一名《赤胆屠龙》(*Rio Bravo*,霍华德·霍克斯,1959)、第二名《黄金三镖客》(*The Good, the Bad and the Ugly*,赛尔乔·莱昂内,1966)、第三名《独眼龙》。

富勒:《真实罗曼史》中提到了《赤胆屠龙》。

塔伦蒂诺:《天生杀人狂》也是。米基杀死韦恩时说:"我们来点音乐吧,科罗拉多①。"

富勒:与刚开始相比,你的创作有什么改变?

塔伦蒂诺:我觉得我变得老练了,不再刻意去追求什么。我更信任自己,相信船到桥头自然直——只要让人物们对话,他们就会找到正确的道路。你会在黑暗中摸索一段时间,不知道应该如何给剧本收尾;然后就有特别酷的事情发生。人物会做出让你震惊的事情。关于《落水狗》中的折磨场面,我总是试着向人们解释,我并不是

① 科罗拉多是《赤胆屠龙》中的人物,由瑞奇·尼尔森(Ricky Nelson)饰演。

坐下来然后说:“好,我要写一个特别刺激的折磨场面。”金先生把手伸进靴子,掏出一把折叠剃刀时,我并不知道他靴子里藏了一把折叠剃刀。我吓了一跳。我写剧本时经常遇到这种情况。我常用表演类比。你即兴表演的时候,可能会突然说出一句话或者做出一个动作,让场景变得震撼人心。写作也是如此。我通过表演学到的另外一件事是,当时对你有影响的事情需要在你的作品中有所体现。因为如果不体现,你就是在否认它。

我基本上没有想出什么新故事。我头脑中有五六年来积累的大量素材。思考接下来要写什么的时候,我翻阅素材库,寻找合适的内容。这些素材在缓慢发酵。我会想:“这个还不到时候。再放一放,等它变得更好一些。先做这个。”我希望最终把所有想法都写出来。但我知道这是不可能的。

富勒:你想到一个故事时,它就是完整的吗?

塔伦蒂诺:我总是从我知道最终会用上的场景开始,从我没写完的剧本中的场景开始。我写的每一部剧本都至少有二十页来自我的其他剧本。《低俗小说》的故事是我很久以前想到的，然后我在剪辑室里剪辑《落水狗》时想到了具体怎么写。我一直想一直想，想得比一般情况多得多。一般等我满脑子都是剧本的时候，我就会把它写出来。我没法在冲印室写剧本，但我最终在阿姆斯特丹住了几个月，并开始写《低俗小说》的剧本。思考了六七个月之后，我写出来的东西突然变得截然不同。尽管该影片的故事发生在洛杉矶，但我当时有一些第一次造访欧洲的感悟，最终在剧本中有所体现。所以在我开始写作之后，有些我五年前想到的类型故事变得非常个人化。这是我所知的写出好作品的唯一方式——让作品个人化。

富勒：正式提交之前，你有几版草稿？

塔伦蒂诺：我提交的第一稿，可能已经是我自己的第三稿了。因此我自己已经对作品相当满意了，我可以说："如果你不喜欢，那就别拍这部电影，因为我就要这样，不会改了。"

富勒：你是一边写一边修改，还是从头整体修改？

塔伦蒂诺:我一边写一边修改一些场景,尽量不改。我通常只想继续写下去。

富勒:你会通宵写作吗?

塔伦蒂诺:我会写到深夜。

富勒:用文字处理机?

塔伦蒂诺:不,我不太会打字。我开始写剧本前,会去文具店买八十到一百页的笔记本,那种每一页都可以撕下来的线圈本。然后我会决定:“好,我就用这个写《低俗小说》,或者别的剧本。”我还会买三支红色的毡头笔和三支黑色的毡头笔。我把它搞成了一个郑重的仪式。主要是心理上的感觉。我常说不能用电脑写诗,但我可以把这本笔记本带出去,我可以在餐馆写作,在朋友的家里写作,站着写,躺在我的床上写——随时随地写。我写的东西看起来一点也不像剧本,反而像(连环杀手)理查德·拉米雷斯的日记,一个疯子的日记。到了最后的阶段,也就是打字阶段,才会第一次看起来像剧本。然后我开始精简对话,并修补之前完成的有问题的部分。

富勒：你享受这个过程吗？

塔伦蒂诺：我总是以为会很可怕，但实际上很愉快。

富勒：文思泉涌吗？

塔伦蒂诺：如果没有灵感，我那天就不写作。如果不能让人物们开始对话，我就不写。如果是我逼人物对话，就会很假。人物说话会让我感到兴奋，我会想："哇，他这么说？我不知道他有妻子，或者我不知道他有这种感觉！"

富勒：所以这是一个发现人物内心的过程？

塔伦蒂诺：你所言极是。因此我从来不写把故事从头到尾讲一遍的剧本大纲。我不那样写作。有些问题我要等到开始写作之后再回答。

"Answers First, Questions Later" by Graham Fuller from *Projections 3: Film-makers on Film-making*, edited by John Boorman and Walter Donohue (London: Faber and Faber, 1994), pp. 174 - 195.

# 昆汀·塔伦蒂诺谈《低俗小说》

曼诺拉·达吉斯/1994年

开始写《低俗小说》时，我正在争取拍摄一部长片的机会。我想到写一个短篇犯罪故事，拍成短片，然后重复这个过程，最终把所有短片合在一起，变成一部犯罪短片合集。我可以做到：完成影片、参加影展、提升知名度、找当导演的感觉。影片可以作为一部短片独立存在，也可以不断加入新内容，直到变成一部长片。当时我还没有入行，只是想拍点东西。

《黑面具》杂志是我的创作起点。我的想法是从最传统的故事开始。这种故事你已经看过无数遍了。剧情不会让你感到意外，因为你知道会发生什么。人物带黑帮老大的妻子出去——“但不能碰她”。要是碰了呢？这种三角恋你已经看过无数次了。或者是应该假赛认输却没有这么做的拳击手——你对这种故事也很熟悉了。第三个故事不是一个熟悉的老故事，而是一种熟悉的老情境。在故事的开头，朱尔斯（塞缪尔·杰克逊饰）和文森特（约翰·特拉沃尔塔饰）去杀人。这就像乔·西尔沃的每一部作品的前五分钟——一群人出现，砰砰砰杀人，然后字幕出现，阿诺·施瓦辛格出现在银幕上。那就让我们延长这个简短的开场，让我们一整天都和他们待在一起，体验之后的一切鸡飞狗跳。这就是这部影片的缘起。

它不是黑色电影。我拍的不是新黑色电影。在我看来，《低俗小说》更接近现代犯罪小说，有点像查尔斯·威尔福德的作品，我也不知道这么说有没有解释清楚。类似的地方是，威尔福德在用他的方法塑造他的角色，创造了一个完整的世界和一个完整的家庭。这些该死的角色变得非常真实，读他最新的作品时，你会知道主人公的女儿和他的老搭档最新的动向，他们就像你的家人一样。我觉得其他系列作品中的人物从未让我产生过这种感觉。我喜欢塞林格的作品，但不会特地去读，每一次读我都十分享受,不想囫囵吞枣。它就像我准备一生慢慢送给自己的小礼物。

我认为我目前的作品属于低俗小说。我认为《落水狗》是这样,《真实罗曼史》也是这样。我总是将骇人的犯罪小说和低俗小说联系在一起。还有悬疑作品。历史上,低俗小说真正指的是你不在乎的那种平装书。你看那本书,把它放在裤子后面的口袋里,乘巴士的时候就坐在上面,书页开始脱落,谁他妈的在乎?看完之后,你把它给别人或者扔掉,不会把它放进自己的书房。

低俗小说从缝隙中潜入,针对的是一部分特定的读者。除了人们回头看的时候,低俗小说不会受到评论界的任何关注。这很酷,就像 70 年代剥削电影给我的感觉。我看了很多电影,它们没有任何评论。所以你会有自己的发现,在垃圾桶里找到钻石。斯蒂芬·金在他的《恐怖舞曲》(*Danse Macabre*,1981)一书中提到了这一点,他说你必须喝很多牛奶才会懂得欣赏奶油,你必须喝很多变质牛奶才会懂得欣赏牛奶。

我想合作的演员很多,我感觉自己可能没有机会和所有人合作,这让我发愁。所以我在一部电影中尽量和更多的演员合作。选角对我来说真的很重要。每个人的表演都令我震撼。我并不想要名气大的假把式——演员需要扮演真的角色,他们来了就必须表演。

布鲁斯·威利斯对拳击手布奇的演绎和他之前的一些角色比较类似,只不过他们不用戴拳击手套。我希望布奇是一个彻头彻尾的混蛋。我希望他像奥尔德里奇的《死吻》(*Kiss Me Deadly*,1955)中拉尔夫·米克饰演的迈克·哈默。我希望他是一个恶霸、一个混蛋,只有和女朋友法比安(玛丽亚·德·梅黛洛饰)在一起时很温柔。我选布鲁斯是因为——除了恶霸、混蛋和对女友好的设定外——他看起来像50年代的演员。我想不到其他有这种气质的明星。他尤其会让我想到雅克·特纳的《夜幕》(*Nightfall*,1957)中的奥尔多·雷。我告诉他,我可以想象奥尔多·雷也能演好布奇。他说:"是的,我喜欢奥尔多·雷。"所以我说:"那我们就模仿他的整体造型。剃个平头。"

我一直是出演文森特的约翰·特拉沃尔塔的影迷。我认为他是世上最优秀的演员之一。他在《凶线》(*Blow Out*,布莱恩·德·帕尔玛,1981)中的表演是一直以来我最欣赏的表演之一,我说的是有史以来。但他出演的角色和电影令我感到难过——不过他自己也要承担一部分责任。我看了他近五年出演的电影之后想:这家伙是最不为人知的宝藏还是已经被人遗忘的宝藏?这些导演怎么回事?他们不知道自己手上是什么样的珍宝吗——只要扫掉表面的灰尘?我意识到,约翰需要和认真对待他并珍惜他的人合作。

有些角色是我为演员量身打造的。狼是我为哈威·凯特尔写的。英国劫匪小南瓜和小兔子是我为蒂姆·罗斯和阿曼达·普拉莫写的。我有一次看到他们在一起,然后就作为导演产生了一个心愿:让他们共同出演一部电影。迈克尔·马德森退出之后,我考虑过让蒂姆出演文森特,因为他一定会演得很好。但小南瓜和小兔子是我为蒂姆和阿曼达量身定做的角色,实在没办法不用他们。

将演员聚在一起令我兴奋。我希望能让迈克尔·马德森和拉里·菲什伯恩共同出演一部电影。我想让拉里和饰演朱尔斯的塞缪尔·杰克逊合作一部影片。还有蒂姆·罗斯和加里·奥德曼。我想让他们演一部喜剧。说实话,如果我重写剧本,朱尔斯和文森特会由加里和蒂姆出演,他们就演两个英国人。我想让哈威·凯特尔和克里斯托弗·沃肯合作,因为他们从来没有同框过,还有阿尔·帕西诺和哈威。我还希望很多人复出,我想和迈克尔·帕克斯合作。但你必须控制自己,不能完全把自己当作影迷,不能仅凭个人喜好选择合作的演员。必须合适,因为只有合适,影片才会精彩、好看。

我用冲浪音乐——60年代迪克·戴尔的风格——作为基本配乐。我不理解冲浪音乐和冲浪有什么关系。在我看来,冲浪音乐就像摇滚版的埃尼奥·莫里康内音乐,摇滚版的意大利西部片音乐,我的感觉就是这样。这是覆盖整部影片的基本配乐。最重要的歌曲,最他妈生动的一首,是渴望过度乐队(Urge Overkill)演唱的尼尔·戴蒙德的《女孩,你很快就会成为女人》("Girl, You'll Be A Woman Soon"),就是黑帮老大的妻子米娅(乌玛·瑟曼饰)吸食海洛因过量时跳舞的背景音乐。

"Quentin Tarantino on *Pulp Fiction*" by Manohla Dargis. First appeared in *Sight & Sound*, May 1994.

# 引人入胜的银幕小说

米歇尔·西芒和于贝尔·尼奥格雷/1994年

《正片》:《低俗小说》源自你和罗杰·阿夫瑞创作的一些故事。具体情况是怎样的?

昆汀·塔伦蒂诺(以下简称塔伦蒂诺):早在开始写《落水狗》之前,《低俗小说》的想法就已经成形了。我在思考如何用很少的钱拍摄一部电影,所以想拍一部可以在电影节放映、起名片作用的短片。我可以用它展示我的能力,然后得到拍摄一部长片的机会。所以我想到了文森特·维加和马塞勒斯的妻子的故事。然后我想:为何不再写一个短篇犯罪小说,之后再接着写第三个,筹到钱之后一一拍摄?吉姆·贾木许就是这样拍摄《天堂陌影》(*Stranger Than Paradise*,1984)的,他在电影节放映了影片的一部分,然后得到了拍摄第二部分的资金。

所以我给我的朋友罗杰·阿夫瑞打电话,让他写第二个故事,要求他写最经典的故事;而他领着我们踏上了一趟疯狂的旅程!他写出了这样一个故事:在拳击台上被击倒的拳击手的故事。第三个故事就是《落水狗》的故事。但当时我们逐渐失去了热情,没有制作这部影片,后来我把《落水狗》的故事拍成了我的第一部长片。

后来我们重拾这个项目,但是放弃了故事选集的想法。我真正想做的事情是在银幕上创作一部小说,不断有角色进进出出,他们有自己的故事,但有可能出现在任何地方。我想像当代小说家那样,向小说中引入一个此前的作品中出现过的次要人物,比如塞林格想象的格拉斯一家,其成员会出现在他不同的小说中。

电影导演一般不会这么做。在好莱坞,如果为派拉蒙拍摄一部电影,就要把故事的版权卖给他们。如果下一次是和华纳兄弟合作,就不能用同样的角色,因为他们属于另外一家公司。

《低俗小说》是我用一部电影的成本拍三部电影的尝

试。《低俗小说》的每一个角色都可以是一部电影的主人公,我很喜欢这一点。比方说,如果我拍摄一部围绕布奇和法比安展开的电影,仅以他们为主角,约翰·特拉沃尔塔饰演的人物可能根本不会拥有姓名。他可能会被称为“反派一号”。但依据《低俗小说》的构思,他就是文森特·维加。我们知道他的个性,了解他的生活方式,他不仅仅是一个次要角色。所以当他中弹时,观众不会无动于衷。

《正片》:开始创作《低俗小说》的剧本时,你已经有了两个故事——文森特·维加和拳击手的故事?

塔伦蒂诺:对,剧情梗概(scenario)写到一半,我才确定第三个故事。修改拳击手的故事时,我告诉自己:“为什么不在上午结束后让朱尔斯和文森特继续在一起,而不是让他们完成杀人任务之后分开?”我觉得有了他们,我就有了第三个故事。所以我没有离开他们,而是继续记录他们的经历。我还知道最后我会让小南瓜和小兔子再度出现,以此收尾。某种意义上,我创造了一个宇宙,我会将罗杰·阿夫瑞写的拳击手的故事融入其中。

很多创意都是他的：乡下人、典当商。手表也是他想到的，但手表的故事是我编的。我还把法比安设定为法国人。在写剧情梗概的过程中，我们将这些拼图碎片组合在一起，但在剪辑过程中又进一步调整。

我开始写作时，大概知道前进的方向。不是跟着地图走，而是跟着朋友给我的行程提示走。路过麦当劳，然后开几英里，会看到一棵大树。那就走对了。然后看到一座刻在山上的雕塑时左转。翻过几座小山，最后到达一座非常长的石桥。

这个类比很好地体现了我的工作方式：凭借一系列参照物。我开着车上路，我的人物们不停地讲故事，推动剧情向前发展，我不断向窗外看，寻找参照物。我以这样有机的方式工作，尽管我了解自己的故事，但还是会有新的发现。我无法单独写片段，然后再把它们填进剧情梗概。我需要在素材中清出一条通道，保证情节环环相扣。我进行叠加和联系，将素材拼凑在一起，同时用理智和情感体验这个过程。

《正片》：你的对话有一种特别的活力和节奏，会让人联想到马克斯兄弟、W. C. 菲尔兹和最近的伍迪·艾伦——他会在夜店测试自己的作品。你如何衡量你创作的对白的感染力?

塔伦蒂诺:通过衡量它们对我的影响、它们把我逗笑的能力!如果我觉得它们很好笑,我想别人也会有同样的反应。但把对话交给演员是很好的测试。你可能会以为自己写出了一句令人捧腹的台词,但演出来完全没有那种效果。但我一般不依靠别人。如果把剧本念给别人听,我能立刻发现什么地方有问题。导演也是这样。

至于在试映或预映时通过对观众进行问卷调查了解他们的看法,我不信这一套。我喜欢公开放映我的电影,但我们没有就《落水狗》和《低俗小说》针对任何年龄段的群体或特定人群进行研究。我特地在合同中注明不做市场调研。任何导演都会告诉你,想要了解观众的反应是不需要问卷的。如果你坐在陌生的观众身边和他们一起看电影,立刻就能感受到:影片是不是有趣,节奏太慢还是太快,是否感人,观众有没有走神,是不是又被吸引了。

我一点也不在意某一个观众对某一个具体场景有意见。我不在乎他们作为个人的想法,但我对观众整体的反应感兴趣。目前，任何人对我电影的影响都不会超过我自己。

《正片》：克里斯托弗·沃肯讲述的手表的故事是用一个镜头连续拍摄的，因而具有独特的力量。创作这个场景时，你就是这么构思的吗？

塔伦蒂诺：用一个长镜头是我最初的构想，但这太不现实、太理论化了。考虑到独白的长度，我重新设计了一系列镜头。我希望能在克里斯托弗的几个镜头中灵活选择，他是一位优秀的演员。我还加了小男孩的好几个镜头，因为他长得有点像克里斯托弗。我还拍了一个手表的特写镜头，事实上是好几个镜头，但回想起来你会感觉像一个镜头。

我根据故事的三个阶段在这些镜头中进行选择：曾祖父的、祖父的和父亲的。每个阶段都有不同的内涵，与克里斯托弗·沃肯给出的不同解读对应。对于曾祖父，我选择了轻松的解读。至于祖父，他在威克岛谈论自己的时候，我做了海绿色的、有点生硬的色调。第三部分的开头比较就事论事，信息量较大。我认为这给独白带来了一种非常奇怪的节奏。

《正片》:创作人物的时候,你会思考请哪位演员来饰演他们吗?

塔伦蒂诺:有时会,但不一定。朱尔斯是为塞缪尔·杰克逊量身定做的,当然还有阿曼达·普拉莫和我最好的朋友之一蒂姆·罗斯饰演的小兔子与小南瓜。他们在现实中也是朋友。我某天晚上在派对上见到他们的时候,产生了属于电影导演的灵感:他们的身材、样子、气质——他们的一切令我想让他们一同出演我的电影。

我也一直是塞缪尔的影迷。我知道他散发着一种充满力量的感觉,如果有机会,他就会在电影中表现出理查三世的一面。不用起身,坐着就能够主导一场戏,像下象棋一样把周围的人调动起来的演员并不多。而这正是塞缪尔在《低俗小说》中所做的。

《正片》:你是怎么想到让他引用《以西结书》的?

塔伦蒂诺:这句引用的起源很有趣。我第一次听到这句话是在一部功夫电影——《保镖牙》(鹰森立一,

1973)——的序幕中。然后我在《圣经》中找到了略有不同的版本。我还在电视上看过一部日本忍者连续剧《影子军团》(1980—1985),那是我看过的最优秀的动画片[①]。故事发生在日本古代,斗争双方是想要向西方开放的好人和主张孤立主义的坏人。有一群不效忠任何人的忍者,他们白天碌碌无为,在餐馆里当服务员,晚上却是令人畏惧的战士。

每一集最后的生死大战中,影子军团的首领在杀死他的对手之前,都会发表一番关于消灭邪恶之必要性的长篇大论。被迫听这段话的人最后必死无疑!我的朋友和我总是被这样的结局吸引,我们觉得这很酷、很有诗意。我就是以此为参照让朱尔斯引用《以西结书》(25:17)的。写剧情梗概时,我意识到在咖啡店的最后一幕中,朱尔斯不能再用以前的方式说这句宗教宣言了。十年来他一直在重复这句话,却是第一次意识到它的真正含义。然后电影就结束了。

---

① 《影子军团》不是动画片,原文“cartoon”应系口误。

《正片》:约翰·特拉沃尔塔在你眼中一直是文森特·维加吗?

塔伦蒂诺:我写这个角色的时候没有想到任何演员。剧情梗概快要完成的时候,我只是想见一见约翰·特拉沃尔塔。因为我知道未来我会希望和他合作,只是暂时不确定是哪部电影。和他交谈之后,我了解了他的个性。我认为他可以赋予文森特这个角色全新的面貌。他的性格特点和文森特爱分析的一面——比如谈论足部按摩时——不谋而合。约翰总是追根究底,喜欢调查。不过,如果请约翰·特拉沃尔塔这样的演员,你就必须接受最终的影片会和最初的构想有所不同。

有趣的是,跳舞的场景是我想到约翰之前写的!如果选了他之后我再构思这个镜头,就不会这么好、这么有力。

至于布鲁斯·威利斯,在我看来,他是现在唯一像50年代的演员(奥尔多·雷、拉尔夫·米克、卡梅隆·米切尔、布赖恩·基思,一定程度上还可以算上罗伯特·米彻姆,都是那个时代的硬汉)的明星。他拥有与他们相同的气质。我告诉布鲁斯这一点之后,他很高兴,他知道应该如何把握表演风格。然后，我给他看了奥尔多·雷和布赖恩·基思出演的雅克·特纳的《夜幕》！他由此真正地进入了角色。

《正片》：《低俗小说》的调性很像罗伯特·劳森伯格或罗伊·利希滕斯坦画插画的悬疑小说！

塔伦蒂诺：我明白你的意思！风格像埃尔默·伦纳德的小说，尤其是第一个和第三个故事，幽默之处在于将犯罪小说的人物放入日常生活的情境中。我联想到的是查尔斯·威尔福德的小说《迈阿密特别行动》(*Miami Blues*, 1984)。

根据小说改编的电影(乔治·阿米蒂奇执导，1990)删掉了那本书最棒的场景。一个人通过关闭警报系统进入当铺。他抢走了钱和珠宝，站在店里，手放在柜台上，店主——一个魁梧的女人——挥舞着一把砍刀，砍断了他的手指。他杀死了女人，跑到街上，又意识到必须回去拿回手指，不然他的身份就会暴露。但已经太晚了，他身后的门已经关上了！从写作的角度看，这真是太高明了。这是突然变得疯狂而充满戏剧性的犯罪，但事件的荒诞又让其回归现实。这有点类似于我工作的思路,在日常麻烦和突如其来的冲突(比如哈威·凯特尔饰演的詹姆斯·邦德式角色温斯顿·“狼”·沃尔夫的出现)之间反复切换。

《正片》:我们提到了一些流行文化艺术家。他们对你有影响吗,尤其是杰克兔餐厅(Jackrabbit Slim's)的舞厅?

塔伦蒂诺:我喜欢视觉流行艺术,因此喜欢能够充分展现其风采的大银幕。我的想法是,彩色电影就是要颜色鲜艳,红是红,蓝是蓝,黑是黑。用原色。但我不喜欢平光。我的两部电影都是我和我的摄影指导安德烈·塞库拉用市面上感光度最低的50 AMC胶片拍摄的。这种胶片需要大量的光,但画面一点也不粗糙,非常清晰。我最喜欢《低俗小说》的效果。颜色特别鲜艳,让人眼前一亮!

舞厅里五光十色,有大量50年代的电影海报、敞篷车,显示器上播放着洛杉矶街景。还有假的玛丽莲·梦露和玛米·范多伦。就像影片中的电影主题场景。整个布景是在卡尔弗城的一个仓库中搭建的。我的布景设计师大卫·维斯克负责整个布景的所有细节，从菜单到店里的饮料，甚至是火柴。我们在这个场景上花费了电影预算的很大一部分。

当然，这有可能导致观众太喜欢布景，被其完全吸引，以至于完全忽略文森特和米娅的关系。因此我一开始用移动镜头跟着文森特进入舞厅，这样观众就可以和他一起熟悉餐厅的环境；然后他坐下来和米娅聊了二十分钟。影片的关键不是杰克兔餐厅，而是两个人物的互动。因此他们谈话的过程中，没有布景的镜头。

《正片》：《落水狗》也是从酒吧餐厅的镜头开始的。

塔伦蒂诺：《低俗小说》也这样开始，我觉得很酷。我认为在餐厅里发生抢劫案的想法会很有趣；这也是一个理想的收尾地点，片中的其他人物最终全部聚集在这里。我的所有剧情梗概都有发生在餐厅的场景。我常常去餐厅，坐在那里和朋友聊天。我的人物很健谈，故事就从这样的对话开始。我喜欢这样的场景。如果我拍《豪情玫瑰》（*La fille de d'Artagnan*），甚至是讲述史前故事的电影，也一定会有在餐厅的场景！我认为这样的场景可以让每一个观众产生共鸣。

我还喜欢把第一个场景放在咖啡店，在第二个场景中，让朱尔斯和文森特像《落水狗》中的匪徒一样穿黑西装，以此来打造我的个人宇宙。观众第一次见到这些人物时，他们就像穿了盔甲，看起来十分阴险卑鄙，像真的反派，就像《落水狗》中的人物那样。然后我在影片剩余的时间里解构这些角色。当观众和他们一同经历整个早晨之后，就会看到他们的衣服满是脏污、血迹和褶皱。这些硬汉邋遢地穿着T恤衫，看起来有些愚蠢。他们的形象在观众的眼前被解构。

《正片》：有影评人说，你们这一代导演（包括蒂姆・伯顿、科恩兄弟和大卫・林奇）只是在进行大量借用的、后现代的、自我反思的、与现实毫无关联的艺术创作——只是一种形式主义的游戏。对此你如何回应？

塔伦蒂诺：我从不介意有人说我的电影不“源自生活”，说我“无话可说”。我并未尝试表达什么，而是在创作能够产生意义的人物和故事。另外，我认为我的电影是与生活有关的，因为影片与我相关，与我感兴趣的东西相关。

我受过的唯一艺术训练是表演。演员与导演和作家的审美观念截然不同。只要有效，我就来者不拒。在不违背我真实的风格、节奏和声音的前提下，如果在马龙·白兰度和迈克尔·凯恩身上看到喜欢的东西，我就会在自己表演时运用。演员是这样工作的：他们会将从他人身上借鉴来的东西融入自己的表演。

在我看来，我不仅是导演，更是可以在整个电影宝藏中选择素材的电影人。我可以挑选我喜欢的任何珍宝，加工它们，赋予它们新的形式，搭配出前所未有的组合。但引用不应该影响影片剧情的发展。我首先关心的是讲一个从戏剧的角度来看引人入胜的故事。真正重要的是故事是流畅可行的。电影迷可以通过挖掘典故找到额外的乐趣。

但我从不原封不动地复制，不会引用具体的台词或特定的片段。简单的复制粘贴令我头疼。我喜欢重组混搭。比方说，金表的故事开头是《出卖灵肉的人》(*Body and Soul*，罗伯特·罗森，1947)的风格，结束时却出人意料地变成了《生死狂澜》(*Deliverance*,约翰·保曼,1972)的氛围。我最喜欢的是时间和空间的扭曲,从一个世界跳到另一个世界。你无须知道这两部影片就能够欣赏手表的故事,但如果你知道,就会得到更多的惊喜和乐趣。

有时候一部电影会在我头脑中酝酿五六年,我一直不写剧情梗概,因为合适的时机尚未到来。但当我坐下来写作时,我个人生活中发生的一切都会在影片中有所体现。完成剧情梗概后,我总会因为在其中看到自己而感到震惊。我好像在公开个人秘密一样,尽管观众不会注意到。

如果演员像《蓝白红三部曲之红》(*Three Colors: Red*,克日什托夫·基耶斯洛夫斯基,1994)中的伊莲娜·雅各布一样,在开车去剧院或片场的路上撞到了狗,他的表演就会受到影响。他的经历会在舞台上或影片中有所体现。至少我对自己的作品是这么想的。我的经历——哪怕与影片的主题毫无关系——会以某种方式在我的作品中出现,因为我希望我的人物拥有真正跳动的心脏。

如果你了解我，我的作品中大量关于我的内容一定会让你感到惊讶。

"Interview with Quentin Tarantino" by Michel Ciment and Hubert Niogret from *Positif*, November 1994, pp. 10–15. Conducted at Cannes, May 23, 1994. Translated from the French by T. Jefferson Kline.

## 放心观影

加文·史密斯/1994 年

自编自导，有时还从事表演的昆汀·塔伦蒂诺之于音像店店员，就像法国新浪潮、彼得·博格丹诺维奇和保罗·施拉德之于几代影评人一样——证明了摆脱电影史观察者的身份，从旁观者变成参与者，并在此过程中对电影史产生决定性影响的可能性。我认为，塔伦蒂诺 1992 年的首作《落水狗》因调和独立电影与好莱坞类型片的关系，将在美国独立电影史上扮演举足轻重的角色。

塔伦蒂诺的新电影《低俗小说》巩固了他对美国 40 年代以来冷酷的低俗作品传统和 60 年代的后流行风格的结合。罗伯特·奥特曼的《漫长的告别》(*The Long*

*Goodbye*,1973)和吉姆·麦克布莱德的《断了气》(1983)等影片为塔伦蒂诺结合流行与低俗元素、带有嘲讽色彩的当代作品做了铺垫,这些故事都发生在洛杉矶好莱坞,都有毒品文化和漫画元素。但与奥特曼和麦克布莱德不同,塔伦蒂诺最终完成了类型的道德救赎;即便在《落水狗》充满了假扮与身份投射的世界中,背叛还是背叛。《低俗小说》几乎未对一个职业杀手精神皈依和放弃犯罪的套路加以讽刺。

塔伦蒂诺没有屈服于简单的玩世不恭,他的电影批判、挑战、结合类型,但他仍旧是一位类型纯粹主义者,这很了不起。就像之前提到的影评人出身的导演一样,塔伦蒂诺不可能也无法完全转变角色。相反,他保留了一位资深影迷的感受力和一种对电影明显的、几近单纯的信仰。这种电影理想主义让他得以自由地将编剧和导演视为形式与语法近乎刺激的冒险,以及对规则的反转与重塑。

《低俗小说》中的此类例子是杰克兔餐厅的片段。这家餐厅兼夜总会颠覆了传统的服务员变身巨星的传奇故事,用长得像明星的服务员让已故的50年代的巨星(梦霜、迪图等)走下神坛,同时,茱单将电影史压缩成了单纯的消费,有道格拉斯·塞克牛排及马丁和刘易斯奶昔(垃圾食品是塔伦蒂诺常用主题之一)。文森特·维加送他老大的女友米娅到这个流行文化陵园,两人颇为投缘。这个场景意外营造了一种纵情感,让我想起莱奥·卡拉克斯:维加和米娅在舞池中扭动身体,跳起了酷而时髦的舞蹈,他们极度风格化的舞姿正是塔伦蒂诺所擅长的包括态度、举止和姿态在内的类型修辞。那一刻,乌玛·瑟曼仿佛化身朱丽叶·比诺什——在下一个场景中,她独自在自己家中跳舞。那几乎是一个超验的时刻。

塔伦蒂诺有些顽皮地将犯罪电影转化为艺术电影。这种始于《落水狗》并在《低俗小说》中继续的革新部分是通过引入过分复杂的叙事结构完成的,这样的叙事结构会迫使观众留意一般不会被注意到的叙事选择机制。不过更重要的是,在塔伦蒂诺的作品中,场面和动作矛盾地以对话与独白的形式出现。语言套路(set piece)优先于动作套路,尤其是在《落水狗》中,影片最关键的核心就是被反复讨论却从未出现的珠宝店劫案的缺失。正如橙先生悉心排练、运用方法派表演精雕细琢的故事——有关毒品交易和满是警察的男洗手间——所展示的，真相，甚至现实，只是语言构建的产物。人物们总是在说话，反而不怎么行动——他们的嘴一刻不停。

《低俗小说》和《落水狗》都将类型传统推向不和谐，不仅通过加入大量自我指涉的流行文化元素，还通过演绎类型中潜藏的哲学和形而上学问题。从开头关于棕先生对麦当娜歌曲《宛如处女》的解读的争论，到卧底警察橙先生具有欺骗性的文字，再到遭背叛的白先生最后所面对的意义被否定的局面（他倒下，死去，接下来的空镜头表达了对意义存在的终极、明确的否定），《落水狗》直面意义的危机和可知的局限性。

但如果说《落水狗》暗示真相和虚构是意愿与信仰的结合，《低俗小说》中语言和叙事对真相的垄断则有崩溃的迹象。现在有三个相互依存的故事，不那么决定论，不受《落水狗》的叙事自信危机的影响；对白强有力却并不绝对——比如文森特提及有关米娅的传言时说道："这不是事实，只是我听说的。"

《低俗小说》与前作有相同的癖好，以暴力为语法，重风格轻病理；情节好似荒诞滑稽、施虐狂的游戏；对现在的表现既是与世隔绝、超越时间的,又是复古的——但是《低俗小说》远比前作精巧细腻。其类似短篇小说的形式,加上对50年代、70年代和40年代黑色电影的不同时代风格的汇集,将深受喜爱的人物从类型电影致命的迷宫中解放出来。《落水狗》中对峙的紧张情绪不断累积,《低俗小说》却出人意料地用一系列协商化解了剧情冲突。影片中有很多友好的告别、简短的往事交流、慷慨与宽恕;所有故事中的人物都幸运地逃离了噩梦般令人绝望的困境。如果说这是塔伦蒂诺的《银色·性·男女》(*Short Cuts*,罗伯特·奥特曼,1993),那么应该叫它《死里逃生》(*Close Shaves*)。

但塔伦蒂诺走得更远。他通过选择打乱时间线却无闪回的结构,突出杀手朱尔斯的蜕变。朱尔斯通过"神的干预"战胜死亡,被哈威·凯特尔饰演的风度翩翩的天使祝福和净化,最终找到了仁慈。朱尔斯是影片中不断积累的善意的受益者。塔伦蒂诺不再像《落水狗》中那样用一个空镜头结束影片,而是在最后一个镜头中让朱尔斯成功逃离。

加文·史密斯(以下简称史密斯):《低俗小说》和《落水狗》都结合了不同的美学方向——一方面是现实主义,一方面是艺术加工。

昆汀·塔伦蒂诺(以下简称塔伦蒂诺):这是我想要呈现的混搭风格。我喜欢将不同的风格融合在一起的电影。《低俗小说》中我最喜欢的片段,比方说吸毒过量的片段,我个人的感觉是,我的上帝,这太他妈的紧张了,另一方面又是搞笑的。有一半的观众在笑,另一半则想要藏到凳子下面去。《落水狗》中的折磨片段也是如此。拍这些片段令我兴奋。有现实主义,也有电影的夸张。两者我都喜欢。

我的出发点是,将这些类型电影的角色置于经常在类型电影中出现的情景中,但他们会突然被卷入现实生活的规则当中。比如,《落水狗》是实时的:在过去的其他抢劫电影中一般只会占据十分钟的场景被我们拍成了一整部电影。故事是在一个小时之内发生的。观看时间超过一个小时,因为要回头讲橙先生的故事。但仓库里人物所经历的每一分钟就是观众的每一分钟。时间的流逝未经任何加工,和现实保持一致。所以这些看起来像类型电影人物的角色,讨论的却是类型电影不常涉及的话题。他们有心跳,有活生生的人的脉搏。

史密斯:就场景而言,《落水狗》很像戏剧,尤其是迈克尔·马德森(金先生)出现之前,史蒂夫·布西密(粉先生)和哈威·凯特尔(白先生)的那一段,你把他们拍得好像在一个空舞台上一样。

塔伦蒂诺:筹拍这部影片时,这其实是一个问题。人们读了剧本之后会说:"嗯,这不是电影,这是戏剧。你为何不尝试去一家小剧场把它排演出来?"我会说:"不,不,相信我,可以拍成电影。"我不喜欢大多数戏剧的电影版,我让故事在同一个地点发生,因为我觉得这是最容易拍摄的方式。对我来说,把剧本拍成电影是最重要的。说到这个,《落水狗》让我十分兴奋的一点是戏剧元素被移植到了电影当中,环境是封闭的,紧张得不到缓解,不断累积,角色无法离开,影片绝对是表演驱动的。我的两部作品都是如此,几乎是依照表演的节奏剪辑的。

史密斯:表演在影片中起到了关键的作用——橙先

生在银幕上构建虚假人格的过程显然暗示着其他角色也有类似的行为。

塔伦蒂诺：没错。这是所有这些匪徒共有的特征。朱尔斯在《低俗小说》中有这样一句台词："让我们进入角色吧。"他们是罪犯、演员和玩过家家的孩子的结合。如果你看孩子玩过家家——三个孩子扮演斯塔斯基和哈奇①审问囚犯——可能会看到比电视剧里更真实、诚实的场面，因为孩子特别认真。如果孩子把手指当作枪指着你，他不是指着玩，在他眼里那真的是一把枪。

要把成年男人表现为不过是手里拿着真枪的小男孩，这从不是一个有意识的决定，但这个想法常常出现，而我在写《低俗小说》的过程中意识到它其实很合适。甚至可以将朱尔斯和文森特在吉米②家的场景进行这样的类比：他们害怕妈妈回家。你把屎弄在了地毯上——在妈妈回家之前，要赶紧把烂摊子收拾干净。

---

① 影片《最佳拍档》中的人物。

② 塔伦蒂诺饰。——原注

史密斯:我认为《落水狗》开头人物们在餐厅的片段不是自然主义的,而是建立了自然主义的假象。

塔伦蒂诺:它有点像真实电影①的对话,但有整部电影中最突出的摄影机动作之一,摄影机缓慢地三百六十度移动,人物离开画面然后再回到画面。这是摄影上的一个大工程(相信我,非常难拍),摄影机只是随机拍到正好在镜头前方的人物。没有提前编排好,做不到橙先生说话的时候正好拍到橙先生,粉先生说话的时候正好拍到粉先生,然后再在金先生开口的时候拍金先生——不,完全不是这样,人物在画面外说话,摄影机完全是独立移动的。

我的做法之一是,在一部影片中融入很多不同的拍摄风格。我从不用某一种特定的电影语言拍摄。我喜欢在适当的范围内引入尽量多的风格。拍摄开头片段的部分乐趣在于有三种不同的摄影风格。整个第一部分,麦当娜的部分,只是摄影机绕圈移动——哪怕是特写,摄影

① 真实电影(cinéma-vérité)是一种纪录片制作风格,结合即兴发挥与摄影机的使用,以揭露真相或突出隐藏在现实背后的主题。

机也是在移动的。到了哈威·凯特尔、劳伦斯·蒂尔尼和地址簿的部分,摄影机停止移动,拍摄了两个镜头。然后是给小费的部分,展示了桌面的情况,所以全部是用大特写拍摄的。凡是这么长的片段都要分解成几个部分。十分钟的开头片段他妈的相当长了,特别是人物什么都不做,光坐着说话。第三部分为什么要用特写拍?我其实没有答案——只是感觉应该这么拍。

**史密斯**:那么如果是一个人在一个房间里说十分钟话,不移动,你会怎么办?

**塔伦蒂诺**:(《低俗小说》中)克里斯托弗·沃肯的片段差不多就是这样。三页独白,一个很长的故事。我不是覆盖镜头[①]先生。除非知道自己要拍很多素材,然后在剪辑室里实验、调整,我一般都有确定的拍摄方式,不拍多余的素材。我从不给自己留覆盖镜头。

---

① 覆盖镜头(coverage)是相对主镜头(master)而言的。拍摄电影时,一般先用主镜头从头到尾拍摄一场戏,然后根据情况,选择不同于主镜头的角度将部分内容再拍摄一遍,这些就是覆盖镜头。覆盖镜头可以给后期剪辑创造更多选择。

史密斯:沃肯的片段你拍了什么样的覆盖镜头?

塔伦蒂诺:最终的影片里,从孩子的视角拍摄的基本镜头我拍了十三四次。然后克里斯托弗的特写又拍了五六次,再之后就只拍孩子。克里斯托弗每个镜次会用不同的方式表演。他讲述的故事由三个部分构成,分别与“一战”“二战”和越南战争有关,三个部分截然不同。所以“一战”的故事我选择了比较幽默的版本;“二战”威克岛的故事相对悲惨,我选择了最黑暗的演绎;越战的故事我则选择了最无礼的一版,也是最搞笑的。克里斯托弗在表演上自由发挥。他非常擅长念独白,在这方面可能是最优秀的。这是他出演这部影片的原因——他没有其他机会在电影中表演三页的独白,并确保中间不会被剪。

拍电影的乐趣之一是这一行有相当丰富的专业词汇。这个场景我会用一个长镜头拍摄,这个要用强制透视①,这个希望尽量不用覆盖镜头,比如布鲁斯・威利斯和玛丽

① 强制透视(forced perspective)是运用各种技巧让物体或人物显得比实际更大、更小、更近、更远的视觉假象。

亚·德·梅黛洛在洗手间的场景。

史密斯:强制透视是什么意思?

塔伦蒂诺:摄影机从某些古怪的角度拍摄。

史密斯:比如《落水狗》中从走廊上距离很远的地方拍摄洗手间里的布西密和凯特尔?

塔伦蒂诺:没错。还有从门外拍摄布鲁斯和玛丽亚的那场戏。观众会感觉自己像一只停在墙上的苍蝇,观察人物以为自己身边没有其他人时的行为。和他们一起待在酒店房间里应该会让人感到不适与尴尬,因为他们情深意浓,正值热恋,说话非常肉麻。你在看你不该看的东西,因为那是他人极度亲密的行为,你也不知道自己到底想不想看。整个片段由三个较长的部分构成。整个酒店那场戏很少有镜头切换。淋浴片段只有一个镜头。两人为手表大吵一架的第三部分的画面是缓慢拉近的。聚焦而不移动:与用移动镜头靠近某人拍摄是完全不同的感觉,变焦更具解析性。另外,用一个镜头拍摄整个场景能让演员紧张起来。如果要小聪明,过度利用这一点,可能会弄巧成拙,但确实可以在和演员碰头时告诉他们:“来,计划是这样的。我们会拍尽量多的镜次,选最好的一次放在电影中。”好的演员能够应对自如。

史密斯:你是否曾因为拍摄效果不理想,而在剪辑室里被迫拼凑某个场景或片段?

塔伦蒂诺:如果已经进了剪辑室,遇到明显的问题也只能修补。有时候整个片段很好,但中间有点不流畅,那就必须让它流畅起来。有些场景我会从不同的角度拍摄很多次,因为我想在剪辑室里回过头来根据表演剪辑。很多人认为动作戏需要从多个角度拍摄。没错,但其实这与表演也紧密相关。比如《真实罗曼史》中克里斯托弗·沃肯和丹尼斯·霍珀的那场戏,托尼·斯科特用了无数拍摄角度,但最终是根据表演的节奏剪辑的。

史密斯:我会认为这样的覆盖镜头是缺乏导演主见的表现。

塔伦蒂诺:托尼并不是毫无章法地胡闹,这就是他的拍摄方法。他的风格就是每十五秒剪一次。

史密斯：我觉得难以忍受。

塔伦蒂诺：对，但你说难以忍受的时候，其实是在对他的美学做出反应——但那就是他追求的效果。我能不剪就尽量不剪，而凡是断开，就他妈的一定有某种意义。同时，我喜欢托尼的做法。《低俗小说》中，塞缪尔·杰克逊和约翰·特拉沃尔塔来到雅皮士的公寓的片段也是这样拍摄了很多覆盖镜头，因为我要处理塞缪尔的长篇独白，房间里还有不少其他人。我们不断地在不同角度间跳转。

史密斯：那是影片中拍摄了最多覆盖镜头的片段吗？

塔伦蒂诺：那一段，还有结尾的场景（咖啡店），都是从一侧到另一侧拍摄了覆盖镜头，这样我就可以根据人物的动作随意跳轴①。不管别人怎么说，很大程度上拍

① 轴是两个画面主体在场景中的假想连接线。如果观众或者摄影机越过轴线，所见物体就会发生一百八十度的转向。

摄电影最大的问题就是他妈的轴。我以前一直觉得这他妈的会是我的一个大问题,因为我一直不太明白这个概念。如果有人尝试向我解释,我听着听着就走神了。我逐渐意识到,我其实凭直觉大概能理解这个概念。在那个片段中,我们从这里的人物开始,我从这个方向拍(塞缪尔·杰克逊在左边,蒂姆·罗斯在右边),我想到这边来(罗斯的右侧)。拍摄的时候,我想到了什么样的轴、什么样的布景和什么样的剪辑能让我完成这一切——好的,太棒了!我有一位优秀的场记,他的第一要务就是注意轴。从我知道自己可以跳轴的那一刻起,我就知道我可以回去——我以正确的方式移动到另一边,这不是跳轴,只是移动到另一侧。一旦移过去了,就可以在两者之间切换。我临场计划好了一切,这是令我骄傲的时刻之一。

史密斯:《落水狗》中一个非常突出的时刻是,蒂姆·罗斯在折磨片段的最后朝迈克尔·马德森开枪的那一幕。那场面令我目瞪口呆。这样的剪辑背后有什么秘诀吗?

塔伦蒂诺：那一幕情感十分强烈。就像在《夺魂索》（*Rope*，阿尔弗雷德·希区柯克，1948）中的诸多长镜头之后，画面突然切到詹姆斯·斯图尔特，表现詹姆斯的反应，此前整部电影一个反应镜头（reaction shot）都没有——哇！我得出的结论是，展现橙先生开枪很重要。并不是：轰——跳到迈克尔·马德森——然后砰！然后是更多枪响。画面没有在中弹的金先生和开枪的橙先生之间切换。看起来金先生就要把橙先生点燃，然后金先生轰的一声被炸出画面，然后我们看到了橙先生，之前我们几乎已经忘记他也在房间里，到这时他就跟一件家具差不多。他开枪的同时，摄影机绕着他移动，然后展现金先生被他炸到了仓库的另一头。这说明情感上的戏剧性效果不是来自金先生中弹，而是来自橙先生开枪。

史密斯：因为橙先生终于行动了。之前他一直躺在那里，然后突然出手。

塔伦蒂诺：观众能看到他，他在那里，但他的存在就像一个无关的物体。我并没有长期将他排除在画面外，以此制造他不在的错觉——金先生曾朝他走过去,但他还是毫无存在感。因此橙先生向他开枪非常突然。他们总是提到橙先生——他们因为他才无法离开。作为编剧,我不断给人物制造新情况,让他们无法离开。关键在于把他们困在仓库里。他们为什么不走?因为不断有新情况发生。白先生不能把橙先生送去医院,但乔应该会来仓库。乔会带赤脚医生来,好,那就坐着等乔来会合——他是这么对橙先生说的。讽刺的是,乔来了之后要杀橙先生。然后粉先生出现了,说:"不,这是一个陷阱。"白先生之前没这么想过,这才开始朝这个方向想。然后粉先生说:"没有人会来,我们只能靠自己,我们得做点什么。"

史密斯:和白先生不同,粉先生与金先生对橙先生没有感情。

塔伦蒂诺:关于这一点,史蒂夫谈了不少。人们认为粉先生是只在乎自己的滑头,但事实并非如此。粉先生他妈的从头到尾都是对的。他所说的一切都是正确的,他只是没有勇气坚持自己的想法。然而,有一个没人提到、没人注意到的细节，它在电影中，但大家都没看到——粉先生说："你看，乔不会来了。橙先生在求我们送他去医院。鉴于他对我们一无所知，我觉得这是他的决定——如果他愿意去医院，然后去坐牢，没有问题。总比死掉好。"然后，白先生做了一件与他在整部影片中的行为不符的事情。他一直关心："橙先生怎么办？橙先生怎么办？"但这一刻他说："橙先生知道一些关于我的事情。"这是他在整部影片中唯一一次关心自己的利益。如果他真的只关心拯救橙先生，他可以不这么说，并接受后果。但他说了。然后粉先生说："那就他妈的没办法了。我们不送他去医院。"现在负担就不在白先生肩头了，是粉先生在做决定，他们为此还他妈的大吵一架。白先生顺水推舟地让粉先生当坏人，然后义愤填膺地和他争执。面对那个可以选择完全无私的时刻，白先生没有那么做，这甚至凸显了他后来不畏牺牲的表现。我没有把这一切拍得特别戏剧化。白先生的犹豫很人性化。

史密斯：让-皮埃尔·梅尔维尔的电影可能是对《落

水狗》影响最大的作品——我认为尤其是强调结构和风格的《眼线》(*Le Doulos*,1962)。但也有很大区别。《眼线》风格极简,不依赖语言,梅尔维尔运用了少即是多的原则;《落水狗》则大量使用语言。《眼线》的剧情相对平缓,《落水狗》则大起大落。我认为两部影片的关系非常迷人。

塔伦蒂诺:我也这么认为。我看了电影就知道《眼线》是我最喜欢的剧本。我喜欢这种不走寻常路的影片,我他妈的根本不知道自己在看什么,直到最后二十分钟。而最后二十分钟解释了一切。尽管前一个小时你完全不知道自己在看什么,但情感上你还是会被影片吸引,我很喜欢这一点。我知道我看电影时一旦感到困惑,和电影的情感连接就会断裂,情感上我就离场了。但不知为何看《眼线》时,这种情况没有发生。

史密斯:影片的魅力在于它非常神秘。

塔伦蒂诺:但第一次看的时候,你不知道谜题会被如此完美地解决。那正是欣赏这样的影片的乐趣——我对影片一直很有信心,但没想到我的信心能收获这么好的回报。

史密斯：你会感觉导演在巧妙运用素材与观众游戏——那就是情感线，他对类型的理解。

塔伦蒂诺：我觉得你说到点子上了——电影一旦让我感到困惑，我和影片之间的情感连接就会断裂，这主要是因为我知道这种效果不是故意营造的。我知道导演对素材的掌控不够理想，我其实是不应该感到困惑的。如果你对导演有信心，那就可以困惑，没关系，因为你知道导演让你感到困惑是有原因的。你知道你最终是会找到答案的。

史密斯：创作《低俗小说》时，你是否关注是什么将整个故事串联在一起？

塔伦蒂诺：是，又不是。尝试写这样的剧本时，需要尝试用相互独立的素材拼出一个大故事，写作过程中你所能想到的最好、最丰富的整体。我有很多想法，比如：让这个角色偶遇那个角色不是很好吗？很多都挺酷的，但如果仅仅是酷、有趣、理智上行得通，最终我不会采用。

必须情感上也行得通。

和《落水狗》的群戏不同,《低俗小说》中的人物总是成双成对的——从头到尾每个人物都他妈的有个伴。开始是蒂姆·罗斯和阿曼达·普拉莫;然后是塞缪尔·杰克逊和约翰·特拉沃尔塔、约翰·特拉沃尔塔和乌玛·瑟曼;然后是布鲁斯·威利斯和出租车司机;然后是布鲁斯·威利斯和玛丽亚·德·梅黛洛——在与她告别后很短的一段时间内,他是影片中唯一单独出现的人物。然后他又与另外一个角色建立了联系,他们成了一个团队。他们不构成团队就什么也做不了。时势造搭档。

史密斯:你的人物都是处于自己个人文化圈内的社会动物。唯一的孤家寡人是《落水狗》中的马德森。他和其他人不在一个频道上。

塔伦蒂诺:但他和克里斯·潘关系很亲密,至少和其他人之间一样亲密。

史密斯:但马德森有不为人知的一面。没有人真正了解他。

塔伦蒂诺:甚至克里斯也不了解。监狱让他发生了某种变化。

史密斯:《低俗小说》(的剧本)开头写着:“有关一个故事的……三个故事。”这是什么意思?

塔伦蒂诺:我认为自己在写一部类似犯罪小说选集的电影。我想将马里奥·巴瓦在《黑色安息日》(*Black Sabbath*,1963)中对恐怖片的处理移植到犯罪电影中。然后我又想做得更多,模仿塞林格笔下格拉斯一家的故事——多个片段构建起一个故事,人物出现又离开。小说家可以这么做,因为他笔下的角色都属于他,他可以让以前小说中的主角在新小说中再次出现。

史密斯:因此有些人物会反复出现在你的不同作品中。《落水狗》中的人物提到了马塞勒斯·华莱士(文·瑞姆斯饰),他是联系《低俗小说》所有故事的中心枢纽。

塔伦蒂诺:没错,就像阿拉巴马(《真实罗曼史》中帕特丽夏·阿奎特饰演的人物)。在我看来,他们都生活在同一个宇宙中。

史密斯:不是外面这个世界(指向窗外)。

塔伦蒂诺:有一部分在那里,但还有那里(指向电视),在电影里,还有这里(指向他的大脑),是三者的结合。我对沿用人物很有信心。所以我写"有关一个故事的……三个故事"的意思是,完成剧本后,我感到非常高兴,因为观众不会感觉自己看了三个故事——尽管我特地用序曲和尾声将三个故事区分开来!它们都是有头有尾的。但你感觉你看到的是围绕一群人展开的一个故事,就像在《纳什维尔》(*Nashville*,罗伯特·奥特曼,1975)或《银色·性·男女》中那样,这两部影片中,故事是次要的。我的做法与其大相径庭——故事是主要的,不是次要的,但效果是类似的。

史密斯:我把"有关一个故事的……三个故事"理解为对类型的评论:这三个故事最终围绕的是片名中提到的低俗小说。

塔伦蒂诺:关于类型的故事。《低俗小说》中的三个故事多少都是最老套的那种故事。和老大的女人一起行动的小弟，他不该碰她——《棉花俱乐部》（*The Cotton Club*，弗朗西斯·福特·科波拉，1984）、《复仇》。中间的故事——拳击手应该故意输掉比赛，最终却没有这么做——真的是最老套的故事了。第三个故事有点像《魔鬼暴警》(*Action Jackson*，克雷格·R. 巴克斯利，1988）的前三分钟、《魔鬼司令》(*Commando*，马克·L. 莱斯特，1985）和乔·西尔沃的每一部电影——两个杀手出现，把某人打死。然后跳到"华纳兄弟呈现"和片头字幕，再跳到三百英里之外的主角。在《低俗小说》中，两个杀手出现，然后砰！砰！砰！但我们不剪辑，整个早晨都和他们在一起，看会发生什么。我的想法是天马行空地对旧故事进行改编。

史密斯：你还将典型的类型叙事与直接来自现代流行都市传说的事件——吸毒过量的约会对象和地下室里的虐恋刑房——结合在一起。

塔伦蒂诺：你和任何一个吸食海洛因的人聊天，他都知道他人吸毒过量的故事，每个人都有自己的版本。如果你和罪犯聊天，他们都会有自己版本的"邦妮的处境"

(“The Bonnie Situation”,《低俗小说》第六章)——他们不得不面对某些该死的诡异的事情。

史密斯:一方面,你在拍摄情感上能打动观众的电影,也就是有“真实感”的电影。另一方面,你在评论电影和类型,通过打破幻觉拉开观众和虚构的距离。在一个层面上,你的电影是虚构的,但在另一个层面上,它们是影评,就像戈达尔的电影。

塔伦蒂诺:完全正确。我认为戈达尔的作品在这一方面极具解放意义——它们是评论其本身、电影及电影史的电影。在我看来,戈达尔之于电影就像鲍勃·迪伦之于音乐:他们都革新了自己创作的形式。

一直有了解电影和电影惯例的影迷,现在因为录像带的出现,几乎所有人都成了电影专家,尽管他们不自知。我妈妈很少去电影院看电影。但因为有录像带,她几乎看过最近所有的电影——我是说所有——但她是在影片上映六个月之后看的录像带。我认为观众——尤其是80年代电影变得程式化之后——思想上不知道自己其实很了解电影。十部电影中有九部——这也适用于很多独立电影——会在开头的十分钟告诉观众，这会是一部什么样的电影。电影会为观众提供他们需要知道的一切。之后，电影准备向左转时，观众已经开始向左倾；电影准备向右转的时候，他们向右倾；电影要将他们吸进去的时候，他们主动靠近。

你知道接下来会发生什么。你不知道自己知道，但你知道。

反其道而行之，打乱影片为观众留下的线索（他们甚至不知道自己正在被这些线索带着走），用观众潜意识中的先入之见对付他们，让观影成为一种体验，让观众有参与感。诚然，这很有趣。是的，作为讲故事的人，我喜欢这么做。但影片的心跳必须是活生生的人的心跳。如果只看《低俗小说》的第一个小时就离开电影院，你就没有真正体验这部电影，因为一个小时之后，你会看到一部完全不同的影片。最后二十分钟又与前面截然不同。这比像定时炸弹的《落水狗》要难处理很多。《低俗小说》更像一幅挂毯。

同样，很多对电影来说看似不寻常的东西——比如《落水狗》人物漫不经心的残酷、绝对的冷血——在犯罪小说中是很普遍的。角色忠于他们的身份，动作片或好莱坞电影则与此不同，其中的每一个决定都由委员会做出，他们担心人物在某一刻会变得不讨人喜欢。但观众觉得《低俗小说》中约翰·特拉沃尔塔饰演的角色（他出场就是杀手，这一点不曾改变过）不仅讨人喜欢，还非常有魅力。他就是他，影片有他工作的场面，但你会对他有更多更深入的理解。

史密斯：一旦电影开始自我解构，自我评论，暴露虚构的幻觉，一个潘多拉魔盒就被打开了。马德森在《落水狗》中开关于李·马文的玩笑，或乌玛·瑟曼在《低俗小说》中画出一个方框①，你赋予了观众新的视角后，像你所做的那样再回到正常叙事行得通吗？

塔伦蒂诺：我觉得行得通。让方框激动人心的是，直到此刻，电影中从未出现过任何类似的东西。有一些类似的小细节［布鲁斯·威利斯在出租车里的时候，在那个

① 在《低俗小说》中，乌玛·瑟曼饰演的米娅一边说“不要做一个……”，一边用手在画面上画了一个方框。有人认为，这是因为“方框”一词的英语“square”也有“乏味古板之人”的意思。

乘车合成镜头(process shot)里,你会看到他身后的黑白背景],但它们不会让你与影片失去情感联系。因为方块之后,你就会进入影片相对现实的部分。你会和人物(文森特与米娅)进行该死的约会,不是“他们说话——叽叽喳喳叽叽喳喳——然后进入正题”那种简短的桥段。为了让你认识米娅,剧情几乎暂停。

史密斯:但让杀手之类的类型角色谈论异乎寻常的话题这种表现手法,注定会让观众察觉银幕上的影片的虚构本质。

塔伦蒂诺:这就是你对从事某种职业的人应该谈论什么的先入之见。

史密斯:不,在行为、情感层面,你做出了违背自然主义的选择。塞缪尔·杰克逊在杀死弗兰克·威利(饰布雷特)之前,还在他的公寓里摆弄了半天汉堡,并发表了一番长篇大论,这么做唯一自然的正当理由就是他饰演的人物需要这么做——但这并不是你的决定。所以它从何而来?

塔伦蒂诺:在我看来,这是因为朱尔斯在对整个房间施加控制:他走进来时像是要把所有人的头都砍掉,但后来没有这么做。他以前没见过这些人,他在即兴发挥,他要达到那种效果。所以他就像一个真正的好人,他很酷,有点像唱红脸白脸,他在唱白脸,对人连哄带骗。他在杀布雷特之前说那番话是因为……他总是这么做。他在影片后面解释道:“我杀人前要先说一段话。”这是朱尔斯作为一个坏人的习惯。这事关他作为男人的自尊心,就像他的护身符。他在演一个电影人物,他在演常做小演讲的绿灯侠。

史密斯:这就是我的意思——他不再是一个角色,而是变成一种评论。

塔伦蒂诺:对我来说,他们未必会破坏真实感。你可能听过黑帮飞车袭击之前先演电影桥段的故事。

史密斯:为何你的两部作品都不遵循单一人物单一视角叙事的传统原则?

塔伦蒂诺:我一直在电影中运用小说家写小说时遵

循的原则:他们可以随心所欲地叙事。如果完全采取线性叙事,《落水狗》和《低俗小说》的趣味性会大大降低。

史密斯:但《真实罗曼史》的剧本是线性的。

塔伦蒂诺:《真实罗曼史》的剧本最初不是线性的。开头场景是一样的,是克拉伦斯探讨猫王,但下一个场景是德雷克斯杀死了他的所有亲信,第三个场景是克拉伦斯和阿拉巴马在克拉伦斯父亲的房子里。然后你才知道他是怎么变成这样的。托尼(斯科特)把影片完全改成了线性叙事,也是行得通的。

如果分成三部分,它们都遵循的结构是:在第一幕,观众不知道发生了什么,他们只是在认识人物,人物掌握的信息比观众多得多;到了第二幕,观众开始奋起直追,掌握的信息量逐渐和人物齐平;然后在第三幕,观众知道的就比人物多很多了,远超过人物。这就是《真实罗曼史》的结构,也完全适用于《落水狗》。在第一部分,直到橙先生开枪杀死金先生,人物对事件的了解远远超过观众——而且他们掌握的信息是相互矛盾的。然后是橙先生的故事,一下显著消除了信息的不对等。观众开始了解到底发生了什么。在第三部分,镜头回到仓库,影片的高潮开始展开,此时观众已经完全领先——知道的比任何人物都多。你知道的比凯特尔、布西密和潘都多,因为你知道橙先生是警察,你知道的也比橙先生多,他还有自己的小诡计。但你知道金先生的过去,知道他为克里斯·潘的父亲坐了三年牢,你知道克里斯·潘(饰埃迪·卡伯特)知道的事情。当白先生用枪指着乔说"你看错这个人了"时,你知道乔其实是对的。你知道凯特尔是错的,他在维护一个出卖他的人。

在我看来,现在的电影百分之九十的问题都出在剧本上。讲故事成了一门失落的艺术。只有情境。故事不是"加拿大皇家骑警前往纽约抓捕加拿大坏蛋",或"白人警察和黑人警察在寻找杀手,但这次他们是在蒂华纳寻找"。这些是情境。它们可以是有趣的。我前几天刚刚看了《生死时速》(*Speed*,扬·德·邦特,1994),十分精彩刺激。最后二十分钟有点俗,但是前面一直很吸引人。《生死时速》是以情境为基础的影片中的最优代表,因为他们将情境运用得很好。影片效果很好。唯一的不足是,我曾经坐过一年巴士,我知道乘客不会像电影中那么健谈。大家是去上班,不怎么说话。他们拍得有点像《国际机场》(*Airport*,乔治·希顿,1970)。

几个月前,我重看了《梅肯县边线》(*Macon County Line*,理查德·康普顿,1974)。那是一部很酷的电影。其中故事的信息量之大令我震惊。它并不是特别复杂的故事,但让我感受到了不同的层次。《错误行动》(*One False Move*,卡尔·富兰克林,1992)是一个故事。《土拨鼠之日》(*Groundhog Day*,哈罗德·雷米斯,1993)是去年我最喜欢的电影之一,是一部完全以情境为基础的电影。但他们超越了情境,讲述了一个故事。

我的一个朋友说,动作片是影坛的重金属,这话颇有一些道理。动作片成了青年男性观众的主要消费对象,它们没有产品质量许可标志①。哪怕是一部只有几个精彩片段的平庸动作片,观众一定程度上也会觉得好看。但我看了太多不入流的平庸动作片。《生死时速》令我难忘。我有点想再看一遍。

---

① 1909年起,《好管家》(*Good Housekeeping*)杂志向质量达到其严格标准的产品颁发产品质量许可标志(Good Housekeeping Seal of Approval)。

这周末我收到一部剧本，有一部大制作的电影想让我当导演。剧本创意很有趣。应该是一部有意思的电影。我会去看首映。但我不愿花一年时间去拍这样一部电影。这是一部动作片，彻头彻尾的动作片。但我不想拍纯粹的动作片。

史密斯：你认为《低俗小说》是否代表对类型的一种远离？

塔伦蒂诺：写《低俗小说》的时候我一直在想："把这部影片拍出来也算是了却了我的一桩心愿。我会以此为契机暂别黑帮电影。"因为我并不想做下一个唐·希格尔——我不是说我有他那么优秀。我不想做专拍枪战的导演。我想尝试其他的类型，比如喜剧片、西部片和战争片。

史密斯：你的下一部影片可能根本不是类型电影？

塔伦蒂诺：我认为所有电影都是类型电影。约翰·卡萨维蒂的电影是类型电影——是约翰·卡萨维蒂风格的电影。自成类型。埃里克·侯麦的作品在我看来是一个类型。如果你想到一个也属于犯罪、悬疑类型的故事，如果你真的很想拍，那就拍。因为我基本上很懒，只有我真的很想做的事情才能打断我享受生活。我要休息近一年时间。我记得我年轻的时候希望能像法斯宾德一样，十年拍四十二部电影。但现在我拍了几部之后，就不那么想了。

"When You Know You're in Good Hands" by Gavin Smith from *Film Comment*, July/August 1994, pp. 32－43.

# 四个房间，四位导演

彼得·毕斯肯德/1995 年

入住《四个房间》旅馆，你就会知道，四位最炙手可热的独立导演聚在一起拍摄一部影片是什么样的：这是集体电影制作领域的一次不同寻常的尝试。影片由阿利森·安德斯、亚历山大·洛克威尔、罗伯特·罗德里格兹和昆汀·塔伦蒂诺合作完成。他们各自导演一段在一家虚构的酒店的一个“房间”中发生的故事，又合作构筑了一个围绕一名酒店门童展开的大故事。门童由蒂姆·罗斯饰演，他出现在每个房间的故事中。

《首映》：多段式电影很少能成功。你们为什么要这样自我折磨？

昆汀·塔伦蒂诺（以下简称塔伦蒂诺）：拍摄这样一部影片最有意思的地方是：一，不用花太多时间；二，不用背负全世界的关注。观众喜欢这个故事最好，不喜欢他妈的也没办法。

罗伯特·罗德里格兹（以下简称罗德里格兹）：我喜欢短片。《杀人三部曲》就像一系列短片。（《四个房间》中）我的房间的故事主要是铺垫，最后五分钟节奏突然加快，这种操作在长片中是无法实现的。

阿利森·安德斯（以下简称安德斯）：刚开始拍电影时，这是很激动人心的，你刚知道法国新浪潮或者新德国电影[①]——那些电影人都经常待在一起，一起拍电影，他们同属于一个时代。电影导演，尤其是年轻电影导演，真的很需要归属感。我们差不多都是圣丹斯 92 届或 93 届的毕业生。

---

① 新德国电影（New German Cinema）是 20 世纪 60 年代到 80 年代的德国电影运动，当时的新一代德国导演受法国新浪潮影响，以较低的预算拍摄了很多受到艺术电影观众关注的影片。重要人物包括哈伦·法罗基（Harun Farocki）和赖纳·维尔纳·法斯宾德等。

《首映》:《四个房间》讲了哪些故事?

安德斯:所有故事都必须在新年前夜发生在一间酒店房间中,我们必须用到门童,除此之外,没有任何限制。门童的名字叫特德。我希望让我的房间里有女孩。我想:“她们是一群女巫!特德身上有什么她们想要的东西?我想要什么?精子!”我发现自己不知不觉地开始写一群女巫尝试复活一位女神的故事,四十年前,她因为在新婚之夜、尚是处女之身时被诅咒而变成石头。我刚满四十岁。我年轻时被强奸了,所以无法把第一次给任何人。我拍的这个故事无意间变得非常沉重。

亚历山大·洛克威尔(以下简称洛克威尔):我的故事有点像一部奇怪的心理剧①,像嗑了药的《我们的日子》(*Days of Our Lives*,NBC,1965— )。我曾经听说过西恩·潘在新年前夜把麦当娜捆起来的故事。我的构思是:一个爱吃醋的丈夫拿着枪把他的妻子绑了起来。

① 心理剧(psychodrama)是人物心理活动及感觉比情节更重要的剧作。

罗德里格兹:我想昆汀和亚历山大的部分会极具戏剧性。所以我选择了另一个方向,我拍了一段家庭喜剧。

《首映》:昆汀,你关于失控的明星和他随从人员的故事具有个人色彩,不是吗?

塔伦蒂诺:人物一开始很搞笑,因为我觉得自己能够把这样一个角色演好,最终他承担了我作为一个名人——暂时找不到更好的词——所面对的部分负担。我很期待观众对此的反应。

媒体已经他妈的厌倦我了。这一点在《杀人三部曲》的影评中显而易见。因为每一篇影评都不是说我演得差(我觉得我在那部影片里非常搞笑,我觉得我演得棒极了),而是说"我们不想再看到他的脸了"。在这一方面,估计他们近一两年都不会放过我。他们似乎厌恶我想表演的事实。我就要一直演一直演,让他们不得不看,直到他们能够客观地看待我的表演。我刚看了三本,我数了,三本我的传记。那感觉真是太诡异了。他们质疑我的人格——我是恶人,我和电影档案音像店的所有人都上过床,罗杰·阿夫瑞是我所有作品背后真正的天才。面对这些说我变成了一个混蛋的质疑，我要如何回应？我就在电影中饰演一个混蛋！我塑造的多多少少是最糟糕版本的自己。

《首映》：拍摄这部影片最困难的是什么？

洛克威尔：一开始，主要是阿利森和我，因为罗伯特在拍《杀人三部曲》，昆汀在宣传《低俗小说》。但没有昆汀的批准，没有人愿意做决定。我是监制之一，如果我想在酒店大堂里加一根牙签或者一个咖啡杯，有人就会说："我们最好问一下昆汀。"然后我就发现自己在和昆汀的第三助手协商。我最终找到昆汀之后，他其实没有意见。

《首映》：昆汀差点在最后一刻退出？

洛克威尔：我做了膝盖手术，膝关节大重建，我躺在床上，有一台机器在移动我的膝盖。我打了某种吗啡衍生物，整个人都飘飘忽忽的，然后我接到了一个电话，是阿利森打来的。她说："你猜怎么着？昆汀要退出！"当时还有一周她就要开始拍摄了。"为什么？""他就是压力太大了。他告诉我：'我就是没有那种激动的心情，我不想拍无法让我感到激动的电影。'"我(对阿利森)说:"我跟你说，他不可以退出。没有这个选项。如果他要这么做，我会找把枪把他毙了，让他亲身体验暴力，不用去看吴宇森电影了。"阿利森试图给他讲忠诚的道理，让他心生愧疚、感到难堪。这很有激励作用。所以后来我再见到他时，他说:"我跟你说，我坐飞机的时候，又读了一遍(剧本)。现在我真的又开始感到激动了。"

《首映》:第一次看到粗剪版的时候，你是什么反应?

洛克威尔:我是最不适合看粗剪版的人。看完我只想跳楼。我们都去了洛杉矶的丹尼餐厅，坐在一起点了塔可比萨、茄汁肉末酱和大杯的 RC① 可乐。我说:"就我个人而言，这电影真的糟透了。"长度超过两个半小时，至少需要剪掉四十五分钟。罗伯特的最紧凑，只有二十四分钟，但我觉得我们负责的其余段落都长到令人难以忍受。昆汀说:"我们都需要回头重新构思。"阿利森在自我怀疑，她对自己很苛刻。可能因为她是女性。她的情绪

① 美国饮料品牌。

都写在脸上。至于昆汀,你知道他在想什么,但摸不清他感觉怎么样。罗伯特和阿利森完全相反。你永远摸不透罗伯特的想法和感觉。如果有人杀死了他的狗,你也看不出来。他说话都用很简短的句子,比如:“太长了。”

《首映》:为什么不把你们自己的房间交给别人剪辑?

罗德里格兹:剪辑太主观了。如果亚历山大把他的故事交给我剪辑,我就会按照我的方式去剪,但这么做也许并不适合这部电影或者他的风格。在我的房间里,二十分钟剪了六百次。在昆汀的房间里,前十分钟只有三次剪辑。如果遵循别人的意见进行删减,最终的影片就既不是你的风格,也不完全是别人的风格。

《首映》:米拉麦克斯是什么态度?

洛克威尔:对我们的友谊及我们合作这部影片时的融洽关系造成最大挑战的不是我们自己,而是当权者。我不是指责他们挑拨离间。毕竟这就是他们的工作。这是一部喜剧。你得从发行商的角度思考。你说:“喜剧应该是九十分钟,或者一百分钟。”他们说:“我们希望你们删减。”罗伯特的片段就像连环画，没法删。我觉得罗伯特原封不动地保留了粗剪版。昆汀的片段是用长镜头拍摄的，也很难删减。所以压力主要在我和阿利森身上。我喜欢昆汀、罗伯特和阿利森的故事——但底线是，我要想方设法保护我的影片。我对鲍勃和哈维·韦恩斯坦（米拉麦克斯的负责人）说：“每个人都要删减吗？”然后鲍勃和哈维非常崩溃地说：“谁去告诉昆汀他必须删减？”哈维说：“那我就告诉他亚历山大在删减，但他可能会以为多出来的时间可以加进他的故事里。”

《首映》：批评昆汀很难吗？

安德斯：昆汀一度想拍最后一段，影片的最后一段。我说：“不行。”他问为什么。我说：“因为是我写的。这是我的故事的结尾，尽管是放在片尾字幕后。”他说：“那又怎么样？”我说：“什么叫‘那又怎么样’？”他答道：“你总说我们就像一个乐队，比如甲壳虫乐队，经常争执。‘不行，我要主唱。’‘不，我要主唱。’”我说：“那也有只推出了一首金曲然后就消失的乐队，比如白金汉乐队（the Buckinghams），他们的成员间总是互相吹捧。”然后他说：

“现在我希望我们更像他们一点。”我说：“是，就是我们都围着你转的意思。”这场争论以我获胜告终。

《首映》：“拍出成功作品”的压力会不会影响你们，破坏你们的友谊？

洛克威尔：我和昆汀探讨过要怎么坚持自己的原则。看看70年代发生了什么。好莱坞笼络了很多导演。很多友谊都破裂了。很多人失掉了自己的初心。西恩·潘曾经问布莱恩·德·帕尔玛：“你们怎么了？发生了什么？”布莱恩说：“如果你一直被他人质疑，一段时间之后，你就会开始自我质疑。事情一旦变成这样，就回不去了。”所以我对昆汀说：“相信我，他们会像看到肉的狼一样扑向你。”事实也确实如此。昆汀看着我，然后说：“那又怎么样？”我觉得自己是个白痴。我心里想：“哦，上帝啊。我是过度敏感的纽约人。昆汀则是将其视为良机的洛杉矶人。”昆汀享受在流行文化里做一个公众人物。

《首映》：这一切都值得吗？还愿意再来一次吗？

安德斯：哪怕我们失败了，对彼此深恶痛绝，我们也做了前所未有的尝试。当然，我们都觉得影片质量尚可，我们实际上也因为一起经历了这一切而更加亲密了。

塔伦蒂诺：我不知道。拍摄这样一部电影的主要问题是，它会变成一场观众人气比赛。谁拍得最好？谁拍得最差？这并非我们这么做的初衷。我近期不会再拍类似的电影。不过我近期什么也不想做。无论如何，我们都还是朋友，而且关系比原来更好了。

"Four X Four" by Peter Biskind from *Premiere*, November 1995.

# 成功的自由与代价

J. 霍伯曼/1996 年

昆汀·塔伦蒂诺有没有被成功宠坏？史蒂文·斯皮尔伯格接连拍出《大白鲨》(*Jaws*, 1975)和《第三类接触》(*Close Encounters of the Third Kind*, 1977)之后，再也没有美国导演打出《落水狗》和《低俗小说》这样漂亮的组合拳。而且，这位自学成才、大胆率性的三十二岁导演重写了好莱坞的成功公式。昆汀·塔伦蒂诺的母亲是一位单亲妈妈，她一边上大学一边抚养孩子。塔伦蒂诺中学辍学了，是美国式独立的化身——或者，至少可以说，是美国独立电影的新面孔。

塔伦蒂诺在洛杉矶长大，从小就希望出演电影。他发明了一种可以被称为"边聊边打"的演员主导的枪战片，其中的每个角色都能说会道，甚至有一套完整的人生哲学。台词——含有大量巴洛克式的种族辱骂和污言秽语——被刻意设计得十分残暴，和动作场面一样精彩绝伦。"做房间里最坏的人并不是什么崇高的理想。"塔伦蒂诺说道，不过他显然很享受自己狂野之王的地位。去年，好莱坞和独立电影界都推出了很多塔伦蒂诺式的电影，似乎除了他本人之外所有人都在拍那样的电影。1994 年初完成《低俗小说》之后，塔伦蒂诺只导演了一集《急诊室的故事》(*ER*，NBC，1994—2008)和选集电影《四个房间》的一个二十五分钟的片段，与此同时，他出演了——尽管有时出现的时间很短——《与我同眠》(罗里·凯利，1994)、《淘金梦魇》(杰克·巴伦，1995)、《杀人三部曲》和下个月上映的《杀出个黎明》——这部影片的剧本是塔伦蒂诺创作的，由另外一位独立电影人罗德里格兹导演。作为一名拥有摇滚明星地位的电影人，一位热爱鉴赏流行文化的明星，塔伦蒂诺重新定义了好莱坞的酷(这是他最喜欢用的词之一)的本质。仅仅六年前，他还在加州曼哈顿海滩的电影档案音像店向顾客推荐埃里克·侯麦的电影。

这些天,塔伦蒂诺的好朋友史蒂文·斯皮尔伯格在给他职业建议,也可能相反。西尔维斯特·史泰龙和塔伦蒂诺共进晚餐;宝琳·凯尔给他寄了签名版的她已出版的影评集。"我还没有在心中用第三人称称呼自己,我觉得就凭这一点,人们就应该表扬我,送我雪茄。"他还在开卖掉第一部剧本之后买的红色吉优[①],还和交往多年的女友格蕾丝·洛芙蕾丝——加州大学尔湾分校的教师兼博士生——在一起。塔伦蒂诺低调地住在西好莱坞一间舒适的——可能有点拥挤的——花园公寓中。房间中收藏着大量的电影海报、电影桌游和电影人偶,有点像《低俗小说》中约翰·特拉沃尔塔和乌玛·瑟曼跳舞的夜总会的时髦缩小版。

第一次和我在日落大道上一家脏得恰到好处的泰国餐厅见面时,塔伦蒂诺和他作品中的人物一样有很多观点——喝了很多杯咖啡之后更是如此。第二次在他的公

① 吉优(Geo)是通用汽车 1989—1997 年间销售的小轿车和 SUV 品牌,隶属于雪佛兰部门。

寓见面时[我们是在早晨见面的，前一天午夜，他和罗德里格兹去看了吴宇森的《喋血街头》(1990)]，他还是一样热情洋溢，夸罗德里格兹是自己剪辑作品的最优秀的三名导演之一，仅次于苏联蒙太奇大师谢尔盖·爱森斯坦和色情电影先锋罗斯·梅尔。即便如此，听塔伦蒂诺说话，看他走来走去，用身体语言表达他的观点，你会发现在推销故事方面，他在有史以来的所有导演中一定可以位列前三。

和塔伦蒂诺在一起，你会感受到他强大的想象力，会对他编织荒诞故事的能力产生钦佩。塔伦蒂诺成功的故事——今年秋天迅速出版的三部传记进一步渲染了这个神话——似乎成了他最大的亮点。第二幕开始时，主人公站在世界之巅，试图回想自己是如何走到这里的。“他很聪明，”罗德里格兹说道，“会停下来等待自己想出接下来应该拍什么。他和我不一样——我会立刻开始新的项目。他寻找新项目的方法和我不同。”

《低俗小说》的拥趸需要考虑这样的可能：昆汀·塔伦蒂诺再也拍不出另一部这样的电影。但，成功让塔伦蒂诺可以做自己——不仅仅是在银幕上。这个身高1.88

米的大男孩还在成长。如果有人能超越《低俗小说》，大概就是他了……

J. 霍伯曼（以下简称霍伯曼）：跟我谈谈《杀出个黎明》吧。

昆汀·塔伦蒂诺（以下简称塔伦蒂诺）：我和乔治·克鲁尼饰演一对兄弟——里奇和赛思·盖科。我就是个一点就炸的火药桶，但我是他的弟弟。我患有精神疾病。在电影中，我奸杀了一个老太太——我有我的理由。我刚刚帮赛思越狱，想要和他一起逃到墨西哥去，我们在路上抢了一家银行。我们杀了得州骑警（Texas Rangers）和平民。因此，所有人都在抓捕我们。FBI 和墨西哥联邦警察在墨西哥等我们自投罗网。我们决定找乘摩托艇的一家人帮我们穿越边境线，结果遇到了哈威·凯特尔饰演的失去信仰的前牧师，以及朱丽叶特·刘易斯饰演的他的女儿。

霍伯曼：嗯。

塔伦蒂诺：我们抢下了摩托艇！我们绑架了他们一

家！我们穿越边境线，然后去接头地点，那是一家墨西哥脱衣舞俱乐部。去了之后，我们惊讶地发现那里竟然是一个吸血鬼巢穴！

霍伯曼：里奇·盖科的角色是你为自己量身定做的吗？

塔伦蒂诺：不算是。

霍伯曼：写的时候你是否想到过某位演员，或者某一类？

塔伦蒂诺：我真的没有代入过任何人。我写了一部剥削电影，一部适合恐怖片爱好者的疯狂恐怖片！不适合从来没有看过恐怖片的观众。恐怖片爱好者可能会看上六遍。我会的。（笑。）

霍伯曼：你现在的状态很理想，可以给自己写角色。

塔伦蒂诺：是的。我想要改编《射杀》(*Killshot*，埃尔默·伦纳德，1989)，但我不是很想导演。其中有非常适合我和哈威·凯特尔的角色。

霍伯曼:你在写剧本吗?

塔伦蒂诺:我在一本笔记本上写写画画。我会写下标题或者人物,或者探索一些思路和灵感——画画小海报。

霍伯曼:《低俗小说》中,乌玛·瑟曼吸食海洛因过量之后,向她的心脏注射肾上腺素。你是怎么想到这个情节的?

塔伦蒂诺:每个瘾君子都有自己版本的类似故事。他们的一个老招数是用同样的方法注射盐水。

霍伯曼:你是如何指导乌玛·瑟曼表演注射后的反应的?

塔伦蒂诺:我的构思是,我们给她打针,然后她猛地弹起来!我还没来得及告诉她怎么演,她就演出来了!她就像一只袋獾(Tasmanian devil)!她告诉我她之前演过一部电影——我觉得应该是《终极天将》(*The Adventures of Baron Munchausen*,特瑞·吉列姆,1988)——其中有打晕并运输一头猎豹的情节。它醒来的时候他妈的特别生气,突然跳了起来!她就是这么演的。我说:"真是他妈的太棒了!"

霍伯曼:吸毒片段是你的亲身经历吗?

塔伦蒂诺:我有很多他妈的什么都经历过的朋友。我本人从来没有吸过海洛因。

霍伯曼:那么你的下一个项目是什么?

塔伦蒂诺:我收到了很多片约,但我并没有在寻找工作。《低俗小说》之后,除非我自己想做,我其实已经不需要再工作了,这很酷。我花了一年时间表演,最终演了《杀出个黎明》,这是最令我骄傲的一次表演。

霍伯曼:你之前的一些表演遭到了批评。

塔伦蒂诺:很多影评人不希望我走这条路。他们甚至没有看过我演的电影。罗杰·埃伯特大声疾呼:"我们不想看这家伙当角色演员①。我们希望看他执导电影。"

---

① 角色演员(character actor)指因饰演很多各不相同、不同寻常的人物而著名的演员。

但现在没有我想拍的电影。这就像是问:"你为什么不结婚?"我要休息。我只想和我女友一起好好过日子。

霍伯曼:你是说格蕾丝·洛芙蕾丝吗?

塔伦蒂诺:是的。我想看书,和朋友在一起,快乐地生活。我现在并没有去片场拍戏的渴望。我在《杀出个黎明》中刚刚取得了艺术上的突破。我意识到,我以前的表演经历都类似于表演课上的练习。过去,我从未彻底变成另一个人。

霍伯曼:你和剧组其他人关系如何?

塔伦蒂诺:每个人都不同。我和乔治(克鲁尼)就像兄弟一样。我们之间有一种情感纽带,乔治很照顾我,就像赛思照顾里奇一样。他总是鼓励我:"别理那些骂《淘金梦魇》的人!去他们的!你他妈的是那部电影里最棒的存在!你赢得了我的尊重,还有其他人的尊重,这部电影你也一定能演好!"

现在,哈威·凯特尔就像我的父亲一样。在影片中,我和乔治要制服哈威。哈威会乐意来演一部有趣的怪物电影吗？如果在一个场景中我要用枪指着哈维，如果他的表现不够逼真的话，我就准备把他叫到一边，然后对他说："嗨，我们要不要装实弹然后再来一遍？看看他妈的效果怎样！"我做好了这种准备。但实际上我多虑了。因为：砰！哈维一下就进入了状态，我们配合得很好！

霍伯曼：所以你投身表演事业了？

塔伦蒂诺：作为一名艺术家，我会花时间磨炼演技。我不介意影评人将我视为偶尔过过表演瘾的名人。演员同仁和导演们都给了我积极的反馈。有很多我想合作，也想与我合作的演员。我记得和斯皮尔伯格交谈时，他说："你在《与我同眠》中的表演很自然——我不希望你失去这种自然。我以前没有看过这样的表演。这很特别。在《杀人三部曲》中，你就像一个讲故事的人。"

霍伯曼：他说得没错。

塔伦蒂诺：我内心有一个影评人，也有一个渴望去脱口秀上搞笑的喜剧人，我他妈的不想做一个低着头自说自话的乏味导演，而是他妈的想出去惊艳四座！现在我认识了杰·雷诺。我再也不用在接受采访前热身了,因为我知道自己在做什么。我是一位好嘉宾!

霍伯曼:你最喜欢的脱口秀喜剧演员是谁?

塔伦蒂诺:乔治·卡林。就语言而言,他的风格就是我渴望在电影中实现的。理查德·普赖尔的《那个黑人疯了》(*That Nigger's Crazy*,1974)是有史以来最臻完美的喜剧专辑,是用喜剧套路演绎的伟大美国小说。

霍伯曼:有什么不为人知但你很喜欢的演员吗?

塔伦蒂诺:我喜欢狂野不羁的演员。我认为迈克尔·帕克斯(亚伦·诺瑞斯,《魔鬼战警》,1991)是我们有生之年出现的最伟大的演员之一!他毁掉了他得到的大部分机会。他出演了《杀出个黎明》。

霍伯曼:你这一代演员呢?

塔伦蒂诺:西恩·潘、蒂姆·罗斯和尼古拉斯·凯奇。蒂姆多才多艺,又有一股狠劲。他就像变色龙一样。西恩有一种性感、暴力的个人魅力。尼古拉斯·凯奇则无所畏惧。他在演艺生涯中不断被迫出演不合适的角色,但每次都能战胜挑战,在我看来,这是影史上绝无仅有的。

霍伯曼:你表达过对米基·洛克的欣赏。

塔伦蒂诺:我是他的影迷,但说实话,我觉得很难期待和一个说"该死的表演啊,对我毫无意义"的人合作。表演对我非常重要。尽管没有得到任何角色,但我学习了六年。我从没得到试镜的机会,但是表演教会了我关于编剧和导演的一切。我没有上电影学院,但是学习了表演。多数导演对演戏他妈的一窍不通。导演往往并不知道合作的演员在做什么、他们是如何表演的,以及应该如何与演员沟通。

霍伯曼:拍《低俗小说》的跳舞片段时,你给约翰·特拉沃尔塔和乌玛·瑟曼的指示有多具体?

塔伦蒂诺:我先和他排了舞。我想了一个特定的、很夸张的扭扭舞——有点像机器人。我想了很多不同的舞蹈,一股脑儿说了出来:瓦图西、搭便车、蝙蝠侠!约翰很快记住了很多东西。我特别希望他们跳恰恰舞。我希望乌玛·瑟曼像《猫儿历险记》(*The Aristocats*,沃夫冈·雷瑟曼,1970)中伊娃·嘉宝配音的猫那样跳舞。

霍伯曼:她知道自己的角色是以动画人物为原型的吗?

塔伦蒂诺:我从没有给乌玛看过《猫儿历险记》。我只是想模仿里面的舞蹈——手朝下指等动作。

霍伯曼:关于在美国做公众人物,你有什么特别的心得吗?

塔伦蒂诺:成为名人(因为没有更好的词,所以只能这么说)之后最奇怪的是,你会遇到其他名人,对你来说他们其实是陌生人,但你不会觉得他们陌生。因为你知道很多关于他们的事情,所以你会感觉已经认识他们了。

霍伯曼:你有想见却还没见到的名人吗?

塔伦蒂诺:我很想见米歇尔·菲佛。

霍伯曼：我读了一篇对你在电影档案音像店的同事的采访，他们说你变柔和了。

塔伦蒂诺：我取得成功之前有棱角得多，因为我那会儿和现在一样觉得自己很好，但当时我没有得到认可。我说的不是该死的名气，而是我做的事情没有得到尊重。我从我妈妈的房子里搬出来自己住之后，就一直被警察骚扰。我看起来像白人垃圾①。我直到三十岁都没离开过洛杉矶县，什么地方都没有去过。我去圣丹斯电影节时，才第一次见到雪。

霍伯曼：今年秋天有三部昆汀·塔伦蒂诺传记出版。

塔伦蒂诺：有点魔幻。

霍伯曼：三本你都看了吗？

塔伦蒂诺：是的。我以前不知道有关我的争议，直到有人开始写书记录我的人生。我不去想那些对我吹毛求

---

① 白人垃圾(white trash)是美国英语里对贫穷的白人，特别是对美国南方乡村地区白人的贬称。

疵的人。我不在公共场合反驳,因为那样他们就得逞了。那样反而证实了他们的观点。年轻时的我会踢开他们的门,把他们狠狠地揍一顿。但我成熟了,不再做幼稚的事情。如果他们将说我的坏话当作自己的职业——那就祝他们一帆风顺。

霍伯曼:你指的是谁?

塔伦蒂诺:罗杰·阿夫瑞(《低俗小说》的编剧之一)曾是我最好的朋友。我无意小题大做,但我从未被我亲近的人、我爱的人、我破例无私对待的人这样背叛过。因为我是一个自私的人。不是特别糟糕的那种自私,只是像独生子女那样的——因为我继父在我十岁时抛弃了我。

霍伯曼:你是说,你在《与我同眠》中将《壮志凌云》(*Top Gun*,托尼·斯科特,1986)解读为一部同性恋电影,阿夫瑞觉得这是他的想法?

塔伦蒂诺:他总是说这些。我已经不觉得受伤了。我只是愤怒。

霍伯曼:你是否认为媒体曲解了你的形象?

塔伦蒂诺:有一些对我的误解开始令我生气。一是我的生活中只有电影——电影是唯一和我有情感联系的东西。太离谱了!我觉得相较于我遇到的很多人,我的生活都更加丰富!

霍伯曼:那么拍电影之外你都做些什么?

塔伦蒂诺:拍《杀出个黎明》之前,我开始跟一位教练学拳击,我真的很喜欢。我一周练五天。但说实话,我真正的兴趣是一个人待着。我是独生子。我二十多岁的时候总是一个人。我需要一个人的时间。人们知道我会彻底消失四天——拔掉电话线。我喜欢读书。这就像恋爱时做爱——要特地去做,否则就不会做了。

霍伯曼:你在读什么书?

塔伦蒂诺:我在看埃尔默·伦纳德的《危险关系》(1992),考虑是否可以改编、如何改编。格蕾丝给了我一本莫莉·哈斯凯尔的书,关于安德鲁·萨里斯生病时他们俩的关系[《爱与其他传染病》(*Love & Other Infectious Disease*),1990]。她读了这本书之后很喜欢。

霍伯曼:《低俗小说》之后,你和格蕾丝复合了?

塔伦蒂诺:对。复合后,我们一起做的第一件事就是参加纽约电影节。

霍伯曼:你在电影档案音像店做店员时,格蕾丝就认识你了。

塔伦蒂诺:是的。她也是店员。我完全信任她,更重要的是,与认识很久的人一直保持亲密的感觉很好。成功之后,你并不会失去朋友。实际恰恰相反。更多情况下是我让朋友们感到不自在,而非反过来。阿诺·施瓦辛格公开邀请我共进晚餐。我见到了沃伦·比蒂,我真的很喜欢沃伦·比蒂,希望多和他相处。但我没有时间。说到底就是没有时间。我不忙的时候,希望把时间留给自己或者格蕾丝。

霍伯曼:你是不是在事业开始有起色时,暂时搁置了和格蕾丝的关系?

塔伦蒂诺:这不是有意识的决定。我们其实分手了。她当时和别人在一起。后来我算是“浪子回头”了。我们依旧相互吸引,就复合了。抚养我长大的是一位强大的女性,所以我总是认为其他女性也都像我母亲那样坚强。但事实并非如此。

霍伯曼:克林顿总统的母亲也是一位思想非常独立、结过好几次婚的单亲妈妈。你觉得自己和他相似吗?

塔伦蒂诺:他娶了希拉里!他不想要一个柔弱的妻子。如果抚养你长大的是一位强大的母亲,你就会视你的女友为伴侣。两人是平等的。你会默认两人在一起的时候,她也会有自己的生活。

霍伯曼:你的事业之外,格蕾丝也有她自己的工作。

塔伦蒂诺:在她眼里我是昆汀。她不知道“昆汀·塔伦蒂诺”是谁。

霍伯曼:做“昆汀·塔伦蒂诺”的感觉如何?

塔伦蒂诺:在我之前已经有无数人这么说了,但这就是真相:名气,如果能有个开关键的话,就是世界上最好的东西。我是说,来找我的人都不会出言不逊。从来没有人对我说:“你的电影烂透了。”大家都很友好,但我想过正常的生活。我最近去看《矮子当道》(*Get Shorty*,巴里·索南菲尔德,1995),没有坐在预留席里。我坐在了其他观众前面。然后,有个人走过来问我要签名。我对他说:“我看电影的时候麻烦不要打扰我。我和你一样是来看电影的,你得尊重这一点,知道吗?”我想在美国,人们不把我当作导演,而是把我当作电影明星。你说我这么想对不对?

霍伯曼:我觉得是两者的结合。

塔伦蒂诺:斯派克·李可能是唯一会被邀请去主持《周六夜现场》(*Saturday Night Live*)的导演,因为他太有名了。

霍伯曼:他们邀请你了。

塔伦蒂诺:那是因为《杀出个黎明》。之前没有邀请过。

霍伯曼:你在斯派克·李即将上映的《6号女郎》中客串了一个角色。

塔伦蒂诺:我做了一件我说过不会做的事情。我说过我绝对不会在电影中饰演导演。我只是觉得我想帮斯派克这个忙。我出演的是影片的第一个场景。一个白人嘻哈导演在拍一部黑人电影,开始是特里萨·兰德尔的试镜。整个片段的核心情节就是我想让她脱衣服。

霍伯曼:斯派克让你怎么演?

塔伦蒂诺:他什么都没说,剧本已经写得很清楚了。他把特里萨和我带到一个房间(表演那个场景)。有点吓人,因为他是老大。他的剧组比较严肃。他和他的助理导演(塔伦蒂诺打了四个响指),他们没有给我下任何命令,但是……我的剧组整天他妈的跟开派对似的。

霍伯曼:他说过自己多么喜欢《低俗小说》,但他也在接受《美国周刊》(*US*)的采访时说过,他希望你不要像现在这样频繁地用“黑鬼”(nigger)这个词。

塔伦蒂诺:他有机会当面跟我说,但他从来没有提起过。我认为他不介意这一点。我觉得他这么说可能是出于政治考虑。而且他不是喜欢《低俗小说》——他爱死那部电影了!

霍伯曼:你会拍纪录片吗?

塔伦蒂诺:我在制作一部关于《杀出个黎明》的拍摄过程的纪录片。我们即将大战工会——IATSE①。我觉得我们应该(以此为主题)拍一部电影。这是一个重大问题。

霍伯曼:怎么会这样?

塔伦蒂诺:在洛杉矶拍摄的独立电影——如果你有三百万美元的预算,你最好祈祷不要被 IATSE 注意到。我们不仅被注意到了,还是重点关注对象。

---

① IATSE(International Alliance of Theatrical and Stage Employees)是国际戏剧和舞台雇员联盟。

霍伯曼:IATSE试图动员你的剧组成立工会了吗?

塔伦蒂诺:他们尝试了,但没有得到支持。我的剧组成员都很快乐。我们给的工资很高。

霍伯曼:工会不能帮他们争取更高的工资吗?

塔伦蒂诺:那他们就不会得到这份工作——他们会被工会成员所取代。我是从外行的角度考虑的。这个系统没有给过我任何帮助,没有保护过我,没有为我提供过任何支持。现在我发展成这样,他们却来跟我说"你要遵守我们的规则"?如果我用四百万美元拍一部电影,不是为了放公司一马——而是因为我认为四百万美元足够了。我要有拍摄小成本电影的能力。这是一种艺术形式,不是纺织厂。

霍伯曼:你是编剧工会的成员吗?

塔伦蒂诺:我没有加入编剧工会和导演工会。

霍伯曼:美国演员工会(Screen Actors Guild)呢?

塔伦蒂诺:我是成员。必须加入SAG,不然没法工作。我曾经多年尝试申请加入SAG,但一直申请失败。

霍伯曼:你如何描述自己的政治倾向?

塔伦蒂诺:(沉默。)我想我是自由派。我肯定不是保守派——肯定不是共和党支持者。大多数人面对不同的阵营时都他妈的不做精细区分,在他们看来,一个人不是娘娘腔的自由派,就是独裁法西斯。

霍伯曼:上一届圣丹斯电影节放映的不少电影中有硬汉、脏话、暴力,以及出纰漏的犯罪活动。你怎么看这些伪塔伦蒂诺电影?

塔伦蒂诺:我个人喜欢这样的电影。特别喜欢。它们最能让我感到兴奋。如果我降低了其他艺术家选择这条道路——拍摄暴力——的难度,那太好了,我也算有所成就了。

霍伯曼:鲍勃·多尔称你写的两部电影《真实罗曼史》和《天生杀人狂》是"堕落的噩梦",你会介意吗?

塔伦蒂诺:那是政治宣传。他攻击媒体,所以他的曝光率才那么高。他甚至没有看过这两部电影。我接到了无数电话。他们希望我和多尔一起上《夜线》(*Nightline*,ABC,1979—　)。我没有加入这场游戏。靠你自己竞选总统吧,伙计。这就像乔治·卡林所说的:他们刚刚颁布了禁止玩具枪的法令,那我们就只能他妈的玩真枪了。(笑。)

霍伯曼:欧洲人常说,相较于暴力,美国人在性方面更加拘谨。

塔伦蒂诺:我想给《艳舞女郎》(*Showgirls*,保罗·范霍文,1995,被评为 NC－17 级)贡献一千美元的票房。我希望《艳舞女郎》成为今年收入最高的影片。如果 NC－17 级成为一个可行的选择,这会解放很多电影人,因为这是他们驾轻就熟的领域,是他们天生适合的领域。我是说,这也太荒唐了。NC－17 级被等同于商业失败。这样判断的依据是什么?

霍伯曼:在你看来,电影会影响行为吗?

塔伦蒂诺:如果我没有因为喜欢电影而渴望成为一

名演员,我可能会变成罪犯。罪犯的生活很吸引我。少年时期,我就深信自己不会为了开上本田车去做一份我不喜欢的、朝九晚五的工作。我想要什么就拿什么。我进过三次县监狱——都是因为违停——但相较于付钱,我情愿坐牢。

霍伯曼:你是说停车罚单?

塔伦蒂诺:是的,要我支付大笔罚金。我一直有非法的车。

霍伯曼:所以在你看来,享受银幕上的暴力和在现实中享受暴力是无关的?

塔伦蒂诺:在现实中我完全不享受暴力。我从不喜欢打架。我打架不遵守昆斯伯里规则①。我打架时会往死里打,因为我默认对方也想打死我。我没有枪的原因之一就是,如果我有枪,我会杀死闯进我房子的十二岁小

① 昆斯伯里规则(Marquess of Queensberry rules)是现代拳击的基本规则。

孩。你无权进入我的房子。我必须做最坏的打算。我不会把人制服等警察来,或者只把他打伤。我会一直开枪直到把他打死。在艺术方面我也是这样。我知道我不会允许任何人乱搞我的电影、让我不爽。

霍伯曼:发生过这种情况吗?

塔伦蒂诺:从来没有。我甚至完全不担心会有这种事。我会把胶片烧掉。轰!两千万美元就这样没了。

“Interview: Quentin Tarantino” by J. Hoberman from *US*, January 1996, 4, pp. 56-59.

# 走出过去：昆汀谈抱负、剥削电影和饰演精神病

唐·吉巴拉维奇/1996 年

昆汀·塔伦蒂诺热爱电影，因此才拍摄电影。尽管这算不上什么重大发现，但只要和昆汀交谈，就一定会花很多时间聊电影。今天，在一间机库休息室改建的摄影工作室里，昆汀刚刚结束下午的拍摄，正面对一盘美味的鱼肉馅墨西哥玉米卷饼，休息放松。他不自觉地热情地聊起了经典功夫电影。有人提到《独臂拳王大破血滴子》时，他一脸兴奋，露出了一般人见到久未联络的儿时好友才会露出的那种表情。

“那是我最喜欢的电影之一，”他兴奋地说道，“王羽导演的。你看过第一部吗？《独臂拳王大破血滴子》是续集。

第一部电影讲了他成为独臂拳王的故事，在中国香港地区和英国叫 *One Armed Boxer*（《独臂拳王》，王羽，1972），在美国发行时用的名字是 *Chinese Professionals*。”如果昆汀是你的室友，你可以扔掉书架上所有的电影指南——这一切都深深地刻在他脑子里了。

奇怪的是，这位行走的电影百科全书不记得他儿时看的第一部电影是什么——但他记得自己九岁时，母亲带他去看《生死狂澜》和《日落黄沙》（*The Wild Bunch*，萨姆·佩金帕，1969）的连映。电影成了他的生命。即便在今天，塔伦蒂诺仍旧认为，无论当时的影片多么粗制滥造，录像带出现之前的时代是电影的黄金时代。

“有些电影我特别喜欢，”他回忆道，“我最喜欢的电影之一是《符碌奇兵》（*Rolling Thunder*，约翰·弗林，1977），特别是我年轻时。只要看到它在长滩皇宫剧院和《破胆三次》（*The Howling*，乔·丹特，1981）与另一部电影连映，我都会坐公交车去长滩看。如果在洛杉矶市中心的阿凯德影院（Arcade）放，我也会坐公交车去那里看。但凡有影院放《血溅十三号警署》（*Assault on Precinct 13*，约翰·卡朋特，1976），我都会去看。每次看都很精彩。蛮好。”

塔伦蒂诺——可能是在世的人中唯一可以说某物“蛮好”而不会被指责的——解释道，他年轻时对剥削电影的热爱一定程度上是地理因素导致的。“我住在南湾的市区。在卡森市——黑人、西班牙裔和萨摩亚裔人聚居的区域，有一家卡森双子电影院。他们第一时间放映所有的剥削电影，好莱坞电影则要等到快下映的时候才会放映。他们会在首映周末放映最新的功夫电影、黑人剥削电影（blaxploitation）或南方小伙[①]电影——它们的档期只有一周——或者在影片下映前放映《一个明星的诞生》(*A Star Is Born*，弗兰克·皮尔森，1976)。他们每年都会组织两次《天下第一拳》(郑昌和，1972)和《龙争虎斗》(*Enter the Dragon*，罗伯特·高洛斯，1973)的连映。他们知道现场他妈的会十分混乱。黑人、痞子帮[②]成员冲着银幕大喊大叫，现场还有萨摩亚人，人们开始互殴。场面非常火爆。很有趣。录像带一定程度上削弱了这种

---

① 南方小伙(good ol' boy)指来自美国南方的友好的白人男青年，是美国南方民间文化习俗的代表。

② 痞子帮(the Crips)是加利福尼亚南部沿海地区的一个帮派。

共享感和仪式感。”

塔伦蒂诺的第一份工作的地点是一家电影院——放映成人影片的那种。“我其实一直不太喜欢色情片，”他坚称，“我十六岁时在那里做了一年引座员。我谎报了年龄，但不是因为我想看那些电影。我只是需要一份工作。我对那个时期的色情电影比较熟悉，一定程度上，那些电影是有趣的色情片的最后堡垒。现在看来，和现在的垃圾——只做录像带的影片——相比，那些影片非常有趣。光是用 35 毫米胶片拍摄这一点就很难能可贵了。这很奇怪，因为色情片的质量一直在变好，直到它们被直接制作成录像带，之后质量就很糟糕了。

“70 年代的电影还有一种什么事情都可能发生的感觉，这在现在的影片中几乎完全消失了。相较于直接做成录像带，在电影院上映是一种激励。剥削电影也是如此。我热爱剥削电影。但我难以燃起看剥削电影录像带的热情，在成长过程中，甚至二十多岁时，哪怕再糟糕的电影我都会去电影院看。剥削电影产业没有死亡，只是影片都做成录像带了。

“我通过米拉麦克斯开了一家发行公司，叫滚雷电影，每年会发行四部(用35毫米胶片拍摄的)电影。我们不制作电影,只做发行。第一部影片会是一部名叫《重庆森林》(王家卫,1994)的优秀香港电影。第二部则是名为《弹簧刀姐妹》(*Switchblade Sisters*,1975)的70年代老剥削电影。这是一部迷幻电影,由曾执导《科菲》(*Coffy*,1973)和《骚狐狸》(*Foxy Brown*,1974)的杰克·希尔导演。”

塔伦蒂诺最近在与曾出演《急诊室的故事》的乔治·克鲁尼共同出演《杀出个黎明》,一部罗伯特·罗德里格兹导演、塔伦蒂诺编剧的,欢快又恐怖的吸血鬼动作片。(尽管近期塔伦蒂诺的演技饱受争议,但他仍在坚持表演——针对他的批评就像落在鸭子羽毛上的水滴一样,对他造不成什么威胁。)不出所料,他对类型片的热爱及对最近的恐怖片的失望深深影响了这部电影。“制片厂制作恐怖片时,不会坚定地去制作真正的恐怖片。我不知道他们拍出来的是什么鬼东西。他们对恐怖片观众没有信心。他们在为从来不看恐怖片的观众拍摄恐怖片,所以拍得寡淡无味。”

塔伦蒂诺强调《杀出个黎明》没有这个问题。“这是一部彻头彻尾的汽车电影(drive-in picture)。这是我们为喜欢《血腥之旅》(*Fangoria*)的观众拍摄的电影，已经很久没有适合他们的恐怖片了，而我们要大张旗鼓地拍。我们毫无保留地为他们拍摄了一部恐怖片，其中有砍头、割喉、反复以头撞墙的画面。”

《杀出个黎明》是一个筹备酝酿多年的项目。“这是我受雇创作的第一部剧本，”塔伦蒂诺透露道，“报酬是一千五百美元。”最初的剧本大纲来自特效公司 KMB 的罗伯特·库兹曼，给塔伦蒂诺留出很多自由发挥的空间。剧本讲述了危险的盖科兄弟的故事，以及他们赶往墨西哥边境的绝望旅程。他们以一位牧师(哈威·凯特尔饰)及他的家人为人质，躲进了一家名为扭扭(Titty Twister)的通宵脱衣舞酒吧——结果发现酒吧里的人全是准备把他们当作早餐享用的古老的阿兹特克吸血鬼。塔伦蒂诺保证，接下来的生死大战会让观众被大量赏心悦目的血腥场面震撼，把他们粘在座位上。

“因为我希望吸血鬼能够自由流血，希望制造血流成河的场面，所以我把他们的血写成了绿色——这样就不会弄错是谁被杀死了。是来自地狱的恶魔被杀死了。我是说，也有人类被杀死，但凶手是来自地狱的恶魔！当我们的主人公开始反击时，观众能看出是谁被杀死了。吸血鬼想杀多少都可以。他们不存在！”

塔伦蒂诺可以放心地集中精神演好他的角色里奇·盖科，将把握影片大方向的任务交给罗伯特·罗德里格兹。“我就像这个精神病一样，”他开心地说道，“只要在剧组，我就不是昆汀，而是里奇·盖科。我从他的视角体验一切。我无法客观地谈论他，因为我就是他。里奇的行为背后都有他的理由。但他绝对不可控。在一个很酷的片段中，乔治·克鲁尼对哈威·凯特尔说：‘如果你不逃跑，今晚按照我们说的做，我们明天早上就放你们走。’然后哈威看着我说：‘你能让他不碰我女儿吗？’乔治·克鲁尼先低下头看了看地，然后抬起头说：‘我能管得住里奇。’但他管不住里奇。他说：‘我保证。’但他上次向人质承诺时，我杀了她，还强奸了她！”

尽管盖科兄弟严重失常，但只要有人说他们关系不好，塔伦蒂诺就会急忙为他们辩护。“我们很爱彼此。”他坚称。

“但是坐了八年牢的赛思知道我是不可控的。他心想：‘到底怎么回事？他在无差别杀人，强奸女人——他到底在干什么？'但因为我们要去墨西哥的小酒吧，所以不会有事的……'只要把他带到墨西哥，我就可以照顾他，他不会有事的。'"

"要说灵感来源的话，《杀出个黎明》受到了吉姆·汤普森的《亡命大煞星》（*The Getaway*，1958）的启发，"塔伦蒂诺解释道，"不是一对情侣，而是一对感情很好的兄弟。事实上，他们要去的地方就是《亡命大煞星》中人物要去的地方——一个名叫艾尔雷（El Rey）的神秘地点。无处可去时，就去艾尔雷。盖科兄弟就是要去那里。"和很多汤普森迷一样，塔伦蒂诺因为《亡命大煞星》中的这一场景在两版电影中都没有出现而感到遗憾。"它是全书最精彩的部分。"

塔伦蒂诺的人生故事被反复讲述。《落水狗》和《低俗小说》的狂热粉丝知道，他在成为好莱坞炙手可热的电影人之前曾在音像店工作过。然而，塔伦蒂诺不认为这有什么值得大惊小怪的。"我一直想拍摄电影，所以我只是需要找到开始的勇气……而不是一直待在我的舒适圈里。"

但为何脱颖而出的是昆汀·塔伦蒂诺，而不是还在附近的大片音像店(Blockbuster)上架亨弗莱·鲍嘉影片的那个店员呢?

“我从不认为我摆脱了音像店,”他解释道,“我没上过大学。对我来说,在音像店工作就像上大学。我的意思不是我在那里学到了东西……不过我不知道人们上大学能学到什么东西。主要是人生经历。四年过后,你必须正式开始你的人生,但你还赖在自由区不走。电影档案音像店是我的自由区。最终是我自己的抱负让我离开了那里。但那里的吸引力是很强的。你在那里会过得很舒适。那很要命。不知不觉你就三十岁了,然后还在音像店工作。

“这是很多我这个年纪的人的真实情况。我们这一代人被困在这种最低工资的死循环中。你在商场里卖鞋的富乐客[①]专卖店工作,和店里的所有人都很熟,也认识隔壁其他店里的人,过得很开心。你和在那里工作的女孩约会,搭讪客人,下班后和同事一起出去喝啤酒,一起去看电影,一切都很棒。只要稍微勤快一点,就会升职。

① 富乐客(Foot Locker)是体育用品网络零售商。

一开始是助理副经理，然后是副经理，最后成为经理，一切都很顺利。然后因为某事，你他妈的被解雇了，成了无业游民。你可能什么也没有做错。你只能去找一份新的工作。如果你想的话，你可以尝试找诺斯罗普公司[①]或者休斯飞机公司(Hughes Aircraft)的工作——一份真正的工作。但你也可以第二天就在耐克商店找到一份工作。砰！你很快就有了新工作，认识了新同事，他妈的整天和他们在一起，追一同工作的女孩，一切都他妈的很好、很有趣。你过得很开心，和同事一起看电影，一起玩，一起抽大麻，一起做任何你想做的事情。后来你成了经理，被调到同城的其他店铺，认识新的同事。然后——砰！你又被解雇了！现在怎么办？你已经在这种地方工作了六年，一直在做年轻人为了赚汽油费才会做的工作。”

塔伦蒂诺停顿了一会儿，好像在思考如果自己也走了这条路，现在的人生会是什么模样。“很多我这个年纪的人都陷在这个循环里，不断原地打转。我的朋友们四

① 诺斯罗普·格鲁曼公司(Northrop Grumman)是一家军工生产厂商。

年来的经历让我意识到这一点。所以我没让自己进入这个循环。”

（相反，塔伦蒂诺成了一位名满天下的电影人。）他受邀参加了北京电影节。“那是一场大冒险，”他回忆在中国停留一周的经历时说道，“非常棒。《低俗小说》没有在影院放映过，但亚洲的盗版录像带产业很发达，所以年轻人都看过，都拥有这部电影的录像带。北京电影学院的学生都对我很熟悉。那里的所有摇滚音乐人和年轻人也是。”

国际巨星的身份和好莱坞的纸醉金迷有没有冲昏他的头脑？

或许有，或许没有。

采访结束后，来接昆汀的是一辆豪华轿车，但他仍旧保留着开了很多年的那辆旧吉优。

“Out of the Past：Quentin Tarantino—On Ambition，Exploitation，and Playing Psycho” by Don Gibalevich from *Axcess* 4，no. 1 (February-March 1996)，pp. 58 - 64.

# 昆汀·塔伦蒂诺:《危险关系》新闻发布会

彼得·基夫记录/1997 年

1997 年 12 月上旬,距离《危险关系》于圣诞节在纽约和洛杉矶上映还有几周时间,在洛杉矶威尔希尔丽晶酒店(Wilshire Regency Hotel)举行的米拉麦克斯电影新闻发布会上,昆汀·塔伦蒂诺就这部影片回答了记者的提问。

记者:《低俗小说》之后,外界对你的下一部长片是不是有很高的期待?

昆汀·塔伦蒂诺(以下简称塔伦蒂诺):归根到底还是在于你想拍什么电影、什么电影能够对你有所启发。

《低俗小说》之后,我不想再拍一部大片。我想做一部格局小一些、更以人物为中心的电影。如果说《低俗小说》是歌剧,《危险关系》则更像简单的室内剧(chamber piece)。不过,如果我想到了一个需要大制作的原创故事,我不会因为以前的作品而刻意不拍。如果已经拍了五部类似的电影,我可能会在拍第六部时做出一些改变。我可能会感到更加不自在。但只有两部作品时不会这样。

记者:部分影迷是否会觉得这部影片不是原创剧本,你是在回收素材,因此感到失望?

塔伦蒂诺:影片改编自埃尔默·伦纳德的小说《危险关系》,不是回收素材。我认为很多影迷一直期待看我改编埃尔默·伦纳德的小说,因为我和他的想法与品位都很相似。另外,原创编剧每隔一段时间就需要做一部改编作品,或者类似的项目,这样自己的作品才不会显得都很相似。斯坦利·库布里克的每一部电影都是小说改编的,他只拍改编剧本。演员、导演和编剧都尽量追求不同,尽量展示自己不同的侧面,但这种多面性其实生发自同一个源头。这部影片就是我的化身。而且正因为曾经有距离感,《危险关系》在某些领域才会以独特的方式成为对我来说非常个人化的电影。

记者:你看的第一部帕姆·格里尔出演的电影是什么?

塔伦蒂诺:第一部是《科菲》。我是在卡森双子电影院看的,印象非常深刻,和《老兄》(*The Mack*,迈克尔·坎帕斯,1973)两场连映。这是我最喜欢的两部黑人剥削电影!我还看过《骚狐狸》、帕姆出演的女囚电影《大鸟笼》(*The Big Bird Cage*,杰克·希尔,1972)和《黑妈白妈,能越狱的都是好妈!》(*Black Mama, White Mama*,埃迪·罗梅罗,1973)。我喜欢她很长时间了。她是一位真正的伟大偶像,在影史上有特别的地位。20 世纪 70 年代黑人剥削电影流行时,吉姆·布朗可能是最大牌的演员,有人说他是黑人版的克林特·伊斯特伍德。弗雷德·威廉森则被称为黑人版的伯特·雷诺兹;吉米·凯利是黑人版李小龙。但帕姆·格里尔独一无二,因为史上没有这样专门出演动作电影的女主角,没有这样完全不模仿男性、女性气质十足的女性角色。直到香港女星开始演功夫电影，这种角色才再次出现。

此后，帕姆很努力地工作，提升演技。她参演了很多戏剧。她在电影《阿帕奇要塞》(*Fort Apache, The Bronx*，丹尼尔·皮特里，1981)中的表演非常精彩，人物塑造得非常成功。我一直想作为导演和她合作，终于找到了完美的素材。有人问我："你让她读剧本了吗?"我说，你不会为查尔斯·布朗森量身打造一部电影，然后再让他读剧本。

记者：读《危险关系》的时候，你就把帕姆·格里尔想象成女主角杰基·布朗了吗?

塔伦蒂诺：刚开始看书的时候没有。看完小说之后，我开始想："好，这要怎么改编?"然后我自然开始思考选角。想到帕姆之后，就不用再想了。其他人选都被排除了。

记者：塞缪尔·杰克逊在《低俗小说》中已经饰演了一位杀手。你想过在《危险关系》中给他安排一个不同的角色吗?

塔伦蒂诺:奥德尔·罗比之外实在没有其他适合他的角色。在我眼中,塞缪尔就是完美的奥德尔。他是活脱脱的奥德尔。

记者:完成《危险关系》之后,你觉得自己作为导演变成熟了吗?

塔伦蒂诺:我认为《落水狗》之后,我就表现出了作为一名电影人的成熟。我认为我的影片从来就没有什么神童色彩,没有“嗨,妈妈,看我当导演”的感觉。我觉得我一直十分纯粹。复杂的是剧本和结构。而且这种复杂不是为了炫耀,而是作品不可或缺的一部分。不过《危险关系》的基调是成熟的。人物及他们的痛苦和绝望都很成熟。《低俗小说》中的人物也遭遇了一些痛苦,但不是《危险关系》中这种现实的痛苦。《落水狗》有所不同,因为故事的时间跨度很短,很紧凑,只有在仓库里的一个小时。因为时间短,所以没办法进行很多反思。《危险关系》呢?这是一部建立在共鸣上的电影。

很有意思。有人在放映结束后找我,对我说:“嗨,我真的很喜欢你的电影。”我并没有不相信他的话,但我会想,过两天再跟我说这些。我们制作这部影片时,希望它能在观众心中停留一段时间。《危险关系》是那种看完两天之后还会喜欢的影片,这对我来说是全新的领域。我习惯拍劲爆的电影。但这部影片不同,没那么刺激,不过和黑人观众一起或者在魔术师约翰逊电影院(Magic Johnson Theater)看就很刺激。但是对于其他观众——我们希望吸引各式各样的观众——来说,这是一部能引起共鸣的影片。对艺术家来说,转变风格会带来截然不同的感觉。

**记者:**音乐如何配合《危险关系》的拍摄?

**塔伦蒂诺:**我的出发点是用音乐引导电影。配乐赋予了影片节拍和节奏。我将《低俗小说》幻想成一部现代意大利西部片。冲浪音乐就非常适合。而《危险关系》则适合老派灵魂音乐的节奏和感觉。不是高能的那种,而是你听过的比尔·威瑟斯、德尔福尼克斯乐队(Delfonics)的歌。我们应该用这种音乐。一旦确定了这一点,后面的事情就很简单了,只要去我的唱片收藏里找合适的音乐就可以了。

记者:你能否评论一下《危险关系》中“黑鬼”一词出现的频率?

塔伦蒂诺:我曾说过“黑鬼”可能是英语中最危险的词,这话以前也被引用过。我其实认为“黑鬼”这个词……天啊,都不能大声说出来。它有这么大的力量!一个词应该有这么大的力量吗?我认为不应该。这样的词应该被削弱。如果打个响指就能让这成为现实,我一定会这么做的。

记者:在你的作品中呢?

塔伦蒂诺:这不是我的工作。我的作品中没有任何政治意图。我是一名编剧,我创作角色。我保证用“黑鬼”这个词是符合奥德尔的性格的。就他和他说话的方式而言,这是真实的。不让他这么说话就是说谎。如果你留心看就会注意到,杰基不怎么用“黑鬼”这个词。她只在一些特定情况、特定时刻用这个词,因为她和奥德尔是不同的人。他们是不同的人:不是黑人,也不是白人,只是不同的人。

记者:"塔伦蒂诺式"(Tarantinoesque)这个词呢?

塔伦蒂诺:老有人问我:"你怎么看这些被称为'塔伦蒂诺式'的剧本呢?"有搞开发的人告诉我:"我读的剧本中每四部就有一部受到了你的影响。"有时候我会看到可能被我影响的电影。我担心我会变得骄傲。但同时,我记得有人也会这样说我的电影,说我作品中的墨西哥僵局[①]是从吴宇森作品中抄来的,说我挪用其他影片的元素。这些指控很多都不是真的。所以这些年轻人受到不实指控是因为他们和我拍摄同一类型的电影,而我在这个领域内受欢迎,有自己独特的声音。这有点不公平。就像某人拍摄了一部新黑色电影(neo-noir)之后被告知:不行,那是约翰·达尔的领地。

记者:你想执导下一部 007 电影吗?

塔伦蒂诺:是的,但不是现在这种邦德电影。我并不

---

① 墨西哥僵局(Mexican standoff)指几方对峙、无人能够胜出的僵局。

想侮辱现在的007电影,但如果《大战皇家赌场》(*Casino Royale*)的故事发生在20世纪60年代,就像小说里那样,我会很感兴趣的。

记者:你现在主要是导演、编剧,还是制作人?

塔伦蒂诺:虽然我帮助过几个人,推动过几个项目,但我不认为自己是制作人。我写电影剧本的时候,就是编剧。我就是以此谋生的。拍摄期间,我就是导演;演《杀出个黎明》时,就是演员。我会去百老汇演一部剧——《盲女惊魂记》。我们1998年1月底开始排练——这期间我会是演员。

记者:有人说表演只不过是你的副业,这种说法会让你感到厌烦吗?

塔伦蒂诺:他们认为我演戏就是不务正业,我不应该这样,我应该认真工作。这些人不了解我,不知道我有多么认真。但没关系,罗马不是一天建成的。来日方长,我会慢慢证明给他们看的。我对表演和导演一样认真,对编剧也是如此。我对我在《杀出个黎明》中的表演和我在

《低俗小说》中所做的编剧与导演工作一样骄傲。我没有出演《危险关系》,因为其中没有适合我的角色。这显示了我对表演有多认真。

记者:你为什么想演《盲女惊魂记》?

塔伦蒂诺:哈里·罗特是一个很棒的角色,第一个让我感到跃跃欲试的角色。我会和玛丽莎·托梅合作,她每年演一部戏剧,不是像电影演员那样偶尔演一演戏剧。她是一位非常优秀的女演员,如果我掉链子了,她一定能够救场。我们可以做我们想做的尝试,一定会非常激动人心。这很棒,因为尽管我没有出演《危险关系》,但其实我很想演,我的心很痒,就像被常春藤扎了之后过敏一样!我一直都跃跃欲试!作为导演和罗伯特·德尼罗合作时,我多想和他演对手戏。我想和他一起表演,让他鞭策我,甚至和他互相勉励。但我必须压抑内心的渴望,全力做好导演工作。但表演欲望在萌动——在疯狂地涌动——所以一完成《危险关系》,我就要去演那部戏,我迫不及待了。

记者:你如何应对出名?

塔伦蒂诺:我已经习惯了,本来也不是一件坏事。但需要一点时间才能习惯。唯一的问题是,和女友约会或在类似的场合,你会希望不被打扰。不过来跟我说话的人总是给我积极的反馈。我尝试与他们交流。实际上,我和喜欢我作品的人有联系。唯一的问题是,如果他们说你的作品很棒——尽管听了之后我也会觉得高兴——对话就进行不下去了。之后该聊些什么呢?我期待在酒吧里和人交谈,但不想谈我的电影。出名带来的最大问题之一是,人们不再与你对话,总是问你问题。

记者:有人会请你读剧本。

塔伦蒂诺:我不能读剧本,就是没法读!有年轻电影人给我他们作品的录像带——我会很诚实。“我可以看。不知道什么时候有时间。可能会漏掉,可能不会看。可能很久之后才会看。但是谢谢你,如果正好有机会,我会看的。”我收到了很多这样的录像带!

# 昆汀谈改编《危险关系》、将故事移植到洛杉矶及埃尔默·伦纳德的看法

阿德里安·伍顿/1998年

阿德里安·伍顿(以下简称伍顿):完成《低俗小说》之后,你是如何决定拍《危险关系》的?为什么选择埃尔默·伦纳德的作品?

昆汀·塔伦蒂诺(以下简称塔伦蒂诺):我想改编埃尔默·伦纳德的作品很久了。他是第一位我儿时读他的作品时就打动我的小说家。我面对的主要问题是选合适的书。其实,在《危险关系》的原著出版之前,我就读过这本书的校样,当时我还没有完成《低俗小说》。读小说的时候我就看到了画面,某种程度上看到了改编后的电影。我和我的搭档劳伦斯·班德(就改编一事)接触了(文学

代理)，我说我们想将其拍成一部低成本电影。他们说："好的，不过我们要知道完成《低俗小说》之后你要做什么。"没人知道他们想干什么。如果我不拍这部电影，(他们)会不会把我扔进专门关欠钱不还的人的私牢？我们放弃了这个项目。

后来，事情出现了转机，我们获得了埃尔默·伦纳德三部小说的授权。《低俗小说》取得成功之后，授权就顺利起来了，《危险关系》是三部作品之一。当时我已经不想拍《危险关系》了，因为之前已经放弃了。我说："我们就当制作方吧。"我想到一位也许能导演这部影片的人，向她介绍了这个项目。她说："听起来很酷。"我计划让她执导这部作品，然后我为了熟悉故事又重读小说。你猜怎么着？第一次读这本书时我看到的那部电影又出现了。我全都想起来了。我想："我想拍这部电影。"这部影片就是这么来的。改编权属于我，所以比较好做。

伍顿：相较于从头开始创作剧本，改编他人的作品有什么困难吗？

塔伦蒂诺：这是一个有趣的挑战。我之前只写过原创剧本。尽管与我之前写的东西不同,但目前改编的剧本起到了应有的作用。改编——因为原始素材不同——会有一种距离感。改编这部作品花了一年左右的时间。不是说那一年我每天都在写剧本。

(埃尔默·伦纳德的作品)看似很难改编。《危险关系》本来就是他作品中相对难以改编的小说。伦纳德的作品难改是因为你会想保留一切,但又不能这么做。你想要删掉一个很长的部分,但其中藏着某个对剧情很重要的信息。所以要把那部分自然地插进别的地方。关键在于"自然"。我不希望影片看起来像他小说的《读者文摘》(*Reader's Digest*)版。

我记得斯蒂芬·金很久之前评价过伯特·雷诺兹(自导自演的)《独闯迈阿密》(*Stick*,1985)。他说:"(埃尔默·伦纳德)小说中所发生的一切在电影中都出现了,但影片没有给我看埃尔默·伦纳德小说时会有的那种感觉。"这句话给我留下了很深的印象,因为我希望(《危险关系》)能给人那种(读伦纳德小说的)感觉。营造这种感觉的方法是下血本去塑造角色,这样人物就不会是出现在电影情节中的电影人物。影片的第一个小时几乎就是和人物在一起，逐渐了解他们。这是我选择的处理方式。

伍顿：你将故事从迈阿密移植到洛杉矶的方法很有意思。你对洛杉矶地理的运用令我着迷。

塔伦蒂诺：埃尔默·伦纳德对迈阿密和底特律非常了解，这是他小说的魅力之一。他有底特律小说和迈阿密小说。在这方面我和他没法比。我对迈阿密一无所知。我以前从没去过迈阿密，而且迈阿密非常热！你不会想去那里拍戏的！我对洛杉矶非常了解。我们在南湾拍摄，那里我非常熟悉，我就是在那里长大的。很少（有电影）在那里取景。《破晓时刻》（*Tequila Sunrise*，罗伯特·汤，1988）有少量片段是在那里拍的，此外还有一些其他影片。

伍顿：现在（观众朋友中）有哪位想要提问吗？

观众：埃尔默·伦纳德作为监制扮演了什么样的角色？他喜欢这部电影吗？

塔伦蒂诺：他并没有真正参与拍摄。他作为监制的职责之一是解决资金问题，以这种方式支持我们。他很喜欢这部电影！我把剧本发给他，问他的意见。他说："我认为这不仅是我所有的作品中改编得最好的，还是我读过的最优秀的剧本。"他的话显然让我非常开心。在最近的一次采访中，有人问他："你觉得《危险关系》怎么样？"他说："那是我的小说。"我也是这么想的。我认为剧本有小说的分量，不仅仅是改编。

伍顿：你最早在头脑中想象这部影片时，有没有想到"我希望帕姆·格里尔（或者其他女演员）来演这个角色"？

塔伦蒂诺：我读小说时，哪怕并没有将其改编成电影的计划，也会忍不住开始改编。所以我总是准备一本笔记本，写下可以饰演书中人物的演员的名字。我最早读这本小说的时候没有这么做。第二次读《危险关系》时，我并不想自己导演这部影片，最终我拍这部影片可以说是机缘巧合。

我开始思考杰基·布朗应该由谁来饰演，我知道她应该具备某些属性。她应该实际上四十四岁，但看起来像三十四岁，要漂亮，看起来时刻游刃有余。我写下了好几个白人女演员的名字——因为原书中的角色是白人（原名杰基·伯克）——有些我觉得合适的演员太年轻了。她必须四十岁以上，这一点非常重要。然后帕姆出现在我的头脑中。我立刻就意识到这是个好主意。帕姆非常适合这个角色。她年纪正好，看起来很年轻，给人什么都应付得来的感觉。最终她成了影片的核心。这没有问题：这是另一部我想看的以帕姆·格里尔为核心的电影！后面的工作非常顺利。她是黑人的事实让影片更加深刻，而且不是以廉价或者庸俗的方式。说到底，这是一部以一个年薪一万六千美元的女人为中心的影片。她是从事服务业的。她以前被抓住时就应该离开航空业，做点别的。她没有。她的地位一路下滑。但她拼命抓着这份糟糕的工作不放。她无处可去。警察也在整她。她四十四岁了，可能要坐一年牢，然后再从头开始。

观众：和你的其他影片相比，你是否认为《危险关系》更主流一些？

塔伦蒂诺：《危险关系》的结构更线性一些。有人认为，我把《落水狗》和《低俗小说》拍成非线性结构是为了显示我有多聪明。从戏剧角度看,那两个故事这么拍更好。《危险关系》也是如此。但我不会去想影片主不主流。

观众:你能说说黑人文化对你作为导演和编剧有什么影响吗?

塔伦蒂诺:我可以说是在黑人文化的熏陶下长大的。我上的是全黑人学校。我对黑人文化有认同感。我也认同其他文化,我们内心都有很多不同的侧面,我有像黑人的一面。别被肤色骗了;一切在于内心。黑人文化对我的作品有很大的影响,很明显,就在我的作品中。创作《危险关系》时,我得以坦诚地、现实地写作,成为杰基·布朗和奥德尔·罗比。你应该听过体验派表演,而我是体验派作家。我通过让自己变成人物来创作。这样我才能让人物相互交流。我扮演了(《危险关系》中的)每一个人物。我是路易斯(罗伯特·德尼罗饰),也是梅拉妮(布里吉特·芳达饰)。我在现实中最敬重的人之中就有不少是年长的黑人女性。我很尊敬她们,因此把这一点注入了杰基之中。至于奥德尔,我有点疯狂;我差不多花了一年时间扮演奥德尔，甩都甩不掉，就像被施了咒一样。

**伍顿**：你提到过你喜欢黑人剥削电影，以及帕姆以前在此类电影中的表现。除了选帕姆饰演女主角之外，你对此类电影的热爱对《危险关系》的结构有怎样的影响？

**塔伦蒂诺**：《危险关系》不是一部黑人剥削电影。先澄清这一点，然后我要说，帕姆是偶像级的人物。就像请约翰·韦恩出演西部片一样，你不是在和随便走进来的无名小卒合作。约翰过去拍过很多东西，这些影片构成了他的过去。这种"包袱"是好的。有些甚至非常非常好。选中帕姆之后，我确实在头脑中将这部作品构想成了一部典型的帕姆·格里尔电影，不过是相对脚踏实地的帕姆·格里尔电影。我不是刻意去收敛什么，因为《科菲》是我最喜欢的电影之一。但杰基·布朗是一个真实的人。她不是超级邪恶的妈妈。她头发里没有藏着剃刀，她不是功夫大师，不会掏出一把枪筒被锯短的霰弹枪把人的头打爆。她是一位身处我所描述的困境中的真实女性。

如果你熟悉帕姆的电影，你就会知道她的很多作品开头都是帕姆在走路，让观众欣赏她的光彩。我想："好，那我就要拍最经典的帕姆式开场片段。"事实上，我认为我做到了。结构非常有趣。在影片的开头，她在传送带上，你会看见她，细细观察，好好欣赏，她在走路穿过机场，看起来像让男人最没有抵抗力的那种恶魔。她似乎无所不能——她是四十岁的"骚狐狸"福克西·布朗、四十岁的科菲——她充满女性魅力，这非常棒。在最后一部分，观众会看到她不断奔跑，然后意识到她只是要去上班。她并不是穿过街道去一把火将哈莱姆区夷为平地。她是一位在这个世界里工作的女性，她要迟到了，如果赶不上就会被解雇。酷炫的开场片段结束两分钟之后，她(作为一名飞机乘务员)在分发花生。她一开始是一位神秘的、超级英雄般的人物，但我们在字幕片段快要结束时，让她回到了地球。

"Quentin Tarantino on Adapting *Rum Punch*, Moving the Story to LA, Elmore Leonard's Opinion" by Adrian Wootton from *Guardian.co.UK*, January 5, 1998.

# 对话和体验

埃里克·鲍尔/1998年

《危险关系》的上映对于昆汀·塔伦蒂诺来说是一个分水岭。在他非常熟悉、游刃有余的流行文化领域，他的第三部导演作品和大牌乐队的第三张专辑一样备受期待。与《落水狗》和《低俗小说》不同，这部影片的剧本不是原创的，而是改编的。影片着重于人物塑造，实验了有伯格曼风格的长镜头，不再有混乱的暴力场面。但哪怕只从辨识度极高的语言风格来看，这也是一部昆汀·塔伦蒂诺电影。《危险关系》中引来最多表扬和批评的都是对话：影片的语言像我们所熟悉的那样有节奏感、活泼、幽默，但“黑鬼”等词无所顾忌的出现——像《低俗小说》

中那样——可能会让部分人感到被冒犯,本文中的采访者就是如此。

埃里克·鲍尔(以下简称鲍尔):在《危险关系》中,你似乎费了很大力气让对话更加真实,和你著名的风格化语言大相径庭。

昆汀·塔伦蒂诺(以下简称塔伦蒂诺):我之前只拍过两部电影,等到我有六部作品之后再对我进行归类吧。《落水狗》《低俗小说》,以及我为《真实罗曼史》和《天生杀人狂》写的剧本里的故事发生在我的宇宙中,但也不是完全脱离现实。这部影片不在我的宇宙中,而是在埃尔默·伦纳德的宇宙中,拍一部突破我创造的小小宇宙的电影很有趣。因此,我希望它特别真实。我为了不同的视觉风格换了一位摄影师(吉列尔莫·纳瓦罗)。画面还是很好,不过更真实一些,电影感稍弱,更像《暗夜心声》(*Straight Time*,乌鲁·格罗斯巴德,1978)。我喜欢搭景。但在《危险关系》中我没有搭景。所有场景都是实景拍摄的。

鲍尔：埃尔默·伦纳德的作品对你的写作风格有怎样的影响？

塔伦蒂诺：他让我了解到，可以让人物漫无边际而非紧扣主题地交谈。他向我展示人物可以偏题，偏题的部分同样是合理的。现实中人们说话的方式。我认为他对我的影响在我创作《真实罗曼史》时最为显著。我在尝试写一部埃尔默·伦纳德风格的剧本。不是抄袭，并没有明显的模仿。只是一种感觉——他的风格给了我灵感。

鲍尔：和你的其他作品相比，《危险关系》不是很依赖情节反转，而片中的反转常常是通过对话实现的。

塔伦蒂诺：故事在不断延展：不是影片开始十分钟，杰基就搞明白要如何搞到五十万美元，随后把事情解决——不！故事是逐渐发展的，随着生活和情况的变化，她不断被推向那条路。情节缓慢前进，到达某个点之后就一直线发展到她行动的那一刻。影片很有小说感，前九十分钟全都是在塑造人物。然后是行动：他们在最后半小时完成了包括换钱在内的一切行动。

鲍尔：和你之前的剧本相比，《危险关系》的对白中有更多的解释说明。

塔伦蒂诺：没错。这是我第一次大量处理这种解释说明。原书就是这样的。这是马克斯（罗伯特·福斯特饰）和杰基的关系的一部分：讨论他们遇到的问题，他像顾问一样尝试帮助她。在第二部分，是她把自己思考的过程都说出来，自言自语。

鲍尔：关于剧本，你给自己定了什么样的目标？

塔伦蒂诺：我喜欢描写一位女主角。有些人的质疑——“但他会写女性吗？”——对我来说是很不公平的。他们这么说的唯一原因就是我先拍了《落水狗》。我真的很喜欢描写一位四十多岁的黑人女性。我确实认为杰基·布朗是属于我的。她和小说中的杰基·伯克是同一个人物，但将她改成黑人对她是有影响的，因为她的人生经历和说话方式都改变了。

鲍尔：写这个人物的时候你做研究了吗？

塔伦蒂诺：我认识一些会让我联想起杰基的女士，我参照了她们。我希望在我心中找到杰基。我会开这个玩笑,但我写作时是体验派的。我创作什么人物就变成什么人物。我一整年都是奥德尔。他是这部影片中最让我有认同感的人物。我像他一样走路,像他一样说话。我没法,也不想让他闭嘴。奥德尔莫名其妙地成了影片的节奏。他说话的方式、穿衣的风格——有关他的一切都和影片十分契合。他是老派的灵魂音乐的化身,我对他很有认同感。如果我不做艺术家,可能就会变成奥德尔的模样。

鲍尔:但这不是一部以奥德尔为中心的电影。

塔伦蒂诺:电影的核心是杰基,但杰基这个人物的精彩之处之一就是她不会透露一切。故事要求她不把心情写在脸上,不能让观众知道她脑子里在想什么。我在改编时坚持的一个做法是,每次她见到奥德尔都把目前掌握的关于警察的情况和盘托出。无论她是第几次这样做,都会让我感到惊讶。我会想:"天啊,我没想到她竟然这样耍他!我希望她没有这样对马克斯。我以为她不会欺骗我们,但我不确定。"马克斯就是观众——观众从马克斯的视角看这部电影。他是这部作品的良心和核心，他是这部作品最有人情味的一面。马克斯是观众，但奥德尔是节奏，是影片的灵魂。

鲍尔：奥德尔似乎和书中的人物不尽相同。你剧本中的奥德尔要聪明很多。

塔伦蒂诺：因为读过《调换》(*The Switch*, 1978)，我对奥德尔、路易斯和梅拉妮比较了解。《调换》(《危险关系》的前传)是我读过的第一部埃尔默·伦纳德作品。所以早在《危险关系》出版之前，我就知道这些人物了，我已经在心中改编《调换》了。

鲍尔：定义塔伦蒂诺宇宙的元素有哪些？

塔伦蒂诺：在创作过程中，我尽量不分析这些。我尽量把头脑中所想忠实地写出来，尽量写出当下的感觉，跟着直觉走。对我来说，真实很重要。写剧本的时候，常常会遇到需要决定人物怎么做的时刻，我完全无法撒谎。这是很多好莱坞电影无法做到的。我总是看到人物在撒谎。好莱坞做不到是因为这样会影响影片的表现，或者因为有些人可能会不喜欢。在我看来,人物的行为没有好坏之分,只有真实与否。

每个剧本都有四个或六个重要场景,但中间还有很多过渡场景——它们对塑造人物十分重要。人物就藏在这些场景中,你会通过这些场景找到你的人物。我想小说家也是这么创作的。

鲍尔:大多数剧本作家都很注重规划结构、结构、结构。

塔伦蒂诺:第一幕结束之前必须发生什么之类的——我不会这么做。我对此没有兴趣。重要的是发出自己的声音,在我看来,剧本没有理由不体现这种声音。糟糕的剧本很多,所以如果你写出了一部好剧本,是会得到人们的回应的。但如果你刚刚入行,你的作品可能需要很长时间才能找到合适的读者。它可能不断被读者枪毙。但如果你坚持不懈,最终它会突出重围,到达那些读剧本读得快要无聊死的人手里。他们真的会欣赏有新意的东西。这是我刚入行的时候面对的一大障碍——我写的东西与众不同,不同对于读者的思维定式来说就是不对。大卫·马梅成名之前,人们可能也认为他用“操”(fuck)这个字用得太多了。

鲍尔:你会通过重复一个短语或词来让对话更有冲击力吗?

塔伦蒂诺:我时常这么做。我认为我的对话是具备音乐性和诗歌性的,重复某些词赋予其某种节奏。我就是顺水推舟,寻找场景的节奏。

鲍尔:有人批评你在《危险关系》中用“黑鬼”这个词,你的回应是:任何词在我们的文化中都不应该有这么大的力量。这也许不太能说服我。你用这个词不是为了让对话更加劲爆吗?

塔伦蒂诺:任何词都不应该被关在“词汇监狱”里,都是语言。如果我像你说的那么做,就是撒谎,就是为了某种效果刻意用某个词。在《低俗小说》中,不同的人物在不同的场合说过“黑鬼”这个词,每次使用的内涵都不同,与前后的情境有关。理查德·普赖尔和艾迪·墨菲表演搞笑脱口秀的时候说“黑鬼”,观众就不会感到被冒犯,因为他们就是“黑鬼”。观众知道前因后果。《低俗小说》中，塞缪尔·杰克逊饰演的朱尔斯说“黑鬼”，和埃里克·斯托尔兹饰演的兰斯说是不同的，和文·瑞姆斯饰演的马塞勒斯说也不同。

**鲍尔：**奥德尔用这个词和《低俗小说》中的人物有何不同？

**塔伦蒂诺：**奥德尔的情况可能和朱尔斯类似。《低俗小说》中，朱尔斯和马塞勒斯的初衷是类似的，但所指是不同的。马塞勒斯的意思是：“你是我的黑鬼了。”这是文·瑞姆斯想出来的。奥德尔的情况类似，他是一个经常用这个词的黑人，这个词是他说话风格的一部分。写黑人的对话需要一些词让语言有音乐感，“黑鬼”就是其中之一。如果要写那类人，“混蛋”(motherfucker)则是另一个要用的词。塞缪尔·杰克逊说话时常用“黑鬼”这个词，这就是他个性和背景的一部分。所以奥德尔也这样说话。还有，我是一个不怕这个词的白人。我感受不到所谓的白人愧疚，不想在种族问题上畏畏缩缩。我从不担心别人怎么想我，因为我相信真心会得到真心的认可。

鲍尔:你是否花了很多心思去并列幽默和暴力?

塔伦蒂诺:没有比在其他方面花费更多的心思。我喜欢这种并列。我觉得这就像锐滋花生酱夹心巧克力糖,融合了两种美味。我没有费九牛二虎之力去尝试,这是自然形成的。

鲍尔:(《危险关系》中)梅拉妮与路易斯的最后一幕几乎和原书一模一样。但那一幕也很像你写出来的。

塔伦蒂诺:是的,我也有这种感觉。那个场景非常酷——还有奥德尔杀死路易斯的场面。我认为(埃尔默·伦纳德的)写作方式和我很像。

鲍尔:伦纳德花了很多时间塑造路易斯的性格,而你没有这么多时间。在小说中,他在最后一幕表现出的暴力的一面似乎是他性格的延伸,但在剧本中则有些令人惊讶。

塔伦蒂诺:对,有点类似现实生活中的暴力事件:都是突然发生的。和电影相比,暴力在现实中很少是慢慢累积的。它往往猝然发生。我认为这一点让影片更加真实。

鲍尔:但做好铺垫、让观众理解发生了什么不是很重要吗?

塔伦蒂诺:是有铺垫的,但并不是有关路易斯的一切都被落在纸上——好吗?我记得和德尼罗讨论这个角色的时候说:“这个角色和我笔下的大部分角色都不一样。”演员喜欢和我合作的原因是,他们可以说很多很酷的台词,说那些台词的时候他们会觉得自己很酷。我对他说:“路易斯是个和我笔下的大多数角色都不太一样的人物。他话不多。这是一个真的要用身体语言去表现的角色。”我在和世界上最伟大的角色演员之一对话。正因如此,我才需要请他来演,不是吗?

鲍尔:你觉得梅拉妮死的时候,观众对她有感情吗?

塔伦蒂诺:我认为观众对她又爱又恨。路易斯开枪打死她的时候,观众鼓掌了。理论上没有人该死,但她似乎自作孽不可活。她非常狡猾奸诈。但同时我们也喜欢她:她是个很有意思的人物。

鲍尔:你提到过担心自己的声音变得过时。这是你选择改编的原因之一吗?

塔伦蒂诺:不是,不过确实顺便起到了这种作用。这是保持我的对话和天赋的独特性的好办法。我不希望人们对我的作品习以为常。我不希望我的创作被浪费。看大卫·马梅编剧的作品时,你会知道自己在听大卫·马梅写的对话。我希望尽量避免这种情况。我不希望像伍迪·艾伦或约翰·塞尔斯那样每一部电影都差不多。他们按照自己的想法拍电影,我无意贬低他们。我希望人们看到我的新作品,而不是关注我的(上一部)作品。我希望每部影片都有独立的生命。但当你从某个角度看的时候,它们又有某种共性。

"The Mouth and the Method" by Erik Bauer from *Sight & Sound* 8, no. 3 (March 1998), pp. 6-9.

# 昆汀畅所欲言，透露《杀死比尔》灵感来源

町山智浩/2003 年

2003 年 8 月 28 日，本次私人采访在洛杉矶进行，是在专门接待日本媒体的《杀死比尔》记者招待会期间。在这次一对一的对话中，昆汀·塔伦蒂诺深入探讨了《杀死比尔》受到的诸多影响、其背景故事，以及他笔下的人物在两部电影结束后的未来。采访的前一天晚上，我和塔伦蒂诺在《杀死比尔》放映结束后的派对上交流。不幸的是我没带录音机。我们都喝多了，但我记得他对我说了什么。

《杀死比尔》高潮的血腥杀戮是对《刺杀大将军》(三隅研次，1980)的再现。塔伦蒂诺承认他也加入了少量

《杀手阿一》(三池崇史,2001)的元素。飞机后的橙色天空呼应的是《地狱盗尸者》(佐藤肇,1968)的开头片段。他请工作人员用微缩模型拍摄的东京景观很像巨怪电影《科学怪人的怪兽 山达对盖拉》(本多猪四郎,1966)中的场面。他甚至把这部电影放给(《杀死比尔》的演员)达丽尔·汉纳看。

町山智浩:我们能聊聊《杀死比尔》引用的一些影片吗?

昆汀·塔伦蒂诺(以下简称塔伦蒂诺):好的,没问题。

町山智浩:夕张果果(栗山千明饰)捅死一个想和她上床的男人的场面是来自《大逃杀》(深作欣二,2000)吗?

塔伦蒂诺:我和深作欣二、深作健太——欣二的儿子——一起吃过饭。我说:“我喜欢你的电影!太棒了!我喜欢女孩相互开枪的那个场面。”健太笑了起来。他说:“《大逃杀》原著(1999)的作者(高见广春)如果知道你喜欢那一段,一定会很开心。因为那一段其实是模仿《落水狗》！”我看那个片段的时候就在想：“天啊，这些十四岁的少女在开枪互射，好像《落水狗》！”

**町山智浩**：我想知道：你为什么把女特工组织的名字从《低俗小说》中的狐狸特工五人组（Fox Force Five）改成了《杀死比尔》中的致命毒蛇暗杀小组（DiVAS）？

**塔伦蒂诺**：狐狸特工五人组是犯罪斗士。她们是秘密特工。致命毒蛇暗杀小组则不是秘密特工。她们是杀手。但两者其实是非常类似的，像一个硬币的两面。

**町山智浩**：致命毒蛇暗杀小组像《美女行动队》（*The Doll Squad*，泰德·V. 麦克尔斯，1973）。

**塔伦蒂诺**：很类似。她们看起来确实很像《美女行动队》或《女谍玉娇龙》（*Modesty Blaise*，约瑟夫·罗西，1966）中的人物。这些女孩穿高领毛衣，看起来很酷。《西部甜心》（*Honey West*，ABC，1965—1966）是一部美国电视剧，也有这种感觉。

**町山智浩**：《黑衣新娘》（*La mariée était en noir*，弗

朗索瓦·特吕弗,1968)呢?

塔伦蒂诺:情况是这样的,我其实从来没看过《黑衣新娘》。

町山智浩:真的吗?

塔伦蒂诺:每个人都说:“这很像《黑衣新娘》。”《黑衣新娘》也改编自康奈尔·伍尔里奇的小说。我没有看过,因为我不是特别喜欢特吕弗。我并不抗拒,只是没看过而已。我喜欢戈达尔,我不是特吕弗的影迷。

町山智浩:我想到它是因为那里面的新娘也有一份一一画掉的名单。

塔伦蒂诺:《黑衣新娘》也有吗?

町山智浩:《复仇的女枪手》(*Hannie Caulder*,伯特·肯尼迪,1971)呢?

塔伦蒂诺:我肯定受了《复仇的女枪手》的影响。我有很多复仇电影,尤其是女性复仇,比如《修罗雪姬》(藤田敏八,1973)。但其中之一是《复仇的女枪手》。我特别喜欢《复仇的女枪手》是因为罗伯特·考普。他在这部电影中的表现太棒了。我其实觉得（《杀死比尔》中的）千叶真一和乌玛很像《复仇的女枪手》中的拉蔻儿·薇芝和罗伯特·考普。

町山智浩：《盖棺了结》（*Dead & Buried*，加里·A. 谢尔曼，1981）呢？

塔伦蒂诺：我看过《盖棺了结》，这和《杀死比尔》有什么关系？

町山智浩：艾尔·德赖弗（达丽尔·汉纳饰）假扮成护士，试图在新娘昏迷时用注射器杀死她。

塔伦蒂诺：哦，对！丽萨·布朗特！《军官与绅士》（*An Officer and a Gentleman*，泰勒·海克福德，1982）里那个女孩。其实这个点子来自另外一部电影——约翰·弗兰克海默的《黑色星期天》（*Black Sunday*，1977）。在其中的一个片段中，玛尔特·克勒尔进入医院，伪装成护士，准备用下了毒的注射器杀死罗伯特·肖。

**町山智浩**:艾尔·德赖弗这个人物来自瑞典电影《性女暴力日记》(*They Call Her One Eye*,博·阿内·威贝涅斯,1974)?

**塔伦蒂诺**:没错!我喜欢(女演员)克里斯蒂娜·林德伯格。她是达丽尔·汉纳的角色的原型。在《杀死比尔》的续集中,她会主要穿黑色。和《性女暴力日记》中一样,她眼罩的颜色也是精心搭配的。在我看过的所有复仇电影中,这一部绝对是最硬核的。没有比这更彪悍的电影了。

**町山智浩**:其实这是一部色情电影。

**塔伦蒂诺**:嗯,有一些插入镜头(insert shots)。我记得放预告片给乌玛看时,她说:"昆汀,我喜欢那个预告片,但不知道我能不能看那部电影!其实我有点害怕。"我给了她录像带。她不看字幕,直接看了瑞典语版本。她说:"昆汀!你让我看色情片!"我说:"对,不过是好看的色情片!"从来没有导演给她布置看色情片的家庭作业!

町山智浩：《少林三十六房》（刘家良，1978）呢？

塔伦蒂诺：我非常喜欢《少林三十六房》和刘家辉。他很棒。他现在看起来和当时一模一样。他和千叶真一共同出演我的电影真是太酷了。他们都是活生生的传奇。我一边取景一边想："不敢相信刘家辉竟然在演我的电影！"我深受70年代功夫电影的影响，《杀死比尔》聚齐了来自三个地方的我最喜欢的三个功夫明星。刘家辉代表中国香港地区。千叶真一代表日本。大卫·卡拉丁代表美国。三星同辉。如果李小龙（1940—1973）还在世，还要加上他。还有傅声（1954—1983）。

町山智浩：大卫·卡拉丁在第二部中会吹笛子吗？

塔伦蒂诺：会！他自己做的，用竹子刻的，是电影《沉默的长笛》（*Circle of Iron*，理查德·莫尔，1978）中沉默的长笛。大卫非常棒，因为比尔是亚洲和地道的美国西部风格的结合。

町山智浩：卡拉丁不仅演过电视剧《功夫》（*Kung Fu*，ABC，1972—1975），还在《大贼龙虎斗》（*The Long*

*Riders*,沃尔特·希尔,1980)中饰演骑手之一。

塔伦蒂诺:还有谁会有这样(优秀)的背景呢?

町山智浩:你是如何获得使用《独臂拳王大破血滴子》的音乐的授权的?

塔伦蒂诺:首先我们找到了(那段音乐的)来源,是德国新乐队(Neu)的《超级 16》("Super 16")! 找到之后,我们和他们取得了联系,并获得了授权。这一小段音乐甚至被《杀死比尔》的原声带收录了。

町山智浩:在一部香港电影中,王羽对战了一百个敌人。《杀死比尔》中的青叶屋(House of Blue Leaves)大战让我想起了那部电影。

塔伦蒂诺:是《龙虎斗》(1970)。其中主人公的双手变成了铁拳,烧成了黑色。他脸上戴着口罩,手上戴着手套,反派是罗烈饰演的。你知道这是一部在影史上有重要地位的电影吗?这是香港第一部完全赤手空拳打斗的电影。《龙虎斗》是第一部主角打斗不用剑的电影。赤手空拳。这就是我们今天所知的真正的功夫电影。之前主要是武术、剑术；尽管他们拍的是中国武术，但还是有点像日本武士电影。但《龙虎斗》完全脱离了这种模式，打斗场面非常精彩。以一敌百成了这种类型影片的经典场景，是《龙虎斗》开了先河。这部影片的导演也是王羽。

非常酷，因为我记得为了向袁和平展示我想拍出的效果，我给他看了那个片段。袁和平说："嗨！这是我爸爸！"一群人将王羽团团包围时，拿链子的人就是袁和平的爸爸。袁和平的爸爸是袁小田，《蛇形刁手》(袁和平，1978)和《醉拳》(袁和平，1978)中的那个老人。

**町山智浩**：三池崇史的《新生代黑社会》(1996)呢？

**塔伦蒂诺**：我特别喜欢三池，但我没有看过《新生代黑社会》。

**町山智浩**：我还以为《新生代黑社会》中的少年黑帮是疯狂八十八人组(Crazy 88s)的灵感来源。

**塔伦蒂诺**：我参照的是《黑蜥蜴》(深作欣二，1968)。因为尾莲成了犯罪女王，像黑蜥蜴(美轮明宏饰)一样统治整个城市。她手下不是一帮硬汉打手，而是一群留拖把头的人。这没有在影片中体现,否则我必须停下来告诉观众:尾莲是中日混血,她的疯狂八十八人组也是如此。里面有四十四个中国人和四十四个日本人!黑西装来自《落水狗》。但只有写书时,我才会把这些背景写出来。我尽管没有看过《新生代黑社会》,但并不是没有受到三池崇史的影响。现在我最喜欢的影片是日本的暴力大众电影。我最喜欢的导演是拍这种影片的日本导演。我指的是三池崇史和石井隆。

町山智浩:石井辉男(1924—2005)呢?

塔伦蒂诺:哦,石井辉男是一位非常优秀的导演!还有黑泽清。还有另外一位导演……我认识他,和他是朋友,但我老是记不得他的名字……《第七聚会》(*Party 7*,2000)和《鲨皮男与蜜桃女》(1998)的导演(石井克人)。他其实参与了《杀死比尔》的制作。尾莲八岁时——随后松本老大出现——那段动画开头的人物草图是他画的。那两幅草图是他送给我的礼物。他还画了一幅艾尔·德赖弗穿护士制服的画,在她的眼罩上画了一个红十字。我觉得这主意简直太棒了,所以在电影中保留了这个细节。

町山智浩：你是怎么想到石井尾莲这个名字的？

塔伦蒂诺：给人物找到合适的名字是最重要的事情之一。在找到合适的名字之前，我几乎无法将工作向前推进。什么名字合适呢？那他妈的谁知道呢？听到了就知道了。所以我筹备《杀死比尔》的时候，看了很多作品，寻找灵感。20 世纪 80 年代，人们在洛杉矶可以看到一家日本电视台放的千叶真一主演的电视剧《影子军团》。我和我的朋友常常一起看，还把它录了下来。为了把这部电视剧找出来看，我把 80 年代的录像带都翻了一遍。《影子军团 4》里面有一位女忍者（志穗美悦子饰，《女必杀拳》的女主角）叫尾莲。我觉得："这名字很美，而且很特别。"我觉得尾莲和石井也很相配。她的名字就这样定了。刘玉玲很喜欢这个名字。每个人都会注意到这个名字。日本人会说："这是一个日本名字，很不常见，不过是一个好名字。"

关于《影子军团》我想补充一下。这个系列有很多部。《影子军团》一、二、三、四。每一部饰演武士服部半藏的演员都不同。背景设定在较为久远的时代。服部半藏三号、服部半藏四号。所以现在千叶真一演的是服部半藏一百号,并在《杀死比尔》中继续饰演这个角色。不过观众不需要知道这些。我坚信创造自己的宇宙和背景故事时,可以给观众留下一些没有答案的问题。你自己知道答案就可以了。我可以给你讲服部半藏怎么到冲绳,他为何三十年都没有造剑,还有那个光头(大叶健二饰)是谁。我没必要告诉观众这些。观众可以自己去想象,自己去创作。我知道尼基(弗妮塔·格林的女儿)未来会怎样。她会长大,然后(去找杀死她母亲的新娘)复仇。我也可以讲前面的故事。影片完成之后,我们讨论过,可以和IG制作公司(Production IG)一起制作一些前传,完全采用动画的形式。比如比尔的过去。事实上任何角色都可以拍。我不确定是用真人演员还是拍动画,或许还可以出一本平装书,谁知道呢?不过会有十年的时间间隔。现在新娘三十岁。在下一部中她会是四十岁。在最后一部中她五十岁。

町山智浩:“想要复仇,就得神佛通杀”这句引言呢?

塔伦蒂诺：这其实是改写过的——就像《低俗小说》对《圣经》的引用——来自千叶真一在日本电视剧《柳生一族的阴谋》(1978—1979)每集开头都会说的一句话，我对它进行了改写。影片最后，乌玛戴着头盔说那段话时的背景音乐就来自《柳生一族的阴谋》。

町山智浩：铃木清顺对你有影响吗？

塔伦蒂诺：他的影片作为整体对我没有太多启发，但是一些镜头，以及他为了拍出很酷或很迷幻的画面勇于尝试的精神给我带来了灵感。他之于我有点像罗斯·梅尔。相较于整部影片，我更喜欢他作品中的一些片段。我无意贬低他，只是觉得有些片段更加精彩。至于罗斯·梅尔，《小野猫公路历险记》(*Faster, Pussycat! Kill! Kill!*，1965)是一部彻头彻尾的经典之作。铃木清顺的类似作品是《杀手烙印》(1967)，不过相较于后半段，我更喜欢前半段。铃木清顺会让你联想到青叶屋歌舞伎的剪影打斗戏？

町山智浩：是的。

塔伦蒂诺:与其说是铃木清顺,不如说是日本电影作为一个整体对我的影响,但我懂你的意思。《杀死比尔2》中也有类似的场面——新娘跟着白眉(刘家辉饰)习武的时候。有一个红色背景的剪影片段。香港电影中每十五部就有一部开场是人物在这种背景前打斗。一般会配《黑街神探》(*Shaft*,戈登·帕克斯,1971)中艾萨克·海耶斯写的主题音乐!

町山智浩:我有一个问题。看这部影片的时候应该笑吗?

塔伦蒂诺:我认为你不应该嘲笑它,而是应该被它逗笑。

町山智浩:因为放映时我听到你一直在笑。

塔伦蒂诺:我不会用同样的标准衡量日本观众和黑人观众。黑人观众会"哈哈哈哈"笑得很大声。日本观众看电影时则比较内敛。他们没有"哈哈哈哈"笑出声来,并不代表他们不享受这部影片。能在不打搅观众的前提下观察他们看电影时的反应,这让我很开心。我从头到尾都在微笑。我的所有电影都是搞笑的，但我希望能有情绪起伏。我希望先让观众笑上几次，然后再给他们看点别的。可能会让他们哭，然后再逗他们笑。我希望不断变化。对我来说，又哭又笑是很好的观影体验。我享受情绪被电影折腾得大起大落的感觉。

町山智浩：我对决斗最后刘玉玲死掉的场面很好奇。

塔伦蒂诺：那个片段应该搞笑又不失诗意，还有点严肃。你看到她（被削掉）的头时，会觉得很好笑。然后她说："这果然是服部半藏的剑。"这还是好笑的。但下一个镜头就不好笑了，她倒下时，背景音乐是梶芽衣子唱的一首关于复仇的歌。所以这个片段融合了很多元素。搞笑、严肃、优美、恶心全都有。

町山智浩：你认为美国观众有这样的品位吗？

塔伦蒂诺：中国、日本、韩国有孕育这些元素的环境。甚至包括"意大利西部片"。大多数美国年轻人从来没看过意大利西部片。这其实是件大好事。看《杀死比尔》会是全新的体验。

町山智浩:《杀死比尔》用了《无敌铁探长》(*Ironside*,NBC,1967—1975)的主题音乐。(这部美国电视剧的)那段音乐在日本非常流行,被用在一个类似《内部消息》(*Inside Edition*)的八卦节目中。

塔伦蒂诺:《天下第一拳》也用了那段音乐;每次那段音乐响起,屏幕都会闪红光。(美国)观众每次听到都会笑出声来,因为那是《无敌铁探长》的配乐。第三次听到时,他们会大喊:"耶! 加油,罗烈!"我觉得效果很棒。在《杀死比尔》中,观众第三次听到这段音乐时就知道(新娘)要扁人了!

我能问个问题吗? 影片中你最喜欢哪个片段?

町山智浩:新娘和夕张果果的决斗。

塔伦蒂诺:和我一样。我以前从没拍过动作场面,那是我第一次拍。我就是通过那场戏学习拍摄动作场面的。我觉得从电影的角度看,那可能是我作为导演拍过的作品中我最喜欢的一段。

町山智浩：在那场打斗中，夕张果果有点像血滴子大师。

塔伦蒂诺：她绝对是。主要是千明的功劳。她花了三个月时间学习如何用那个球。有人问我："那个球从何而来？"事实上，那不是从任何电影中借鉴来的。我是说，我在香港电影里看过那种甩来甩去的武器，但这一个算是我发明的。有人问："叫什么名字？"我说："就叫果果球！"

町山智浩：你认为日本观众能理解"蠢兔子，特里克斯(Trix)麦片是给小孩吃的"这句台词吗？

塔伦蒂诺：哦对，特里克斯麦片的广告词！电影中有很多我认为美国观众难以理解的日本和中国元素，因此这句台词是我不指望任何非美国观众能够理解的东西之一。在我头脑中，这是尾莲和新娘过去作为致命毒蛇暗杀小组成员执行任务时会对彼此说的话，是只有她们俩才懂的玩笑。

町山智浩：飞机上的武士刀是怎么回事？

塔伦蒂诺:这部电影发生在一个特别的宇宙,不是现实世界。你提到的这一点很有意思,因为比尔原来的出场不是这样的。这个角色我原来是为沃伦·比蒂创造的。原来的剧情是比尔带着一把武士刀来到赌场,同样配有武士刀的保镖让他把刀留在前台。(我记得)沃伦说:“等等,别急,昆汀。人手一把武士刀?”我说:“在这部影片的世界里就是这样的。每人都有武士刀。”他说:“哦!所以不是现实世界?”我说:“对!是电影中的虚构世界。在这个世界中,人们都带着武士刀,不仅随身携带,还可以带到飞机上,飞机座位上还有专门放武士刀的地方!我不是说所有飞机都有,但你最好相信日本航空公司的飞机上都有专门放武士刀的地方!”

“Quentin Tarantino Reveals Almost Everything That Inspired *Kill Bill*” by Tomohiro Machiyama from *Japattack*, n.d., 2003, originally published in *Eiga Hi-Ho (Movie Treasures) Magazine*, Japan.

## 《杀死比尔2》:迷失在复仇森林

杰夫·奥托/2003年

昆汀·塔伦蒂诺带着可能是有史以来最精妙复杂的功夫电影回归了。事实上,可能是两部最精妙的功夫电影,因为《杀死比尔》最近被分成了两个部分。影片的灵感最初来自拍摄《低俗小说》时塔伦蒂诺和乌玛·瑟曼在酒吧的对话。塔伦蒂诺写了几页剧本,然后丢在了抽屉里。剧本在抽屉里待了好几年,直到乌玛提醒他。塔伦蒂诺把那几张纸找了出来,意识到可以拍成一部很棒的电影。《杀死比尔》重生了。

塔伦蒂诺像摇滚明星一样走进洛杉矶四季酒店的房间,与媒体见面。他身着一件定制的《杀死比尔》夹克,袖子上有红色条纹和龙的图案。外界对《杀死比尔》的期待显然很高。塔伦蒂诺表示认同:“我个人觉得这样挺好的。我最喜欢期待新作的感觉。如何应对当导演的压力?压力就是这份工作的一部分。

“我很幸运,能够在世界上最昂贵的艺术领域中,过艺术家的生活,不用为生计奔波。我作为一名艺术家得到了尊重,我的作品亦是如此。作品可能有好有坏,但都是我真心创作的。

“(第一部)我希望尽量提高期待,希望让观众目瞪口呆。对于《杀死比尔》来说,这是合适的目标。至于《危险关系》……我无意用《危险关系》超越《低俗小说》。我想要换一个方向,拍一部更温和的人物分析(character study)电影。如果你期待的是《低俗小说》续集,那你会失望的。我拍《危险关系》参照的是《赤胆屠龙》给我的感觉,我每隔几年就会重看一遍这部电影。第一遍看的时候把剧情摸透。后面就是‘我已经认识这些人物了’,和他们一起玩一会儿。

“如果你喜欢《危险关系》,我希望你每隔三五年就把它找出来看一遍,和奥德尔一起喝螺丝起子[①],和梅拉妮一起抽水烟,和杰基一起喝白葡萄酒,多好。”

---

① 一种伏特加和橙汁混合而成的鸡尾酒。

《杀死比尔》对于塔伦蒂诺来说，是从《落水狗》与《低俗小说》中机智的对话和对流行文化的引用，向彻头彻尾的动作片的一次转型。“意大利西部片、功夫电影、武士电影……涉及所有这些体裁。无所不包。《哈姆雷特》是一个复仇故事，说到底我们都熟知复仇故事的套路(《哈姆雷特》也不例外)。开始看之前，你就知道(《杀死比尔》的)故事了。五个人对(新娘)做了这种事，她按照复仇清单一一将他们赶尽杀绝。剧情很容易看懂。因此你可以关注其他方面。希望你看得开心，然后对别人说：‘哇，我今晚刚看了一部电影！’

“(影片拍摄期间)乌玛没有开玩笑的奢侈。她从来没有对着镜头挤过眼睛，我每隔一段时间可能会冲着镜头挤挤眼睛，但她从不会这么做。她的旅程是真实的，她的痛苦是真实的，她坚持执行计划，不求他人的同情。《杀死比尔 2》开头的一个片段就是展示婚礼礼堂里到底发生了什么。有人看过第二部之后对我说：‘昆汀，我真的很喜欢，我知道你是特地把礼堂这一段留到第二部的，不过如果第一部就看到这个片段，我觉得我会更关心、更喜欢乌玛饰演的角色。’我的回应是：‘喜欢就可以了。不用更喜欢了。她挺好的。’”

《杀死比尔》非常血腥。塔伦蒂诺说他控制了《杀死比尔 2》中的暴力：“我是说，《杀死比尔 2》也他妈的很暴力，但没有时长十四分钟的（打斗）场面。你还记得第一部最后千叶真一说的一小段话吗？他说：‘复仇不是一条直线，而是一座森林。你容易迷路，忘记自己为何出发。’第一部就是一条直线，就是：‘杀！带上人手！将东京夷为平地！……解决一个，再解决下一个。杀了弗妮塔！……任务完成，继续。’（第二部）则是森林，不是把清单上的人一一杀掉。没那么简单。事情开始变得复杂。”

拍摄（第一部中）新娘对抗大约两百名袭击者的片段需要演员进行大量的准备。塔伦蒂诺说：“他们进行了训练、学习和排练，后面拍摄时，每一天甚至每一刻都有变化。我就是这样的。我可能随时调整，（武术和特技指导）袁和平很大程度上也是这样。女孩们非常优秀，尤其是乌玛，她事先学会了所有动作，但如果我们全部推翻重来，也不会有问题。她在楼上的化妆室休息，我们商量好怎么拍，然后请她下来，和武打团队合排五次。她练习三次，然后就可以拍摄了。这让袁和平相当吃惊。他说：

‘昆汀,不开玩笑,我合作过的大部分好莱坞影星一镜只能拍一两个动作。乌玛可以拍六个!’”

第一部最有趣的片段之一是石井尾莲(刘玉玲饰)的背景故事。这一段不是真人表演,而是十分精致、全是动作场面的动画。塔伦蒂诺说:“特别有意思。我之前有一点做动画——不是日本动漫——的经验,为《四个房间》做开场动画。我和查克·琼斯合作这段动画,真的很酷,把它做得像兔八哥动画一样。(动画人)鲍勃·库尔茨的两个笑料写手来了,还有查克·琼斯、他的女儿和我。我们围坐在一张桌子旁,一个接一个地分享笑料。查克只有一条规矩。他说:‘不要拒绝任何一个想法。’不能说:‘不,这个我不喜欢。’构建结构时,一般的想法自然会被淘汰,好的则会留下来。

“拍摄(第一部)时,我想体验制作动画的乐趣,但我没法做故事板,因为我实在不会画画。所以我写了很长、很详细、像故事板一样精确到镜头的剧本。我说:‘所有的镜头都在这里了。’然后我把所有镜头都演了一遍:‘她抓着这个,眼泪和血流了下来。’他们完全明白我在说什么,回去制作了故事板,再给我看,我再告诉他们:‘好,我喜欢这个。我不喜欢这个。这里我其实不是这个意思。'还有这里、这里和这里。然后他们回去修改,故事板定了,他们再去做动画。"

达丽尔·汉纳就《杀死比尔》接受采访时表示,《蠢蛋搞怪秀》(*Jackass: The Movie*,杰夫·特里梅因,2002)对她和新娘的打斗场面有影响。塔伦蒂诺解释道:"这段打斗发生在第二部的结尾,必须以自己的方式和(第一部中)青叶屋的打斗场景对应。规模上做不到,但情感上可以对应,因为看过影片中其他华丽的场面——包括在下雪的庭院决斗那场戏——我们很期待这两个女孩的对决。把这种想法全部扔出窗外。这会是一场残暴的泼妇式的打斗,会令白人垃圾难以置信。打斗发生在一辆拖车上,只有(达丽尔和乌玛的)头狠狠地撞在墙上。她们都非常美,这其实更显得很痛,让人心疼。场面一直很野蛮,但并不恶心。看了《蠢蛋搞怪秀》之后,我意识到了这一段还缺什么。我周一来到片场,(想着)这个住在拖车里的角色应该会浸鼻烟。在南方,年纪大的人会有咖啡罐,会把鼻烟吐在咖啡罐里。在影片中,乌玛会用里面有鼻烟的咖啡罐去砸达丽尔,然后达丽尔就只能带着满身污物继续打斗。周四,我找到了一份《蠢蛋搞怪秀》的拷贝,并把它放给剧组所有人看。达丽尔一边看一边说:'鼻烟水原来是从这里来的!我的天!'"

将影片分成两部是有关《杀死比尔》最大的争议。在采访的最后,我问塔伦蒂诺这对影片的戏剧结构产生了什么样的影响。"第一部完全是刺激感官、令人瞠目结舌的动作,就是要让你目瞪口呆,好吗?第一部更注重过瘾、好看的方面。第二部则是一种回响,是更深层次的探索。"

"An Interview with Quentin Tarantino" by Jeff Otto from *IGN*, October 10, 2003.

# 不折不扣的塔伦蒂诺

玛丽・凯・席林/2004 年

3 月下旬,《娱乐周刊》的执行主编席林应邀拜访了昆汀・塔伦蒂诺位于洛杉矶的家,并在那里对他进行了采访。

《娱乐周刊》:《杀死比尔 2》竟然是个爱情故事。谁能想到呢?

昆汀・塔伦蒂诺(以下简称塔伦蒂诺):我爱新娘。我爱她,好吗?我希望她快乐。我不想设定糟糕的情境,让她下半辈子一直在打打杀杀中度过。为了让她在结束这段漫长的旅程之后有个好归宿,我费尽了力气。构思三部曲时,我希望给她十年安宁,让她好好做一名母亲。经历了这一切之后,她应该得到安宁。一开始,我认为这会是我的"镖客三部曲"[1]。我计划每十年推出一部——第一部从乌玛三十岁时开始,第二部她四十岁,在最后一部中她五十岁。但我至少需要十五年才能再拍一部这样的电影。乌玛和我可以合作其他项目,但我们需要先保持距离,未来才能继续合作这部影片,十年不够长。

《娱乐周刊》:你和你作品中的主要人物之间的亲密关系在电影中非常明显。

塔伦蒂诺:这么说吧,这些人物就是我。我自视为体验派编剧。我就是新娘,创作剧本的过程中,我出现了言行举止向女性化发展的趋势。有一年时间,我都是从新娘的角度看待世界的,这很棒。

《娱乐周刊》:乌玛的角色就叫新娘。比尔叫她"孩

---

① "镖客三部曲"指赛尔乔·莱昂内的三部影片《荒野大镖客》《黄昏双镖客》《黄金三镖客》。

子”(kiddo)。看完第二部,我们发现“Kiddo”其实是她的姓,她的真名是贝特里克斯·基多。

塔伦蒂诺:你以为他们在隐藏她的名字,但比尔其实一直在说她的名字。贝特里克斯这个名字是乌玛想出来的。这是她前上司的名字。“Kiddo”是我提出的。如果我特别喜欢一个女孩,我会叫她“孩子”。

《娱乐周刊》:比尔关于超人的独白非常精彩——极客元素喷涌而出,而且是荣格体的。你是怎么想出来的?

塔伦蒂诺:那一段源于我人生中读过的第一部挖掘文本深层次含义的(评论)作品,一本关于漫画的很厚的书。读那本书时我十二三岁,领会到超人天生就是超人。他没有被有放射性的蜘蛛咬过,他生来就是超人。一直是超人。在氪星上他还特别吗?答案是否定的。但他不在那里。多年来我不断讲这个故事,不断充实它,向其中添加细节,反复修改。《落水狗》中关于麦当娜的那段话,《真实罗曼史》中(我写的)关于西西里岛的那段话都是这么来的,从一个想法开始,把话说得很复杂,达到有意思、发人深省和搞笑的效果。关于超人的独白差不多也是这么来的，但直到我们在北京进行前期制作，我才决定把它用在这部电影中。当时我们出去吃饭，聊到了这个话题——这个很酷的小故事，大家都很喜欢。

《娱乐周刊》：有评论家不满你在《杀死比尔》中回归暴力，尤其因为你之前已经在《危险关系》中探讨了更严肃、成熟的主题。

塔伦蒂诺：评论家似乎都有点喜欢大惊小怪，不希望自己喜欢的导演走上错误的道路或者突然大转型。这一点我能理解。但在《杀死比尔》的有些影评中读到这样的句子，还是让我感到有点不爽："技术上很厉害，风格和技术都升级了，但和《危险关系》比显然是一种退步。""显然是一种退步"说的是，我没有重复在《危险关系》中拍过的东西。但我已经拍过那样的电影了。我不需要证明我能够拍(一部成熟的人物分析电影)，好吗？完成《杀死比尔》之后，我就无须再去证明我能拍出色的动作场面。

我的作品对我来说非常重要，我希望每一部作品都有独到之处。斯蒂芬·金(在《娱乐周刊》上)支持我在

《杀死比尔》的开头写“昆汀·塔伦蒂诺的第四部电影”。但我是很认真的，不是随便写写。这是我的第四部电影，我已经很久没有拍电影了。这是我在向观众展示我现在的状态。希望我的第五部和第六部电影也能向观众传达一些东西。

《娱乐周刊》：你觉得你的影迷会因为第二部不那么血腥暴力而感到失望吗？

塔伦蒂诺：我不这么认为。我的粉丝对我的对话和其他东西一样感兴趣。

《娱乐周刊》：《低俗小说》引用了《圣经》，《杀死比尔》提到了上帝。你的宗教信仰是什么？

塔伦蒂诺：我不会告诉你我是怎么相信上帝的，但我相信上帝。

《娱乐周刊》：你对彼得·毕斯肯德的书《低俗电影》(*Down and Dirty Pictures*，2004)怎么看？其中有很多关于你的内容。你觉得你的形象是否被歪曲了？

塔伦蒂诺：我认为我看起来没那么糟糕。事实上，我认为毕斯肯德的文字中流露出了他对我的欣赏。只要人们对我心怀爱意，我就不需要任何文章或图书将有关我的一切完全呈现出来。

《娱乐周刊》：你去看电影时，是从影迷还是从电影人的角度观影？会不会在头脑中修改粗糙的剪辑或者重写一些片段？

塔伦蒂诺：一般是从影迷的角度。那是我的目标。如果我看到风格和节奏上的问题，我可能会开始想："如果是我会这么拍。"但我仍然会享受电影。如果是讲课或者和某人进行严肃的讨论，我会指出影片的不足——我不会允许我的作品中出现的缺陷——但如果我喜欢一部电影，我就不会介意。

《娱乐周刊》：写角色时，你会在心中代入演员吗？

塔伦蒂诺：最极端的例子应该是乌玛·瑟曼，整部《杀死比尔》都是为她写的。但我确实也会为其他演员量身定做角色，比如《低俗小说》中的小兔子和小南瓜。这两个人物是为阿曼达·普拉莫和蒂姆·罗斯写的。有时候,我为最终没有出演的演员创造了角色,最后不得不修改角色。有时候我通过试镜寻找演员。如果为某人写一个角色,这个人身上一定有你想突出或者利用的(某种特质)。乌玛的金发在《杀死比尔》中是一个重要元素,我在这一点上做了很多文章,甚至和她搭戏的人都是有讲究的。

《娱乐周刊》:如果比尔由你最初选择的沃伦·比蒂出演,他会有何不同?

塔伦蒂诺:如果是沃伦来演,比尔会更像詹姆斯·邦德,会是一个邦德式的反派,更偏向性感老雄狮的气质,不过大卫也有这种气质。比尔会更像一个杀手皮条客,手下有一群妞儿。影片讲的是杀人,但似乎又像是在说做爱。大卫的气质偏神秘,这在(第二部)最后变得很重要。我的目标就是把这个角色塑造好,让你绝对想不到沃伦·比蒂。

《娱乐周刊》:你特别想跟哪些演员合作?

塔伦蒂诺:汤姆·汉克斯。他在现实生活中有很会挖苦人的一面,我很喜欢。这种尖锐的幽默没有被完全展现出来。我一直想和约翰尼·德普合作,他也一直想和我合作,但一定要找一部特别的电影。还有丹尼尔·戴-刘易斯。

《娱乐周刊》:看完《落水狗》,我绝对不会将你归为女性主义者。但杰基·布朗和新娘是类型片中层次最丰富的两个女性人物。

塔伦蒂诺:把我归为女性主义者几乎让我感到有些奇怪。我无意妖魔化这个词,我认为我表现的是一种女性气质,一种对女性的欣赏,而不是贴标签。这不难理解。抚养我长大的是一位有着白人垃圾背景的单亲妈妈。她事业上很成功,做到了高管,当时在健康维护组织是一个传奇。她自己付钱去高级餐厅吃饭,开一辆凯迪拉克赛威(Seville),过得非常好。

《娱乐周刊》:你妈妈是杰基·布朗的原型吗?

塔伦蒂诺:她有点像杰基,但杰基·布朗更像我的干妈,一位名叫杰基·沃茨的女士。她是我妈妈70年代最好的朋友,当时她们都还是辣妹。杰基是黑人。我妈妈是白人和彻罗基混血。她们关系很好。我家就像联合国。我妈妈的约会对象有白人、黑人、墨西哥裔,都挺好。

《娱乐周刊》:孤独是你影片中反复出现的主题。但孤独并不是坏事,是人物主动选择的,像意大利西部片中的那种孤独。

塔伦蒂诺:我有很多朋友,我喜欢和其他人相处,喜欢和朋友聚在一起。尽管如此,但我还是喜欢独处。如果是独生子,小时候总是一个人待着,你就会习惯独处。一个人看书、看电影或者听音乐时,我会很开心。

《娱乐周刊》:你看什么样的书?

塔伦蒂诺:为了娱乐的话,我更喜欢看类型小说,比如犯罪故事或者悬疑小说。我不是特别喜欢科幻小说。如果有人让我对某位作家产生兴趣,重要的不是类型,而是作者的视角。我最喜欢的书之一是拉里·麦克默特里的《我所有朋友都会变成陌生人》(*All My Friends Are*

*Going to Be Strangers*,1972)。这本书对我影响很大。我会以麦克默特里的作品为例,说明我想创作什么样的作品。我一直很喜欢他用相同的人物串联不同作品的手法。我卖我的电影时都会保留使用人物的权利,这样未来就可以延续他们的故事。

《娱乐周刊》:你已经四十多岁了,会觉得难以接受吗?

塔伦蒂诺:不,不会。我的人生已经不可能比现在更好了。我想做的所有事情都实现了。我享受了很多特权,赚到了花不完的钱。我不是说穷奢极欲,而是像猫王那样随心所欲地活着,好吗?还有,我讨厌工作,我再也不用为生计工作了。我在这个行业里的位置非常幸运。我所取得的成功、我与米拉麦克斯的关系,以及我与(米拉麦克斯老板)哈维和鲍勃·韦恩斯坦的关系,让我能够真正过上艺术家的生活。

《娱乐周刊》:艺术上及事业上有什么令你感到恐惧的吗?

塔伦蒂诺：我不想成为一名老导演。很多(70年代的)电影顽童现在都老了，从他们的作品中能看出来。导演并不是年纪越大水平就越高。我真的认为导演是年轻人的游戏。瞧，随着年龄的增长，到了某个阶段，你的兴趣会改变。不用一切都发自肺腑或充满活力。如果我说马丁·斯科塞斯的电影老态毕露，他会说："去你的！我在做我想做的事情，我在实现我的灵感。"他说得一点都没错。我在我的教堂里向我的神祷告，他在他的教堂里向他的神祈祷。我们曾经是在一座教堂里的，我怀念那种感觉。

《娱乐周刊》：所以在你的想象中，神童昆汀·塔伦蒂诺六十岁时会是什么样的？

塔伦蒂诺：肯定不在拍电影。我会写小说。但我也想建一些电影院。我收藏了很多电影，还想继续收集。我也算是一名挫败的剧院老板。我想要过舒适的生活，与我的作品保持距离。我不想做那种四处推销该死的剧本的老家伙。

《娱乐周刊》:尽管《杀死比尔》也很受欢迎,但这部影片没有造成《落水狗》和《低俗小说》那样的轰动。

塔伦蒂诺:我不太在意这一点。不能指望每次都拍出现象级的作品,否则你会一直沮丧至极。如果你的作品像《杀死比尔》这么暴力,观众不想看是很正常的。哈维·韦恩斯坦总是说:“如果人物不躺在血泊里,我们可以赚一亿美元!”但考虑到目前的血腥程度,这部电影的商业表现已经让他很兴奋了。

《娱乐周刊》:我们可以期待十五年后看《杀死比尔3》吗?

塔伦蒂诺:我不确定会不会叫《杀死比尔 3》。乌玛不会是女主角,不过她还是会出演。女主角会是弗妮塔·格林(薇薇卡·福克斯饰)的女儿——尼基(安布罗西亚·凯利饰)。从现在到那时会发生什么,我全都计划好了。索菲·法塔莱(朱莉·德赖弗斯饰)会继承比尔所有的钱,把尼基抚养长大,尼基会(为了母亲的死)找新娘复仇。和新娘一样,尼基完全有理由复仇。我甚至想明年拍一些镜头,然后在保险箱里放十五年,这样就可以保留女演员现在这个年龄的影像。想到现在外面某地有一个小女孩长大会成为我的女主角,我就很激动。

# 塔伦蒂诺进行回击

尼克·詹姆斯/2008 年

编辑尼克·詹姆斯在 2007 年刊载于《视与听》杂志上的影评中对《金刚不坏》发表了负面评价。昆汀·塔伦蒂诺在伦敦和他对此进行了讨论。

尼克·詹姆斯(以下简称詹姆斯):最近还好吗?

昆汀·塔伦蒂诺(以下简称塔伦蒂诺):你们这个东西(关于《刑房》的封面报道,2007 年 6 月)出得很早。我觉得我有点被《视与听》冷落了,因为我意识到自己还未被采访。

詹姆斯:我们过去通过你的公关公司与你联系。我想我们可能失去了联系。

塔伦蒂诺:确实如此,不过现在又联系上了。至少直到《杀死比尔》,我每拍一部电影都会接受《视与听》的采访。

詹姆斯:每次的访谈都很精彩。

塔伦蒂诺:是的。我很喜欢这本杂志。

詹姆斯:谢谢。我有没有向你介绍过这个酒吧[本次采访地点,拉思伯恩广场(Rathbone Place)的小麦捆酒吧(Wheatsheaf)]? 这里文学氛围相当浓厚。20 世纪 30 年代,狄兰·托马斯、帕特里克·汉密尔顿和乔治·奥威尔都曾在这里喝酒。

塔伦蒂诺:为了这段历史,我一定要预约在这里写一章《无耻混蛋》。

詹姆斯:《无耻混蛋》的进展如何?

塔伦蒂诺:我有大量的素材,也写了很多东西,但现在我想好该怎么做了,我要从第一页、从原点开始。回去的航班上我可能会继续写。

詹姆斯:让我们回到你产生拍摄《金刚不坏》的灵感的时刻。请你为我们回顾一下你最初构思这个故事的时刻。

塔伦蒂诺:我完成了《杀死比尔》,想多等一段时间再开始下一个大项目。最终我拍了一集《犯罪现场调查》,拍摄花了约十四天,时间短并不代表就很轻松,对我来说几乎就像拍了另外一部电影。我正准备开始构思《无耻混蛋》。罗伯特·罗德里格兹到我家来,他看到我有一张美国国际影业公司[①]的双片[②]海报——上面是罗杰·科曼的《摇滚之夜》(*Rock All Night*, 1957)和《飙车女孩》(*Dragstrip Girl*,爱德华·卡恩,1957)。他说:"我一直想做双片电影。"我说:"嗨!那会很酷!"然后他说:"那我

① 美国国际影业公司(AIP)是一家独立电影制作和发行公司,后被收购。

② 双片是指电影院只收取一部电影的票价,但连续放映两部电影。20 世纪 30 年代,一般是先放映预告片、新闻片、卡通片或短片构成的综艺节目,然后放映低成本影片(B 级片),最后放映高成本的主要影片(A 级片)。

们合作。你拍一部，我拍另一部。”

我们想把这个项目做成一个系列。能够不断向其中添加新作品会很有意思——可以是意大利西部片、性爱剥削片或任何影片。但我们决定(第一部作品)最好由两部恐怖片组成。(罗伯特)拍《老师不是人》(*The Faculty*,1998)的时候，有一部已经写了三十页的僵尸电影。而我刚刚重看了很多砍杀电影[1]，所以它们在我头脑中留下的印象还很新鲜。

这原本应该是一个简单的项目，在奥斯汀(罗伯特住在那里)拍摄这部电影，我都不用组建剧组。罗伯特说：“我的工作室就是你的工作室，我的剧组就是你的剧组。”然后我开始思考我能拍点什么。我最初的想法是：一群年轻的历史系大学生参观南方的种植园，遇到了黑人民间故事中的一个老奴隶的鬼魂。粉碎者乔迪(Jody the Grinder)通过强奸恶魔战胜了恶魔。然后恶魔让他在人间和白人女性做爱，永远不得离开。这是恶魔的惩罚。

① 砍杀电影(slasher film)是恐怖片的一种类型，主要特征是片中有一个反派角色手持利器，追踪并杀死一系列的人物。

影片从教室开始，教授用长达四页的独白讲述粉碎者乔迪的故事。我可能会请塞缪尔·杰克逊出演这个角色。然后我就写不下去了。如果你要用砍杀电影的风格拍摄一个极具男性气质的奴隶杀手，哪怕故事发生在现代，哪怕那些白人女孩是无辜的，观众怎么可能不站在奴隶这一边呢？

然后我想到了——这也是《视与听》上你的影评提到的很有意思的一点："《金刚不坏》完全不像过去的类型电影，直到它在美国的破旧电影院中彻底崩塌。"我对此的回应是——我构思这个故事时也是这么对自己说的——我从不拍典型的类型电影。这就像是以《落水狗》不是典型的抢劫电影为理由攻击《落水狗》。砍杀电影的优点是千篇一律。所以写分析它们潜在内涵的影评很有意思，因为你的观点其实适用于大部分此类电影。如果自由发挥太过，哪怕只是过头了一点点，你拍的就不是砍杀电影了。

*詹姆斯*：但如果你故意去拍一部——这里要打引号——"垃圾的或糟糕的"影片……

塔伦蒂诺：我不认为砍杀电影是垃圾的或糟糕的。

詹姆斯：但你懂我的意思吧？

塔伦蒂诺：我懂。但我不同意。

詹姆斯：因为你参照了过去的电影，并故意处理得有些做作。

塔伦蒂诺：我不这么看！

詹姆斯：那我说得可能不对。

塔伦蒂诺：我不是说你错了。但我不认同你的措辞。如果说我在试图向过去的电影致敬，那么砍杀电影是恐怖电影一个正经的亚类型。这听起来和参照过去的电影有很大不同。

詹姆斯：但《刑房》有一种怀旧的感觉，你回头看罗斯·梅尔的电影，是能感觉到一丝做作的。

塔伦蒂诺：让我彻底澄清一下，我写《金刚不坏》时完全没有追求做作的效果。如果你认为某一段俗气或者做作，那不是我的本意。

詹姆斯：我这里说的做作就是一般意义上对表演优劣的评价。

塔伦蒂诺：如果有人认为影片中的表演是糟糕的，这不是我刻意追求的效果。

詹姆斯：我对你把《刑房》拍成双片电影的想法很感兴趣。你有没有想过“为了更地道，这里需要更笨拙一些”？

塔伦蒂诺：笨拙感主要是在剪辑室里实现的。但我们在片场确实有一句有趣的咒语。如果什么东西出了问题，我们没有拍出合适的过渡，或者有设备出现在镜头中，我们就会说：“嗨！这就是剥削影院①！”

詹姆斯：能够回顾一下这个故事的灵感来源吗？

---

① 剥削影院（grindhouse）指以双片连映的形式大量放映B级电影的影院。“刑房”和“剥削影院”的英文是同一个词。

塔伦蒂诺：我记得之前——十一年前——我对别人说，我在考虑买一辆安全一点的车。我当时想的是买一辆沃尔沃，而他说："昆汀，如果你想要一辆安全一点的车，只要随便买辆车，然后加一万美元把它交给特技团队就可以了，他们会把它改装得金刚不坏。"有一瞬间我真的想按他说的做。他真的用了"金刚不坏"这个词，但我后来忘记了。所以我构思这个故事的时候想："(主人公)开一辆车如何？他总是跟踪结伴旅行的女孩。"他开车撞死女孩，而他却安然无恙，因为他的车是金刚不坏之身。在我看来这是性行为，他的所作所为是奸杀，是性行为。他把一切伪装成事故以逃脱罪责。然后我们等他慢慢恢复，像连环杀手一样，再去另一个州作案。这一切让我逐渐塑造出特技演员迈克(库尔特·拉塞尔饰)这个人物。

詹姆斯：你是不是一直想拍一部追车电影？

塔伦蒂诺：我一直想拍有追车戏的电影！我一直想拍类似以一敌百的大型武打场面的追车戏。这是电影中的经典套路。

詹姆斯:《金刚不坏》中女孩的对话从何而来?

塔伦蒂诺:我知道这听起来会很扬扬自得,但我要说:我是一名很好的编剧!我应该有能力写出这样的对话。说到这里我要补充,让这些女孩的对话更加真实的原因还有一个。过去五年,我交了很多女性朋友。有几个黑人女孩,有几个韩国女孩,有一些女服务员,还有更时髦的夜店老板。我也有男性朋友,但他们多半不是成团出现的。我不是和一个小团体一起玩。但我和女性朋友交往时似乎时常这样。多数时候,她们的姐妹团并不是以我为中心的。并不是昆汀带着一群妞儿,尽管我们走进夜店时看起来是这样。我完成剧本后才意识到:“哇,我把她们都写进来了!”这几乎是我写给她们的情书。我有机会说她们最有趣的话语,有几个女孩是有原型的。我总是让她们说古老的短语,因为这是我的对话,她们都会成为语言大师。但她们说话就像现在的普通女性。有女孩看完电影之后说:“这真他妈的很像我和我的朋友昨晚的对话。”这是这部影片得到的最令我开心的反馈之一。

詹姆斯:你将这些很长的对话——昆汀·塔伦蒂诺式的台词——串在了一起。

塔伦蒂诺:你想让我按照大卫·黑尔[①]的风格写吗?她们是我的人物。她们会交谈,会在小团体中角力,她们自我表达的方式都很自信。对了,有人问我有没有读(你们关于《刑房》的那一期杂志):"在《视与听》中,那个作者(尼克·詹姆斯)说影片中的女孩对话像男孩心中理想的女孩对话。你对此有什么看法,昆汀?"我说:"我显然不同意这种说法。那伙计需要多花点时间和女孩在一起。"然后我读了那篇文章,发现一个很有趣的地方。文章在括号里写道:"我期待不同意我的看法的女士们写信来对我进行再教育。"我觉得你加这一句很好。

詹姆斯:谢谢……好莱坞和更广泛的媒体中都出现了传统叙事的崩溃,我现在对此很感兴趣。将直截了当的叙事拆散,再按照不同的顺序组装起来,这种做法与你

---

① 大卫·黑尔(David Hare,1947— ),英国导演、编剧,代表作包括《朗读者》和《时时刻刻》。

联系十分紧密。

塔伦蒂诺:这种故事的解体不是一个新问题。整个90年代,我都留意到了这种现象。现在去看电影,很少能看到好故事。我们(美国电影人)原本是最优秀的讲故事的人。欧洲和日本影坛各有长处,但讲故事还是我们最厉害。不过故事不是指开场十分钟或十五分钟就向观众揭晓一切。故事是不断展开的。我骄傲的一点是,我可能会胡乱处理结构,但绝对不会用故事本身开玩笑。我是一名非常、非常、非常好的讲故事的人。

问题是,大多数影片其实就是电影版的情景喜剧——设计一个情景供人物去应对,影片剩余的部分就是应对这个情景。电影主要围绕着一条线展开。在这方面,我很为我的作品自豪。开场半小时之后,观众并没有掌握所有信息。如果你只看《低俗小说》前一小时十分钟,就不能说看过这部电影,因为你压根儿不知道人物都他妈的在说些什么。

詹姆斯:你让我想起一件困扰我多年的事情。有人发了一篇关于《低俗小说》的精彩文章给我,我觉得它对于《视与听》来说太古怪了，但现在我后悔了。（作者的）大意是，你按照字母顺序组织你的流行文化引用，从 A 开头的阿姆斯特丹开始，直到最后一句对白——Z 开头的“泽德死了，宝贝”。

塔伦蒂诺：哇！如果有存档的话……

詹姆斯：找不到了。太讨厌了。

塔伦蒂诺：不会有太多影评人关注这方面。我喜欢挖掘文本潜在内涵的影评——如果写得有趣，如果作者知道如何用一种易读的、吸引人的方式写作。我最喜欢的一点是，它和编剧、演员或导演的意图他妈的毫无关系！这很棒。我们又以一种奇怪的方式回到了《金刚不坏》，因为这部影片，尤其是前半段——更像砍杀电影的部分——最重要的灵感来源之一是卡罗尔·克洛弗的《男人、女人和链锯》（*Men, Women and Chainsaws*, 1992）。我真的认为她关于“终极女孩”——砍杀电影中性别起到的（结构性）作用——的章节，是我读过的最精彩的影评，让我对砍杀电影产生了全新的爱意，我所做的事情之一就是运用她教给我的东西。

《金刚不坏》中的一切都表明，范妮莎·费丽托饰演的蝴蝶就是“终极女孩”。她具备一切相关特质。她是一群女孩中比较奇怪的那个。她不是处女，但她是影片中唯一没有任何动作的人物。她确实看似更保守一些，或者说至少她装得比较保守。如果和男孩子亲热，她也不会让任何人知道。她的其他朋友更加开放，会谈论身体和性。她是有侦探眼力的女性角色，是她注意到有什么不对头，注意到（特技演员迈克的）车，感觉事情似乎有些不太对劲。

詹姆斯：你是说影片为她的幸存做了铺垫？

塔伦蒂诺：是的，就连（特技演员迈克）把照片扔掉的镜头都有暗示。扔照片的场面是一个很大很宽的镜头。照片落地时一张朝上，两张朝下，蝴蝶的照片是朝上的。这暗示着她会幸存。我要说，尽管车祸（致使蝴蝶和她两个朋友死亡）本身会让观众感到震惊，但更令人惊讶的是她有预感，观众没有想到她能注意到。我留了很多线索，暗示她不会有事，在我看来，这让影片更加激动人心。后来看到佐伊躺在挡风玻璃上的时候，观众就知道不能信任我(她不一定会幸存)。

詹姆斯：我先看的是《刑房》版本的《金刚不坏》。[①] 我想知道：为了做成双片电影，你剪掉了什么？你是如何取舍的？

塔伦蒂诺：非常粗糙。罗伯特和我拍了三部电影。我拍了《金刚不坏》，他拍了《恐怖星球》，我们一起拍了《刑房》。制作《刑房》时，我的影片不是最重要的。《恐怖星球》也不是最重要的。它更像一个节目，而非一部电影，几乎像游乐场的一个项目。最重要的是复制剥削影院的体验。任何会破坏、影响剥削影院体验的东西都必须删除。所以我拆解了我费了很大力气才加入影片的策略，这么做不是因为它们不好，而是因为我们不能拘泥于这些。我要考虑疲惫的因素。

---

① 《刑房》包含昆汀·塔伦蒂诺执导的《金刚不坏》和罗伯特·罗德里格兹导演的《恐怖星球》两部长片。但《金刚不坏》和《恐怖星球》在部分国家与地区是独立发行的。《刑房》中所包含的《金刚不坏》和单独发行的《金刚不坏》内容略有区别。

詹姆斯:特别是你的电影还在第二部分。

塔伦蒂诺:没错。我一直知道追车要放在最后,那是结束一个夜晚最合适的方式。所以为了最终的效果,我们不得不剪掉一切多余的东西——事实上不多余的也剪掉了。要不是知道《金刚不坏》后面还会放映,我绝对做不到。

詹姆斯:你是说单独放映?

塔伦蒂诺:在全球大部分地方会单独放映。哪怕在这里(英国)是双片连映,日本、澳大利亚和新西兰可能也是这样,但《金刚不坏》在很多地方是单独放映的。这让我能够狠心去剪我的宝贝。但《金刚不坏》是我写的,是我的宝贝。如果有人让我给他寄一份《金刚不坏》的拷贝,我会寄完整版的。

詹姆斯:能谈谈将反派设计成特技演员这一做法吗?

塔伦蒂诺:我其实非常了解特技演员的历史。我知道很多信息。(关于特技演员迈克)观众只需要知道一定量的信息,我却需要知道一切。我了解他的整个职业生涯。他是一个丰满的角色。库尔特(拉塞尔)干这一行很久了。他不是变态杀手,但和特技演员迈克是同一类人、同一类演员。(刚入行时)他出演了两集《维吉尼亚人》(*The Virginian*,NBC,1962—1971)。出演特技演员迈克时,他模仿的就是他认识的特技演员。最早那几年,所有特技演员的打扮都类似于库尔特在影片后半部分的造型:黑T恤、黑牛仔裤和糟糕的首饰,电影里都有。他们事业算不上成功,但演过几部电影,可以自称特技演员。

詹姆斯:你在网上说,导演年纪越大就越与世界脱节。你如何抵挡这种趋势?

塔伦蒂诺:我不准备到很老的时候还继续拍电影。我不想成为一名老年电影人。我会想象现在还没有出生的影迷,想象他们到十四五岁——我发现霍华德·霍克斯的年纪——时会经历什么。一旦发现这样一位导演,你会想看他拍的每一部电影,但也会担心他让你失望。我记得二十五年前读到影评人攻击卢卡斯、德·帕尔玛和斯皮尔伯格,说他们很有才华,却把时间都花在重现他们童年看的垃圾电影上。我想人们也可以这样评价我和罗伯特·罗德里格兹。

詹姆斯:我不知道你会排练到什么程度,以及你用不用故事板。

塔伦蒂诺:我不会画画,所以从来不用故事板。我用能以语言描述画面的镜头表。

詹姆斯:你排练吗?

塔伦蒂诺:一般是会排练的。《危险关系》正式拍摄之前,我们进行了为期两周的扎实排练。第一周在排练厅,围桌而坐,瞎聊一通,怎么开心怎么来,大家彼此熟悉。第二周则尽量在实地排练。

詹姆斯:你的镜头通过率是多少?

塔伦蒂诺:拍九次、十次、十一次才过我也不介意。我会一直拍到满意为止。一般是五六次。如果一次就很满意,我也不会刻意重拍。

詹姆斯:接受采访时,你提到《危险关系》的问题在于影片改编自埃尔默·伦纳德的小说,是别人的作品。必须一切都出自你手吗?

塔伦蒂诺:是的,确实如此。如果将《危险关系》比作跑步,我跑到最后一圈的最后四分之一时跑不动了,部分原因是这部影片不是我从零、从一张白纸开始创造和搭建的。完成剪辑、按我的想法把片子剪好之后,情感上我就告别这部作品了。我相信有人会说这是我最优秀的电影,但似乎总有一种距离感,它没有进入我的身体。

詹姆斯:你能想象自己拍一部像你的朋友罗伯特·罗德里格兹与他人合作导演的《罪恶之城》(*Sin City*,2005)那样的电影吗?

塔伦蒂诺:我认为不会。我不喜欢数字影像。罗伯特拍得很好。这正是罗伯特所擅长的。他就想一切都自己操办,这一点用数字影像才能实现。为什么还要雇摄影师呢?如果是拍摄数字电影,雇摄影师完全没有意义。只需要看屏幕上的画面,判断是否满意。只需要和灯光师沟通。(真正的)摄影师都不应该支持数字电影。这会让他们像渡渡鸟一样灭绝。但《罪恶之城》和《斯巴达300勇士》(扎克·施奈德,2006)之类的电影是没法用胶片拍的。

詹姆斯:我以为你会有兴趣拍摄这样的电影。

塔伦蒂诺:在我看来,拍摄数字电影多半是为了偷懒。他们图轻松舒坦,从作品中能看出来。但如果他们开辟了全新的电影大陆,那我也不应指手画脚。我应该宽容。它创造了全新的讲故事和拍电影的可能性。但对于大部分数字电影,甚至包括大卫·芬奇在《十二宫》(*Zodiac*,2007)中对数字影像的运用,我的看法都是:"这他妈的是什么玩意儿?"我觉得我头脑中的想象比我看到的东西更有趣。我认为《启示》(*Apocalypto*,2006)是一部杰作。发现(梅尔·吉布森)是用数字摄影机拍的之后,我就觉得没那么厉害了。用珠穆朗玛峰作比就是山峰变矮了,登顶的成就也就随之降级了。

詹姆斯:我的问题问完了。

塔伦蒂诺:那让我说说最近发生的一件事。这次巡回宣传我非常开心。我上周看了(《金刚不坏》)四次。分别是在布里克斯顿的丽兹影院、格拉斯哥电影院、利物浦的 FACT 电影院和都柏林。我对自己的电影有何看法?《刑房》表现不佳令我很郁闷。我感觉被否定了。周五首映时,我在(洛杉矶的)格莱曼中国剧院看了这部影片。罗伯特及很多剧组成员都去了。在场的还有埃德加·赖特和西蒙·佩吉[《僵尸肖恩》(*Shaun of the Dead*,2004)的导演和主演]。这是我的影片最华丽的首映式之一,甚至比《杀死比尔》和《低俗小说》还要激动人心一些。然后我看到了票房成绩,一开始有些吃惊,但热潮很快就过去了。我开始做《金刚不坏》,首映是在戛纳。在影节宫看追车戏实在是太棒了!

詹姆斯:我只参加过媒体试映。

塔伦蒂诺:在影节宫的官方试映上,身着华美晚礼服的女士和身着燕尾服的男士都翻出了扶手下的小桌板,一边看一边在上面拍。女孩们大喊:"抓住他!抓住他!抓住他!"不知道的还以为他们看的是橄榄球比赛。蒂耶里·福茂(戛纳电影节选片委员会主席)从来没有在竞赛单元放过这样的电影。我们是逐步发行推广的——一年内参加了各大电影节，放映期也长达一年。因此，除了《落水狗》之外，《金刚不坏》可能是我的作品中我看过次数最多的影片。最近的放映让我再次爱上了我的电影。

詹姆斯：你和喜欢你作品的人重新建立了联系。

塔伦蒂诺：（《金刚不坏》）有非常明显的、提示观众的片段，因此看起来很有意思。都柏林和马尼拉的观众最优秀。他们特别棒！我们一同创造了绝佳的观影体验。一切都很棒——观众、环境、影院建筑——一切！

"Tarantino Bites Back" by Nick James from *Sight & Sound*, February 2008.

## 《无耻混蛋》：十年磨一剑

卡姆·威廉姆斯/2009 年

卡姆·威廉姆斯(以下简称威廉姆斯)：《无耻混蛋》终于完成了，鉴于这部电影你拍了十多年，你感觉怎么样？

昆汀·塔伦蒂诺(以下简称塔伦蒂诺)：有点难以置信。我写了一些片段，但多年来一直处于搁置状态。我一度考虑过放弃，觉得自己已经过了拍摄这部电影的阶段，或者已经错过了拍它的时机。但后来我意识到，我投入了太多时间在这个项目里，哪怕最终不拍成电影，也要把剧本写完，这样才能不再耿耿于怀。事实上，最终的剧本只有人物和前两章与我最初的构思是一致的。最终的故事与原来的截然不同。

没有早点拍这部电影的原因是这个项目太庞大了，牵涉甚广，几乎像一部迷你剧。就在准备把它拍成迷你剧之前，我决定再尝试一次把它拍成电影。这时，我想到了围绕一部德国政治宣传电影的首映展开的新故事线。一年前，我只花了七个月就完成了剧本。因此，剧本终稿中既有酝酿了很久的内容，又有我带着前所未有的冲劲一鼓作气写出来的东西。

威廉姆斯：布拉德·皮特饰演的角色奥尔多和你一样来自田纳西州，而且有彻罗基血统。这个角色是不是以你为原型创作的？

塔伦蒂诺：我无疑就是这个人物的原型。如果我90年代就完成剧本，我可能会想出演这个人物。但现在我已经完全不想演戏了。

威廉姆斯：影片中的不同片段让我联想到其他影片，包括《战斗列车》(*The Train*)、《战俘列车》(*Von Ryan's Express*)、《纳瓦隆大炮》(*The Guns of Navarone*)、《桂河大桥》(*The Bridge on the River Kwai*)、《黑皮书》(*Black*

*Book*)、《扎布里斯基角》(*Zabriskie Point*)、《绿野仙踪》《谋杀绿脚趾》(*The Big Lebowski*)和《反抗军》(*Defiance*,爱德华·兹威克,2008)。

塔伦蒂诺:你提到的这些都是很不错的电影,不过我没看过《反抗军》。我想听你说说两者的联系。

威廉姆斯:我联想到《反抗军》是因为其犹太人反击的主题。你为何让一个来自南方的非犹太人领导全部由犹太人构成的小队?

塔伦蒂诺:奥尔多这个人物在我脑海中已经存在很长很长时间了。因此,从某种角度看,是先有他,再有无良杂军。而且,这其实是相辅相成的,因为奥尔多战前也在南方与种族歧视斗争。如果他没有在战争中牺牲,20世纪50年代,他会在田纳西山区组建自己的无良杂军小队,继续和3K党斗争。他有印第安人血统这一点也很重要,因为他对纳粹的反抗和阿帕切人的反抗[1]是十分类似的:伏击敌方士兵,亵渎他们的尸体,曝尸并让其他

① 阿帕切人(Apache)是北美印第安人。19世纪,他们与美国军队有过多年冲突。阿帕切士兵善于骑马并熟悉地形,往往能以极小的损失对敌人造成巨大的伤害。

德国人发现。奥尔多是刻意招募犹太士兵的,因为他们更容易被他动员。他们本质上是参加圣战的勇士,与想要将他们的种族从地球上抹去的敌人作战。

威廉姆斯:有一个名叫马塞尔(雅基·伊多饰)的黑人角色,是电影院的放映师。我还以为在被占领的法国,所有黑人都被纳粹送进了集中营。

塔伦蒂诺:黑人并没有遭遇犹太人的命运。也就是说,在被纳粹占领的法国,黑人没有被集中抓捕。当然,黑人也要低调,但是黑人在法国比在同时代的芝加哥街头拥有更多的自由,比在阿拉巴马等地的黑人自由得多。希特勒对黑人的态度是非常明确的,毕竟他在《我的奋斗》(*Mein Kampf*,1925—1926)中说得很清楚,但普通德国士兵对黑人的看法不是这样的。事实上,白人美国士兵对他们黑人同伴的种族歧视令德国士兵感到非常震惊。他们感到难以理解,因为在他们的印象中,美国是自由国度、勇者之家。我们派种族隔离的军队去欧洲与种族压迫做斗争,这也十分令人费解。

威廉姆斯：你在这部电影中客串了吗？你客串过不少自己的作品。

塔伦蒂诺：没有。我想在某一部政治宣传电影中，你能听到一点我的声音。

威廉姆斯：影片标题中的“Basterds”一词倒数第四个字母为什么是“e”？①

塔伦蒂诺：我并不想故作神秘，就是心血来潮写成了这样。

威廉姆斯：我想知道，你为何选择了一批相对默默无闻的演员出演这部电影。

塔伦蒂诺：因为我对国籍有要求，每个演员必须和他们饰演的人物来自相同地区，还必须会说相应的语言。会说德语还不够，还要是德国人。奇怪的是，在德国，这部影片是全明星阵容。

---

① 英文“杂种”一词的复数形式“bastards”倒数第四个字母是“a”。

威廉姆斯:导演伊莱·罗斯是怎么以演员的身份参与这个项目的?

塔伦蒂诺:伊莱是我的好朋友,我一直知道他在银幕上是一位有趣的演员。另外,他很适合他饰演的人物——犹太熊(the Bear Jew)——他的波士顿口音也无懈可击。

威廉姆斯:往后你有什么计划?接下来攀爬哪一座山?

塔伦蒂诺:我还不知道。一般完成一部电影之后,我需要停下来思考一下人生,然后才知道接下来要做什么。不过,我可以拍《杀死比尔 3》。我也可以拍《无耻混蛋》的前传,因为已经写好一半了,是无良杂军和一些黑人士兵的故事。

威廉姆斯:有没有考虑过再向功夫电影或者黑人剥削电影致敬?

塔伦蒂诺:我确实觉得有责任再拍一部犯罪电影。可能是一个发生在 70 年代的故事。很多其他导演都在拍类似的主题,但在我看来,他们拍得都不对劲。比如《美国黑帮》(*American Gangster*,雷德利·斯科特,2007)。有任何黑人参与这部影片的制作吗?

威廉姆斯:你对电影产业目前的走势有何看法?

塔伦蒂诺:我不想成为那种永远抱怨影坛现状、追忆过去多么美好的人。但当我的电影即将上映时,我很庆幸我依然是一名商业片导演,我的作品仍是主流电影,能够在三千家影院首映,因为我的电影和其他在多幕影院中放映的电影总是十分不同。只要仍然有影院愿意放映我和迈克尔·曼这样的导演的作品,我就完全支持影坛现在的发展趋势。

威廉姆斯:你认为网络对电影有何影响?

塔伦蒂诺:网络毁灭了电影评论。十年前,我怎么也不会想到影评人的职业会像渡渡鸟一样灭绝。

威廉姆斯:你最喜欢的影评人是谁?我猜一下,是已经过世的宝琳·凯尔。

塔伦蒂诺:没错。她可以说是我最喜欢的作家。

威廉姆斯:你最喜欢的导演呢?霍华德·霍克斯?

塔伦蒂诺:我很喜欢霍华德·霍克斯,但我应该会选赛尔乔·莱昂内。

威廉姆斯:如果有人对你的作品不熟悉,但想看一部你的电影,你会推荐哪一部?

塔伦蒂诺:这个问题很有意思……嗯……我可能会根据那个人的个性推荐。因此,如果他看起来会喜欢《杀死比尔》,我就会给他看《杀死比尔》。如果我希望他了解我,我可能会从《落水狗》开始推荐。

威廉姆斯:你还是只用胶片吗?还是说也开始用高清数字影像了?

塔伦蒂诺:我从来不用高清数字影像,从不,不,不,不,不。以后也绝对不会用。我无法忍受那种垃圾。

威廉姆斯:你的人生一直与电影密不可分。在你看来,年纪较大的时候才涉足影坛的人有可能在表演或者导演领域取得成功吗?

塔伦蒂诺:年纪大了再开始做导演可能有点困难。不过你看去年凭借《冰冻之河》(*Frozen River*)获得圣丹斯电影节评审团大奖的科特妮·亨特(当时四十三岁)。所以只要能够筹到钱,任何年龄的人都可以导演电影。就表演而言,建议早点入行,但是不少演员的演艺事业是四十岁左右才开始的。

威廉姆斯:你会安定下来、组建家庭吗?

塔伦蒂诺:我五六年前特别想要个孩子,但现在已经过了那个阶段。目前,我希望我的电影是我人生中最重要的东西。我不想让任何其他东西分散我的注意力。

威廉姆斯:我认识的一位女士说你是恋足癖。她想知道你对人体的其他部分有没有什么癖好。

塔伦蒂诺:我喜欢女性的脚,但我从来没说过我有恋足癖。不过我喜欢下半身。喜欢腿。喜欢靴子。(笑。)可以这么说,我的癖好比较像黑人男性。

威廉姆斯:你最近读的一本书是什么?

塔伦蒂诺:我是超级影迷,所以我读了很多电影方面的书。最近读的是导演多萝西·阿兹娜的传记。

威廉姆斯:你曾克服的最大的困难是什么?

塔伦蒂诺:贫穷,极端的贫穷。我十六七岁的时候非常穷。

威廉姆斯:在音像店工作的时候?

塔伦蒂诺:不,那已经是好日子了。不过哪怕是在音像店工作的那五年,我也是拿最低工资的中学辍学生。我有很长一段时间都靠最低工资生活。我们的梦想是,有一天工资能涨到每小时八美元。因此,从靠最低工资过活的底层白人青年,变成手握数百万美元预算的电影人,这很了不得。

威廉姆斯:对于渴望追随你脚步的人,你有什么建议?

塔伦蒂诺：如果你想成为一名电影人，就必须热爱电影。如果你像我一样热爱电影——这样的人不多——如果你能集中精力，有自己想讲的故事，就一定能在这方面有所成就。如果想成为作家，那就去写作。写作是最容易开始的事情。但写作时不要去想读者想要读什么。找到自己的声音，写你心之所想。

威廉姆斯：你最喜欢做的一道菜是什么？

塔伦蒂诺：我觉得是烤牛排。我烤得特别好，很有满足感。我也会做其他菜，但我不喜欢给自己一个人做饭。烤牛排总是好的。

"Quentin Tarantino *Inglourious Basterds* Interview" by Kam Williams from *News Blaze*, August 10, 2009.

# 昆汀·塔伦蒂诺的变与不变

埃拉·泰勒/2009年

十七年前,《落水狗》引爆美国影坛时,昆汀·塔伦蒂诺开着一辆小小的吉优——我还以为那是他租来的车——来到了他最喜欢的餐馆,一家位于好莱坞的丹尼餐厅。原定一小时的采访逐渐变成了三个小时。其间,我反复提及他首作中信手拈来的暴力,现在看来,这就像和刘易斯·卡罗尔探讨《爱丽丝梦游仙境》缺乏现实主义一样。塔伦蒂诺听完了我的看法,礼貌地向我进行了解释。他将暴力视为电影的重要美学元素之一,报出了一大堆他欣赏的过去的和同时代的电影人,他们和他一样,因为自己和观众都"觉得刺激",所以在影片中大量运用暴力。关于《落水狗》,塔伦蒂诺高兴地说:"我希望我的第一部作品碾压我之前所有想拍的电影。"

有些人会说,他此后一遍又一遍地拍摄同一部电影;也有人认为,他是世界影坛最优秀的电影作者。除了一部作品外,他所有的电影都来自他的原创剧本,每一部都是对类型电影无限可能性的充满爱的致敬。但问题并没有改变:他的作品还具备其他的价值吗?它们需要具备其他的价值吗?我们特地回到了同一家丹尼餐厅,一起吃了顿甘油三酯严重超标的早午餐。与昆汀在一起的时光依然很快乐。和我们上次见面时相比,四十六岁的他肚子比原来大了,头发比原来少了,但他标志性的生动的面部表情、典型的坏小子笑容和机关枪似的高频笑声没有改变,他热情洋溢的自负仍旧既烦人又迷人。

埃拉·泰勒(以下简称泰勒):我代表犹太人感谢你在《无耻混蛋》中提前杀死希特勒。

昆汀·塔伦蒂诺(以下简称塔伦蒂诺):不客气。

泰勒:我不知道你自己是否知道,你触及了一个对于犹太人来说极为敏感的话题,即对刚强的犹太人的幻想。事实上面对大屠杀,犹太人几乎没有反抗。

塔伦蒂诺:多年来,我想到美国犹太人复仇的故事时,我会讲给我的男性犹太朋友听。他们的反应都是:“这正是我想看的电影。去他妈的其他故事,我想看这个故事。”就连我都感到热血沸腾,而我都不是犹太人。我买下恩佐·卡斯特拉里的作品《戴罪立功》(*The Inglorious Bastards*,1978)——其中的故事线很不错——的名字时,以为会借鉴其中的部分情节,但这么做最终行不通。

泰勒:多年来你一直在创作该剧本?

塔伦蒂诺:是,也不是。我本来计划保留(卡斯特拉里作品中的)情节——美国士兵在被送往军事法庭并被处死之前逃跑的故事。完成《危险关系》之后,我就开始做这个项目。这是《低俗小说》之后我的第一部原创剧本,所以我慎之又慎。我开始写之后根本停不下来;它可能会变成一部小说或者迷你剧。新灵感不断涌现,文字变得比我最终可能会拍的电影更加重要。我认真考虑了拍成迷你剧的可能性,甚至把故事分成了十二个章节。

然后我和(法国电影人)吕克·贝松及他的制作搭档共进晚餐。我和他们分享了拍迷你剧的想法,制作人很感兴趣。但吕克说:“不好意思,你是为数不多让我想去电影院看电影的导演之一。一想到要等五年才能再去电影院看你的作品,我就感到抑郁。”这话我一旦听见了,就没法不在意。我意识到原来的故事太大了。然后我想到了有关第三帝国电影产业的故事:戈培尔是一位制片厂负责人,在制作一部名为《国家的骄傲》(*Nation's Pride*)的影片。这个想法让我很激动。

泰勒:你做历史研究了吗?

塔伦蒂诺:做了一些,但我对这方面已经很了解了。我花了大约六个月完成剧本。我对苏珊娜(梅拉尼·罗兰饰)最初的设计是一位狠角色,犹太版的圣女贞德,她暗杀纳粹,把他们从屋顶上扔下来,冲他们扔莫洛托夫鸡尾酒[①]。然后我想:不,这太像新娘了。所以我让她更加

① 莫洛托夫鸡尾酒(Molotov cocktail)是一种简单的燃烧弹,由一个装满汽油或气体的瓶子和一块布组成。在投掷炸弹之前,需要先将布点燃。

现实,更像一位幸存者,再安排一个她可以利用的事件。然后就是我最喜欢的片段,发生在电影首映式上的罗密欧与朱丽叶式的枪战。

泰勒:这是对电影的力量的有力辩护。

塔伦蒂诺:对于和我年龄相仿或更年轻的观众,我不想像其他关于大屠杀的电视电影、战争电影,或肯·福莱特和大卫·索尔合作的迷你剧[《通往丽贝卡之路》(*The Key to Rebecca*,1985)]那样,将影片困在时代的泡泡里。"二战"期间的好莱坞政治宣传电影对我影响很大,很多都是因为祖国被纳粹占领才移居好莱坞的导演拍摄的,如让·雷诺阿的《吾土吾民》(*This Land Is Mine*,1943)、弗里茨·朗的《万里追踪》(*Man Hunt*,1941)、朱尔斯·达辛的《法兰西小姐》(*Reunion in France*,1942)和《一个纳粹间谍的自白》(*Confessions of a Nazi Spy*,安纳托尔·李维克,1939),诸如此类。风格上我并没有借鉴这些影片,但让我印象深刻的是,这些电影人很可能亲身接触过纳粹或者非常担心他们在欧洲的家人。然而这些影片依然是好看的,其中有幽默的片段。它们不像《反抗军》那么严肃,而是惊险刺激的冒险故事。

泰勒:克里斯托弗·瓦尔兹饰演纳粹上校兰达得心应手。

塔伦蒂诺:他是个万里挑一的人物。兰达是我写得最好的人物之一。他传承了诸多(电影中)儒雅圆滑、颇具魅力的纳粹形象。我尝试让观众不由自主地期待他作为侦探的表现。因为想看他的反应,你会期望他查清无良杂军在做什么。

泰勒:如果请伊莱·罗斯顶替布拉德·皮特饰演犹太人复仇小队的一员——小队的首领——才会真的引起轰动。他(本身是犹太人)看起来像犹太人。

塔伦蒂诺:我想过这么做,但皮特饰演的奥尔多我构思了很久。奥尔多在美国南方与种族主义斗争;“二战”前与3K党战斗。奥尔多有部分印第安人血统,这对我的整体构想——将犹太人转变成为一项无从奋斗、注定失败的事业而斗争的北美印第安人——非常重要。还有,这个南方乡巴佬的两面性,以及他的语言和其他人物产生的碰撞很有意思。

泰勒:在我们上次见面之后这十七年间,你成了一位电影巨星。你影片中的暴力和幼稚遭到了包括我在内的很多人的批评。有人认为你厌女。我以为如果你看过我写的《罪恶之城》(弗兰克·米勒、罗伯特·罗德里格兹)影评,就不会同意接受我的采访。

塔伦蒂诺:那是罗伯特的电影。我只是出演了其中一个场景。

泰勒:《金刚不坏》是你对那些指控你厌女的影评人的回应吗?

塔伦蒂诺:我不认为我的作品厌女。我有很多二十五岁到三十五岁之间的女性朋友。过去五六年间,她们在我的生活中非常重要,我常和很多不同的女性小团体在一起。我一个男的和四个女孩待在一起,所以我了解她们互动的方式、说话的方式。所以《金刚不坏》是我的女性电影,是我现在写女性角色的方式。它是昆汀·塔伦蒂诺版本的《女人们》(*The Women*,乔治·库克,

1939)。但我把它导演成了一部剥削电影。在我拍摄的其他所有电影中,我拍摄女性人物时都很绅士。除了《金刚不坏》。在这部影片中,我是个色眯眯的混蛋。

**泰勒**:你现在四十六岁了。四十六岁的生活和二十九岁肯定不尽相同。比方说,现在的你还会拍《落水狗》中耳朵的片段吗?

**塔伦蒂诺**:我的天,会! 事实上,在《无耻混蛋》中,我的镜头不再避开这样的场面——我让观众近距离欣赏剥头皮。当时我爱嚷嚷,一会儿要这样,一会儿要那样。《危险关系》之后,我意识到我已经过了幼稚的阶段。比如,我曾经考虑过拍摄一部《大叔局特工》(*The Man from U.N.C.L.E.*)的电影。但随着时间的推移,我逐渐放弃了这个想法。还有,《低俗小说》打破了我原本对事业发展的设想。我的意思是,如果你为制片厂拍了一部《落水狗》这样的电影,他们一般会说:"这家伙不错。我们可以让他拍更有商业潜力的主题,让他更上一层楼。"我没有这么做,而是继续用我电影作者的方式拍我的艺术电影,也就是《低俗小说》,影片的收入可能只有三千万或三千五百万美元。“好，现在我们可以让他正式进入制片厂体系，让他拍《至尊神探》(*Dick Tracy*)或者《大叔局特工》的电影”，或者类似的东西。我没有走上这样的道路。我不需要给我的作品裹上某种商业电影的外衣来传达我的声音。我的声音，真实的我，成为极具影响力的存在。我的起起伏伏都与外力无关。

泰勒：是的，不过世界上现在有很多想要成为塔伦蒂诺的人，但他们并不全都拥有你的才华，你得对这个现象负责。

塔伦蒂诺：我听说了，据说有很多穿黑西装的人。你最终再看我的作品时，这会把我的电影衬托得更好。而且那阵热潮也已经过去了。我将他们的存在视为对我的肯定，但很多人会因为他们而否定我。我拍了一部新电影，他们说：“哦，听起来就应该是这样。”其实，模仿我的电影中有一些我很喜欢。我觉得《低俗小说》之后出现的很多作品都很刺激。可以说我革新了黑帮电影，创造了其他导演争相模仿的突出的亚类型，模仿的作品中有一些十分优秀。《情人与枪》(*Love and a .45*，1994)非常棒,很像《真实罗曼史》《天生杀人狂》和《落水狗》的结合。这可能是那个人(C. M. 托金顿)执导的唯一一部电影,但他在写搞笑的对话方面很有天赋。《幸运数字斯莱文》(*Lucky Number Slevin*,保罗·麦圭根,2006)也很不错。我最不喜欢的是《非常嫌疑犯》(*The Usual Suspects*,布莱恩·辛格,1995)。但我最喜欢的是国外的影片——中国香港地区的黑帮片,比如杜琪峰的作品或《一个字头的诞生》(韦家辉,1997)。

泰勒:人到了四十多岁,父母已经年迈,人生悲剧性的一面开始更多地显现。这对你的作品有影响吗?

塔伦蒂诺:我拍的电影是个人化的、痛苦的,但我不会让观众知道具体哪些地方是个人化的。将个人情感注入作品中并隐藏起来是我的工作,只有我自己和了解我的人才知道具体有多个人化。《杀死比尔》是一部非常个人化的电影。

泰勒:但你不会透露为什么。

塔伦蒂诺:这与其他人无关。我要做的是将个人情感注入其中，并将它们隐藏在类型电影里。有的情节可能是对我真实经历的比喻，有的则可能与现实中所发生的事情完全相同。我所经历的一定会在我的作品中有所体现。如果不是这样，那我在干什么呢？所以如果写《无耻混蛋》期间，我爱上一个女孩但失恋了，最终电影一定会体现这一点。那种痛苦，我破碎的梦想，会进入作品中。我越是隐藏，它们越是能够揭示我的内心。

泰勒：有时你甚至可能没有意识到你写的是自己。

塔伦蒂诺：如果作品源自你心中某个特别的角落，那多数时候是不自觉的。

泰勒：我们聊点不那么个人化的。你什么时候给电影配乐？

塔伦蒂诺：有三个阶段。我写剧本的时候会选很多音乐，有些甚至在开始写之前就挑好了。我的房子里有一个装满黑胶唱片的房间，像唱片店一样——我就是这么牛。我浏览我的唱片收藏，准备好制作磁带的唱盘(turntable)，尝试寻找影片的节奏。比如，我想向《危险关系》中加入比原著更多的黑人元素——尽管这不是一部黑人剥削电影，我还是希望它有那种感觉或氛围。所以我就去听70年代的灵魂音乐。一般我会先找开场字幕片段的音乐；一旦找到了，我就感觉，“好，现在可以开始了”，因为已经有令我感到激动的东西了。同样，如果我写累了或者需要激励，就会去那个房间听选出来的歌，想象和朋友一起看最终的电影、大家都大呼小叫的场景，这会给我继续下去的动力。我有时会在片场放那些音乐：拍电影期间我也在不断寻找音乐，最后是剪辑阶段，我会找更多的音乐。哈维（韦恩斯坦）总是希望我多加点音乐。我对他说：“哈维，现在效果这么好，就因为不是从头到尾都是噪音，所以音乐一响起来就很酷。”这是我们定剪之前最后的调整——因为哈维给我的电影投了很多钱，所以我要对他表现出一些尊重。我继续找，如果有其他合适的，那就用，如果找不到就不加。但我知道只要我努力找的话，一定能找到。

泰勒：十七年前，你与我分享了你最喜欢的五部电影。你现在想修改这个名单吗？

塔伦蒂诺：我跟你说，之后五年不断有人提及（你）文章的这一部分，尤其是排名前三的影片：《出租车司机》《凶线》和《赤胆屠龙》。我改变了。我知道我以前对此讳莫如深，但我最喜欢的电影是《黄金三镖客》。那是有史以来最优秀的电影。我认为我无法超越它，我就是这么喜欢这部电影。现在我还会加上《女友礼拜五》。第五名总是取决于我此刻的心情。所以现在我会说是《魔女嘉莉》（*Carrie*，1976），赞美一下布莱恩·德·帕尔玛。

泰勒：你最近有什么喜欢的电影？

塔伦蒂诺：今年最优秀的电影之一是《我要当警察》（*Observe and Report*，乔迪·希尔，2009）。这是一部真正的电影。有人说这是塞斯·罗根版本的《私恋失调》（*Punch-Drunk Love*，保罗·托马斯·安德森，2002）。去他妈的《私恋失调》，这是《出租车司机》，是他妈的特拉维斯·比克尔[①]。我想不到比罗根开枪打露阴癖更爽的画面了。我很喜欢简·坎皮恩的《明亮的星》（*Bright Star*，

---

① 《出租车司机》的主角，由罗伯特·德尼罗饰演。

2009),我认为这是她最优秀的作品。我为诗歌的严肃着迷,我不介意贞洁的关系之类的。

泰勒:我知道,和其他导演不同,你读了很多影评。

塔伦蒂诺:电影评论界是个很有趣的领域。十七年间真是天翻地覆!我怎么也想不到纸质版影评会走向灭亡。这对我来说难以理解。我不喜欢用笔记本电脑读影评。我喜欢抓在手里。

泰勒:昆汀,你是个怪人。

塔伦蒂诺:没错。我读了很多今年戛纳电影节出来的影评,为数不多还在为纸质媒体撰稿的影评人都在忙于和网络影评做斗争。这些剩余的影评人的文章中出现了一种新的形式主义、一种新的自视甚高,为了证明自己是专业的。就连一些还在为纸质媒体写作的年轻影评人——不过他们也不算特别年轻——也像老学究一样。有一些不错的网络影评人,但有些比较像影迷,会说:"哦,这太糟糕了。"有点像1978年、1979年和1980年,电影中的活力不再受到肯定。比如说,《福禄双霸天》从来没有得到尊重。现在这部电影深受观众喜爱,这才是其应有的待遇。我的意思是,完成《美国狼人在伦敦》(*An American Werewolf in London*,1981)之后,约翰·兰迪斯的转变令人难过,但拍摄这两部电影时,他是第一位把自己头脑中的想法拍成电影的影迷。

我学到的重要一课是,这些编剧兼导演的电影作品是独树一帜的——他们有自己的声音,兰迪斯的前两部电影正是如此。但重新面对一张白纸,每一次都孤独地从头开始创作,然后拍出好电影,这是很难的。

(对于导演来说)开口问"市面上有什么好剧本"要简单得多。他们可以买别人的剧本,改写或者和编剧合作。他们可以拍更多的电影。这也很好,但是十年过后,他们突然就不再有自己的声音了,只能为了《爷们》(*The Man*)这样的电影卑躬屈膝。

泰勒:你有没有需要做更多工作的压力?

塔伦蒂诺:没有。我的意思是不希望再有《危险关系》和《杀死比尔》之间那种长达六年的空窗期。我每一年半或两年拍摄一部电影。完成之后,休息半年,那很好。不过写剧本的时候可以正常生活,事实上可以过得很快乐,因为我在工作,很投入、很热情,但我会出门见朋友。拍电影时,外面的世界就不存在了,我在珠穆朗玛峰上。奥巴马当总统了?谁在乎?我在拍电影。

泰勒:这样工作会不会难以维系友谊?

塔伦蒂诺:他们都能理解。但我还相对年轻,还没有安定下来。我现在的朋友不一定是我未来二十年的朋友。我没有家庭。我还是可以一进剧组就消失一段时间。我喜欢这种生活方式,在两种状态之间切换。尽管我中学就辍学了,但我内心是一名学者,我研究的主题是电影。多年来,我一直在写一本电影评论的书,但我并不着急完成它。我开始写这本书是因为光看电影还不够——它们会逐渐消逝在时光中。我一生都在为成为一名专业的电影人而学习,直到死亡那天才会毕业。

泰勒:现在回头看首映《落水狗》的 1992 年圣丹斯电影节,你有什么感受?当时你是那群年轻电影人中的一员。

塔伦蒂诺：自那时起，甚至就在当时，孕育众多导演的圣丹斯都是神话般的存在。我们自称92届圣丹斯毕业生。我以为那些导演此后会一直活跃在我身边。我几周前在阿斯特罗汉堡餐厅（Astro Burger）遇见了阿利森（安德斯）。还有亚历山大·洛克威尔和汤姆·卡林。格雷格·阿拉基还在拍电影。他当年其实没有参加圣丹斯电影节，但我仍将他视为这个团体的一分子。还有尼克·戈麦斯（《万有引力定律》）——他的逐渐隐退是最令我震惊的。我坚定地认为他能坚持很久。我以为我们所有人都永远不会离开电影。

"Quentin Tarantino: The *Inglourious Basterds* Interview" by Ella Taylor from the *Village Voice*, August 18, 2009.

## 《无耻混蛋》的创作与演变

马里·埃尔夫曼/2009年

2009年8月,洛杉矶四季酒店。昆汀·塔伦蒂诺与围坐在一张圆桌边上的记者(包括我在内)见面,我们就《无耻混蛋》轮流向他提问。

记者:在广告中,布拉德·皮特饰演的奥尔多·雷恩是最重要的人物,但故事更多是围绕梅拉尼·罗兰饰演的苏珊娜·德赖弗斯和克里斯托弗·瓦尔兹饰演的汉斯·兰达展开的。

塔伦蒂诺:我不同意你的说法。我认为这是一部有三个主要人物的电影。汉斯·兰达、苏珊娜和奥尔多·

雷恩。电影的前三章是为这三个人物设置的。尽管观众在第一章中不了解苏珊娜,但在第三章中就会知道她的背景故事。弗雷德里克·佐勒(丹尼尔·布鲁赫饰)也是主要人物之一。影片的故事是围绕他展开的。如果他没有做他所做的事情,故事就进行不下去了。

在我看来,这就是影片的结构。先是三个故事,然后从第四章到最后是一场连贯的冒险。如果用《魔鬼旅》(*The Devil's Brigade*,安德鲁·麦克拉格伦,1968)类比,麦克·梅尔斯(饰演埃德·费内奇将军)的片段——将军派他们执行任务——会在最开头。

记者:你是如何选择克里斯托弗·瓦尔兹饰演兰达的?

塔伦蒂诺:我心里没有任何人选。说实话,克里斯托弗走进来的时候我也不认识他。他是一位德国电视剧演员,因出演迷你剧等而著名。他拿起剧本开始读,第一个场景读到一半,我知道就是他了。这很棒,因为(克里斯托弗)能够完美呈现我创造的人物——兰达,一位语言天才。让这个人物从剧本走向银幕,有很强的语言能力还不够,还需要一位语言天才,而克里斯托弗就有这种天赋。

记者:影片中黑人马塞尔公开在被德国人占领的法国生活,这合理吗?

塔伦蒂诺:20 世纪二三十年代,有很多黑人住在巴黎。有人问:“纳粹难道不会把他们抓起来吗?”不,不,不。希特勒毫不掩饰他对黑人的看法,但他们没有对黑人采取任何行动。他们没有像对待犹太人、同性恋和吉卜赛人那样对待黑人。法国是唯一有黑人的地方。在希特勒看来,他们不是欧洲之祸。如果我是一名在纳粹占领的法国生活的黑人,我肯定会尽量低调。话虽如此,但和当时的达拉斯市中心相比,我在纳粹占领的巴黎会拥有更多的权利。马塞尔可以走进(巴黎的)一家餐馆用餐,可以走进一家酒吧,在酒吧里和白人坐在一起。这很讽刺。

记者:拍摄这部影片的灵感来源是什么?

塔伦蒂诺:我喜欢意大利剥削电影那种廉价感。它们不那么严肃，我喜欢的就是这一点。这部影片有这种感觉。而且，我真的很喜欢影片的名字！我在电影档案音像店工作时，我们用“无耻混蛋”指代一群人执行任务的电影。我们用它命名了一个电影类型。他们现在称之为“意大利功夫片”（macaroni combat）。不过原版电影（《戴罪立功》）有一个非常有趣的故事。一群作为囚犯即将被送往军事法庭的（美国）士兵行进中被德国飞机袭击了，流落到了战火纷飞的法国。他们不能联系美国当局，否则后半辈子就要在监狱中度过，也不能去找德国人，所以他们试图逃往瑞士。这是一个很棒的故事。买下这个故事时，我不知道重拍的影片和原版会有多大差别。但我至少可以用片名。

记者：随着时间的推移，故事是如何演变的？

塔伦蒂诺：我多年前开始写这个故事时，用的是同一批人物，但当时我构思的是另一个故事，太宏大了，难以驾驭。我老是在考虑将其拍成迷你剧而不是电影。我想：“我在说什么？电影已经装不下了吗？电影这块画布已经不够我发挥了吗？我没法在三小时内把故事讲完？”

我必须说服自己。所以我暂时将其搁置,拍了规模没这么大的《杀死比尔》,结果变成了《杀死比尔》和《杀死比尔2》。2008年重启这个项目时,我很喜欢这个故事,但还是无法用一部影片把它讲完。所以我想了一个全新的故事——弗雷德里克·佐勒的故事。在故事中,他是一名(德国)战争英雄,然后制作了一部(政治宣传)电影,小队的任务是在首映式上制造爆炸。这是我的新故事。

记者:戛纳电影节上,这部影片的长度受到了批评。这是你把它剪短的原因吗?

塔伦蒂诺:我不认为影片太长,但我听到了这种批评。在戛纳参展时,影片还没有完成。之后我们对它进行了微调。有趣的是,后来的版本其实比在戛纳放映的版本要长一分钟。但是你知道吗?对几个片段进行修改和调整之后,加长一分钟却突然让观众感觉影片缩短了十分钟。处理这部剧本时,我特地尽量自律。我不想让影片变得难以驾驭,也没有时间拍摄大量最终可能用不上的素材。我并没有大量的多余影像。

记者：你有没有受到罗伯特·奥尔德里奇、塞缪尔·富勒和赛尔乔·莱昂内等人的影响？

塔伦蒂诺：我喜欢他们的作品。他们对我影响很大。赛尔乔·莱昂内是有史以来我最喜欢的导演。我记得《危险关系》之后我刚开始做这个项目时，我对它的期望之一就是成为《黄金三镖客》。奇怪的是，尽管我热爱赛尔乔·莱昂内，但我的作品更像赛尔乔·科尔布奇（意大利电影人）。在我看来，他也是一位大师。我觉得相较于莱昂内，我的电影和他的作品更加相似。

记者：与其说这是一部“二战”电影，不如说这是一部在“二战”电影的基础上创作的电影。

塔伦蒂诺：所有人都知道我热爱电影。我无法隐藏，也不想隐藏这一点。《杀死比尔》是一部“影史”电影。新娘不仅在一一解决她暗杀名单上的人，还在穿越剥削电影的历史，名单上的每个人都代表一种类型。这确实源自我对电影的狂热。这部影片不同。我没有引用很多其他的电影，不过我不介意给人“意大利功夫片”的感觉。我可以说：“我在类型的框架内创作。”我认为每部电影都是类型片。埃里克·侯麦的电影也是类型电影,如果你拍一部类似他作品的电影,那就是拍了一部侯麦风格的电影。(约翰)卡萨维蒂也是如此。

记者:你的电影很依赖对话,有些人对此颇有微词。

塔伦蒂诺:听到“话太多了”这样的评论,我的反应是:“嗯?”如果去看戏剧,你会觉得对白太多吗?有不少优秀的电影人的作品都是这样。我看了《滑稽人物》(*Funny People*,贾德·阿帕图,2009),我觉得它是今年最优秀的电影,是一部真正的电影作者的电影,全是对话。从根本上讲,你要有驾驭这么多对话的能力。保罗·托马斯·安德森的对话和我的一样好,但他将它们打散了,《血色将至》(*There Will Be Blood*,2007)开头二十分钟都没有对话。

记者:你常常提醒观众,他们是在看一部电影。有人抱怨这会让他们出戏。

塔伦蒂诺:在我看来,这种说法是不成立的。我不知道你是什么情况,但我看电影的时候绝对不会忘记我是在看电影，就像我在开车的时候不会忘记我在开车一样。哪怕心脏突然被挖出来，我也知道自己是在看电影。

记者：《无耻混蛋》的 DVD 会不会有更多的内容，会有新的导演剪辑版吗？

塔伦蒂诺：不会。这部电影我们拍得很快，我没有办法拍我觉得不会在成片中出现的素材。我一向很为我在三千家电影院公映的“导演剪辑版”骄傲。我拍了两个片段（没有在影院版中出现），但不会加入 DVD 版。一段是 1941 年至 1944 年苏珊娜的背景故事，而我真的希望观众自己想象她是如何幸存的，在头脑中想象自己的版本。另一段是伊莱·罗斯的角色多诺维兹的背景故事。这个片段不适合我原本为它计划的位置，但很精彩，如果影片受欢迎，我有机会拍摄前传的话，就完全可以用上。所以鉴于影片说不定会火，我选择保留这个片段。

---

“Quentin Tarantino's *Inglourious Basterds* Interview” by Mali Elfman from *Screencrave*, August 25, 2009.

## 低俗和环境：塔伦蒂诺改写历史

特里·格罗斯/2009 年

特里·格罗斯（以下简称格罗斯）：欢迎收听《新鲜空气》节目。我是特里·格罗斯。昆汀·塔伦蒂诺，欢迎来到《新鲜空气》。

昆汀·塔伦蒂诺（以下简称塔伦蒂诺）：很高兴来到这里。

格罗斯：我喜欢你的最新作品。《无耻混蛋》以“很久很久以前在纳粹占领下的法国”开场，很快就让观众知道这是一个童话版，而非纪实准确版的“二战”故事。影片致敬了赛尔乔·莱昂内，是意大利西部片和战争电影的结合。你为何会想到结合这两种类型?

塔伦蒂诺:我认为可以用意大利西部片表现老西部的方式来表现“二战”,不过不是用牛仔的意象,而是用“二战”的意象。我的灵感来源是《黄金三镖客》对美国内战的表现。

赛尔乔·莱昂内去世前想要拍摄的电影是关于斯大林格勒战役的。他没能进行任何拍摄,但你可以想象这会是一部什么样的电影,这是我的起点。我本来以为整部电影都会是这种风格,但我把影片分成了五章。我想只有前两章是意大利西部片的风格,到了第四章就变成一个小队执行任务的故事,是60年代的体裁。

格罗斯:类似于《十二金刚》(*The Dirty Dozen*,罗伯特·奥尔德里奇,1967)的电影。

塔伦蒂诺:是的。《十二金刚》《魔鬼旅》《纳瓦隆大炮》之类的影片。比如第四章开头,麦克·梅尔斯饰演的英国将军(让迈克尔·法斯宾德)去执行任务,他很像特瑞沃·霍华德会在1966年的某部电影中饰演的角色。他在一个很大的房间里,房里有一张很大的地图,他在上面指来指去。在一个小队执行任务的影片中,这会是开场片段,不是吗?但在昆汀电影中,这个片段位于影片中段。

格罗斯:布拉德·皮特饰演的人物奥尔多·雷恩告诉他组建的犹太士兵小队,自己有部分阿帕切血统,而他们的战斗计划是抓住德国士兵就把他们的头皮剥下来,他要求除非战死,否则每人必须带回一百张头皮。你怎么想到犹太人剥他们抓到的纳粹的头皮的?这又是"二战"和西部片的结合,但为什么这样设计?

塔伦蒂诺:我觉得美国犹太士兵在敌后对纳粹的抵抗很像阿帕切人的反抗,因为阿帕切人很善战,两百名阿帕切勇士就能够抵抗西班牙人、墨西哥人和美国骑兵团多年。他们是出色的游击战士。他们是出色的抵抗战士。他们进行伏击,然后剥掉头皮,亵渎遗体,把尸体绑在仙人掌上或者埋在蚁丘里。然后其他士兵就会发现自己的战友残破不全的遗体。这会在心理上对他们产生影响,一旦认定自己会被阿帕切人抓住,美国骑兵团的战士甚至会自杀。如果带着妻子,他们会因为害怕妻子落入阿帕切人手中，而射杀自己的妻子。

格罗斯：你有部分彻罗基血统，（小时候）看西部片时是不是觉得印第安人比较亲切？

塔伦蒂诺：是的，我记得和我妈妈一起看一部牛仔与印第安人电影。我说："如果回到那时，我们会是印第安人，对吗？"她说："是的，我们是印第安人。我们不会是那些坐在大篷马车里的人。"

但是参考阿帕切人的反抗的想法……你知道，（《无耻混蛋》中）他们不是普通的犹太人，而是美国犹太人。他们是有权利的犹太人。他们身后有全世界最强大的国家。所以他们要在他们的欧洲叔叔婶婶受苦的地方复仇。

格罗斯：纳粹被剥头皮时，有时候我们会看到头皮是割下来的，不愧是昆汀·塔伦蒂诺的风格。我们从未在西部片中看到这种场面。

塔伦蒂诺：是的，我知道，我一直认为这是其他西部片一般不拍的无用情节。但是如果真的要展示为了让德国士兵心生恐惧而亵渎遗体，我们就必须呈现具体是怎么做的。如果仔细看，你就会发现不只是剥头皮。（无良杂军）还会有一些小的举动，比如他们会把（纳粹的）鞋子和袜子脱掉，然后扔掉，让尸体赤脚躺在那里。他们不仅亵渎尸体，还剥夺尊严。

格罗斯：这部影片我看了两遍。第一次去看时，我对自己会看到什么完全没底。我坐在影院里，电影开始，字幕——片头字幕——开始，音乐逐渐变响。我听出来音乐是俗气的（1960 年的）四兄弟合唱团（The Brothers Four）的金曲《夏日绿叶》（“Green Leaves of Summer”）。但音乐其实出自迪米特里·迪奥姆金，是 1960 年电影《锦绣山河烈士血》（*The Alamo*，约翰·韦恩）的主题音乐，我从没看过这部电影。

塔伦蒂诺：《夏日绿叶》和《锦绣山河烈士血》的主题音乐是一回事。四兄弟合唱团另外录制了一版。其实我没看过《锦绣山河烈士血》，所以我不会联想到《夏日绿叶》是《锦绣山河烈士血》的主题音乐。我成长过程中看过很多功夫电影。这些电影经常用《夏日绿叶》。所以相较于约翰·韦恩的电影，让我熟悉这段音乐的是李小龙的电影。事实上，我在日本发现了一家特别好的二手唱片店，然后买了很多45转黑胶唱片，其中一张上面是《夏日绿叶》——《锦绣山河烈士血》的主题音乐——另一面则是《豪勇七蛟龙》(*The Magnificent Seven*，约翰·斯特奇斯，1960)的主题音乐。

格罗斯：我喜欢那段音乐。

塔伦蒂诺：是的，我也很喜欢。

格罗斯：你不介意用其他影片用过的主题音乐？

塔伦蒂诺：我完全不考虑这一点。诀窍是，如果要用其他电影的主题音乐，就要用得更好。我会尝试争夺所有权：现在这就是我的音乐。

格罗斯：说到“现在这就是我的音乐”，你在《落水狗》的精彩片段(迈克尔·马德森把一名警察绑在椅子上，拿出一把很大的剃刀，跳了一小段舞，然后割掉了警察的耳朵)用的那首歌是盗贼之轮乐队(Stealers Wheel)的《和你一起陷在中间》("Stuck in the Middle with You")吗？你为何选择这首歌搭配那个片段？

塔伦蒂诺：只是感觉很合适。我其实不知道。这是一种感觉。不是因为歌词合适。我不喜欢用歌词判断。我不喜欢选歌词合适的歌曲。

格罗斯：《无耻混蛋》与电影密不可分，展现了希特勒和他负责宣传工作的部下约瑟夫·戈培尔是如何通过拍摄政治宣传电影来败坏电影的。你在影片中制作了一部放给纳粹看的政治宣传电影。你研究过德国政治宣传电影吗？

塔伦蒂诺：我看了几部。大多数这个主题的书都不太好，因为它们只关注为发起战争而拍摄的充满仇恨的电影。但事实上，戈培尔在德国拍摄的八百部电影中，这种影片仅在初期出现过。在大多数此类影片中，尤其是战争开始后，几乎看不到纳粹官员。大多数影片是音乐剧、喜剧、情节剧和过去德国伟人的故事。

如果想看 40 年代电影中穿长筒靴的纳粹，你应该看那时拍摄的美国电影。

格罗斯:《无耻混蛋》的剧本已经出版,我发现读剧本很有意思,因为你的舞台指示语(stage direction)和旁白。我想举个例子,你在舞台指示语中写道:“用双手把人活活掐死是一个人能够做出的最暴力的行为。而且,只有人类能做到,做掐的动作时,与其他手指相对的拇指非常重要。”

塔伦蒂诺:《危险关系》之后,我在创作时,总是尽量在你所说的舞台指示语部分多写一些文字,结果剧本越来越长,到了《杀死比尔》,我基本上写了一部小说,每天都在即兴将我自己的小说改编成电影。在我看来,大多数剧本的问题是仅仅提供一幅蓝图,好像他们害怕全部写出来似的。我是一名编剧。这是我的工作。我希望把一切都写清楚。我希望剧本首先在纸面上就是成立的。我写剧本时,不是考虑电影的观众,而是考虑剧本的读者。

格罗斯:对话是你的招牌之一。你作品中的大量对话像是闲聊,与故事无关,但能够展现人物的性格,让影片更加鲜活。我觉得《低俗小说》中,两个杀手去他们第一个目标家的路上在车上的对话就是一个典型的例子……他们在聊足三两汉堡在法国叫什么名字。

塔伦蒂诺:是的。

格罗斯:《无耻混蛋》中也有类似的对话。在一个有人命悬一线的紧张片段中,有一个必须认出著名电影和影星的游戏。所以你的对白多半都是这种闲聊。很有效,也很出名。

塔伦蒂诺:这是我的写作方法。我很擅长写这样的对话,这可以说是上天赐予我的才华。我想这与从表演的角度写作有关。因为我没有学过编剧,我学习的是表演。我最初是通过表演课学习编剧的。我记性一直很好。我看了电影中的一个片段后会想:"周三我想在班上演这一段。"我会回家,凭记忆将那个片段写出来。如果有什么东西记不得了,我就自己补充,然后会把剧本分享给同学,我们一起演。

一天,我想演《君子好逑》(*Marty*)的一个场景。我看过罗德·斯泰格尔主演、帕迪·查耶夫斯基编剧的《君子好逑》(德尔伯特·曼,1953)的电视剧版。我记得里面的一个片段,所以把它写了下来,然后把我手写的歪歪扭扭的版本给了一个叫罗尼·科尔曼的同学。而罗尼正好有《君子好逑》戏剧版原剧本的平装本。他说:"昆汀,你改写了帕迪·查耶夫斯基的作品。你写了一段关于喷泉的独白。原来的剧本里没有喷泉。但是这很棒。这是里面最棒的东西。"

我相信喷泉不是我剧本中写得最好的东西。但这是第一次有人夸奖我(的写作能力)。

格罗斯:你十五岁就辍学去学习表演?

塔伦蒂诺:是的。我中学辍学了,快要上九年级的时候。一开始,我在加州托伦斯一家社区剧院的各种剧目中演大大小小的角色,也做舞台经理或助理舞台经理。然后,我开始师从在《杜克兄弟》(*The Dukes of Hazzard*,CBS,1979—1985)中饰演罗斯科·科尔特拉恩的詹姆斯·贝斯特。罗斯科·P.科尔特拉恩。他在托卢卡湖开课,就在蜜烤火腿店(HoneyBaked Ham)附近。

格罗斯：你师从参演《杜克兄弟》的这位演员，而不是斯特拉·阿德勒[①]，我觉得这很好。

塔伦蒂诺：我非常喜欢詹姆斯·贝斯特。他出演过好几部奥迪·墨菲的电影，主演过多部塞缪尔·富勒的作品。他只是碰巧出演了这部疯狂的电视剧。但我一直很欣赏他作为一名老角色演员的表现。所以我开始跟着他学习，他们会教授如何在镜头前表演。这很重要，尤其是在洛杉矶，你的工作可能是在《霹雳火》(*Stingray*，1985—1987)中饰演一个出场不到五分钟的人物，或出演多集电视剧。我其实也没有接到很多这样的工作。

他们在表演课上教授摄影术语，所以我才明白什么是"变焦""快速横摇"(whip pan)和所有那些东西。上表演课期间，我意识到我需要成为一名导演。有两个原因。一是在这个阶段我已经非常崇拜导演了。我渴望成为演员的时候，就会想要和某个(特定的)导演合作，而不是和

---

① 斯特拉·阿德勒(Stella Adler，1901—1992)，美国演员、表演教师，创办斯特拉表演学院，其学生有马龙·白兰度等。

某个演员合作。二是我意识到自己太爱电影了,仅仅出演电影不能让我满足。我希望影片是*我*的作品。所以我比班上的同学都更了解电影。我关心电影,而他们关心自己。

**格罗斯**:你辍学后还住在家里吗?

**塔伦蒂诺**:是的,我和我妈妈住在一起。她的记忆和我有偏差,不过当时的基本情况是,中学我有很长一段时间一直逃学,以至于我已经不敢再回学校了,因为一旦回去,就会露馅儿受罚。所以与其自己往枪口上撞,还不如继续逃学。拖一天是一天。

我和我妈妈争论:"我要退学。"她说:"不,你不能退学。"我觉得这问题没得商量。她不会让我退学的。两天后,她上班前一边化妆一边念叨我,然后她说:"昆汀,你猜怎么着?我同意你退学。咱们走着瞧。"我没想到还会发生这种事,我当时感觉:"哇!我不用去上学了。"那时我讨厌学校。但我不知道我中学的时候所经历的是学校最糟糕的一面。我也没想到如果继续上学,我会喜欢上大学的。大学和中学是不一样的。

格罗斯:上中学的时候有人打你吗?

塔伦蒂诺:不,没有。那时我已经挺厉害的了。我不欺负别人,不找别人的麻烦,但也没有人能打我。我很快就发现先动手的人一般会赢,所以如果有人找我麻烦,我就打他们。我先发制人。先动手。

格罗斯:这个问题与你作品中标志性的塔伦蒂诺元素有关。人物就如何解读某事进行的争论几乎有点像文学评论。比如《落水狗》的开头,一群匪徒在讨论《宛如处女》歌词的真正含义。然后,《低俗小说》中最精彩的片段之一是一个墨西哥僵局。人物们举着枪互相指着,你突然停下一切,让塞缪尔·杰克逊极具戏剧性地念了一段《圣经》(《以西结书》25:7)中的话语。

塔伦蒂诺:我喜欢潜藏的评论,思考事物深层次的含义,只要说得通,符合人物形象,不破坏气氛。我写作时不会进行很多分析,甚至不考虑潜台词。我只关注情境,确保我所关注的一切都在表面。有意思的事情之一是,一切都完成之后,比如现在,可以回过头来分析整个过程。我看电影的时候会注意到事物之间潜藏的种种联系。但我写作和拍摄的时候不想考虑潜台词,不想过度强调。

但我写影评时,确实喜欢分析影片的潜台词。我喜欢《视与听电影评论》(*Film Comment*, *Sight & Sound*)杂志新出的短影评。(《无耻混蛋》中)他们玩明星游戏时,其实一直在讨论《金刚》(1933)的隐藏内涵。

格罗斯:我很喜欢那一段。

塔伦蒂诺:在我看来,那很明显。《金刚》象征的当然是美国对黑人男性和奴隶贸易的恐惧。我不是说这是影片的主创(欧内斯特·B. 舍德萨克、梅里安·C. 库珀)刻意设计的。但这确实是他们写出的影片。很多人不这么看。当影片中的人物说出这点时,我在第一次意识到《金刚》象征着奴隶贸易的人们的脸上看到过震惊,然后是赞赏。我甚至喜欢一名盖世太保少校批评美国过去的种族歧视这个设定。

格罗斯:你是不是苦读《圣经》才找到能用的语句?

塔伦蒂诺:那一段我以前就知道。我告诉你我是怎么知道的。那段话曾经在千叶真一主演的功夫电影中出现过。我看过那部名叫《保镖牙》的电影。

格罗斯:所以昆汀·塔伦蒂诺是这样学习《圣经》的……你是什么时候开始看当地多厅影院放映的作品之外的电影的?

塔伦蒂诺:20 世纪 70 年代,我在黑人社区周边长大。那里有一些贫民区电影院,可以看新的功夫电影、黑人剥削电影或恐怖电影。如果再走远一点,还有一家小艺术影院。所以我能看到法国或意大利电影。十三四岁的时候,我逐渐走出标准好莱坞电影的世界,开始看剥削电影和艺术电影。当时的好莱坞电影是芭芭拉·史翠珊主演的《一个明星的诞生》。我看了这部电影也很喜欢。但之后我去看了《J. D. 复仇记》(*J. D.'s Revenge*,阿瑟·马克斯,1976)、《玉米面包、厄尔和我》(*Cornbread, Earl and Me*,约瑟夫·马杜克,1975)和一些功夫电影,如《合气道》(黄枫,1972)。你也知道,我非常喜欢这些电影。当时的艺术片的电影作者是里娜·韦特缪勒。所以你能看到《踩过界》(*Swept Away*,1974),或者她和索菲娅·罗兰及吉安卡罗·吉安尼尼合作的《血染西西里》(*Blood Feud*,1978)。我记得《妻子与情人》(*Wifemistress*,马可·维卡里奥)在当时很出名。我很喜欢那部电影,是劳拉·安托内利主演的。

艺术电影和剥削电影……你真的可以看到在好莱坞电影中永远都看不到的东西。我是说,剥削电影一般比好莱坞电影尺度更大一些,但也有限。在那时,外国电影有情色场面。劳拉·安托内利是影片的卖点,事实上,在影片的大部分时间里,她都是全裸的。相较于多厅影院放映的那些电影,你可以通过观看这些剥削电影或艺术电影获得更多的感官刺激。

格罗斯:你一定感觉自己像一个在不同世界间穿梭的旅行者。

塔伦蒂诺:有点像。艺术电影一般会放映很长时间。但是剥削电影只放一周就没有了。他们会来洛杉矶,在报纸上刊登一则广告,在《灵魂列车》(*Soul Train*)中间做几个广告,然后就没有其他宣传了。一周之后,他们就去下一座城市了。圣何塞或者别的什么地方。因为拷贝数量有限,他们一整年都带着拷贝从一家影院跑到另一家,过程中一定会遭遇糟糕的放映机。

但问题是,只有我一个人。在学校没有人和我讨论电影,也没有可以和我聊天的大人。这些电影只存在于我的头脑中,我甚至会怀疑自己没有看过它们。我长大之后才遇到和我志同道合的成年人……嗨,你记得《维纳斯号太空船上来的女郎》(*Girl from Starship Venus*,德里克·福特)吗?对,是一部很有意思的性喜剧。嗨,你记得《海滩女孩》(*The Pom Pom Girls*,约瑟夫·鲁本)吗?非常好看。

格罗斯:天啊,听你聊电影几个小时也不会腻,但是很遗憾我们没时间了。非常感谢。

塔伦蒂诺:哦,不。

格罗斯:希望未来我们能有机会继续交流。

塔伦蒂诺:我们聊得很开心。

格罗斯:谢谢来到《新鲜空气》。非常感谢。

塔伦蒂诺:我很荣幸。

"Pulp and Circumstance: Tarantino Rewrites History" by Terry Gross from *Fresh Air* with Terry Gross, August 27, 2009.

# 无耻时光

瑞安·吉尔比/2009 年

昆汀·塔伦蒂诺的新电影《无耻混蛋》不是朴素的室内戏，这一点并不出人意料。在其创作者看来，它是一部西部片。片名来自恩佐·卡斯特拉里 1978 年的作品（口号是“要比《十二金刚》更狠、更脏！”）。但在所有其他方面，这都是一部原创电影，尽管对很多其他作品进行了引用。

我们在伦敦的一家酒店见面时，塔伦蒂诺很有聊天的心情。他穿了一件肩部有白色之字形图案的黑衬衫，就是他在《金刚不坏》中饰演调酒师沃伦时穿的那件。看我用一个很大的口述录音机（Dictaphone）录制我们的对话，他很激动，说："我要说，我支持模拟。我尊敬模拟。"《视与听》办公室送了他一幅该杂志（2009 年 7 月）以《无耻混蛋》为主题的封面的海报，他非常开心。"我记得报道《落水狗》那一期，封面是蒂姆·罗斯，"他兴奋地说，"我的作品第一次上封面就是《视与听》杂志，我特别开心。"但他也清楚地表明，他并不是对我们刊登的有关他的一切内容都感到满意。

瑞安·吉尔比（以下简称吉尔比）：《无耻混蛋》中的最后一句台词是奥尔多·雷恩说的："我想这就是我的杰作了。"这部影片是你的杰作吗？

昆汀·塔伦蒂诺（以下简称塔伦蒂诺）：我一贯自大，但鸡汤的味道不应该是鸡来评价。这应该是你们来评价。不应该是我说某部作品是我的杰作。还没到时候。可能是三年后的事情。让我举个例子。我一直说《落水狗》是我最喜欢的影片，因为那是我第一次有机会做一名艺术家，它改变了我的生活。现在我最喜欢的是《杀死比尔 2》，但我宣传这部电影的时候不会这么说。我最近看了这部电影，大受震撼。

吉尔比:怎么个震撼法?

塔伦蒂诺:影片非常个人化——我并不是说这是评判电影好坏的标准。但因为是第二部,所以我不需要做什么准备。只要(拍手)直接说:“好!该你上了!”立刻进入状态。教堂里的开头片段在我看来是我拍摄的最出色的片段。新娘下一次出现是在巴德(Budd)的拖车下面,然后她就被活埋了。我不需要遵循电影制作的一般规则,我摆脱了拍摄电影一般要遵守的规矩。

吉尔比:你的作品中我最喜欢的是《危险关系》,你对这部影片的态度很冷淡,这让我很难过。

塔伦蒂诺:我从来没有说过《危险关系》不好!

吉尔比:你说它是你拍摄时最有距离感的影片。

塔伦蒂诺:是的,但这并不意味着我不喜欢《危险关系》。不,不,完全不是这样。我非常喜欢《危险关系》。然而,这么说吧,《无耻混蛋》的每个方面都是我想象的产物。在我写满一百六十页(的剧本)之前,《无耻混蛋》是不存在的。一切都是我创造的:人物、背景故事,以及那些最终没有出现在电影中但我知道的细节。《危险关系》不是这样的。尽管电影和原著非常不同——我完全将它改编成了我的作品——但《危险关系》给我一种二手的感觉。它是埃尔默·伦纳德的作品。它已经存在了。我到后期制作的时候才产生这种感觉,我发现自己开始失去耐心。这对我来说是最艰难的,明明心里已经想和这部电影告别了,但还得做配光[①]和混音。

吉尔比:从某种角度是不是可以说,在你的作品中最喜欢《危险关系》的人其实并不是真的"懂你"和你作品的精髓?

塔伦蒂诺:我觉得——我真的是这么想的——认为《危险关系》是我最好的电影是很正常的。观众很可能这么想。

① 配光(color timing)是指洗印胶片时,通过调整曝光量和光源的光谱成分,使各个镜头的影调和色彩能根据剧情环境的要求恰当地表现出来。

吉尔比:此话怎讲?

塔伦蒂诺:影片有一种可靠的成熟。片中的人物较为年长。而且影片是立体的。在影评人中,喜欢这一点几乎成了修正主义。当时,影片时长较长和多面立体这两点都没有为我赢得多少认可。影片刚出来的时候,观众的反应是:“他妈的赶紧动手。快点。”现在大家的感想似乎有所改变。《危险关系》的特点之一是,看第二遍、第三遍、第四遍之后会有更多的收获,得多看几遍。现在他们已经到达这种境界了。这是我要的一点小聪明,不过是以有趣的方式。我知道多年后观众才能理解我在做什么。我一直期望《危险关系》成为类似《赤胆屠龙》的影片,我认为它们是出色的“朋友电影”(hangout movie)。《危险关系》是一部“朋友电影”。如果你喜欢《危险关系》,可能每隔三五年就会重看一遍这部电影。如果你这么做,杰基、奥德尔和马克斯·御里就会是你的朋友,你每次看这部电影就是和朋友在一起。《年少轻狂》(*Dazed and Confused*,理查德·林克莱特,1993)就是这样一部电影。

同时,如果是看《低俗小说》,观众会说:“哇,看他做了什么!”我在那部影片中做的实验十分大胆。我的看法(还)是:最喜欢《危险关系》是很正常的。我无意改变你的想法,但你也可以试着再看看我的其他作品。

吉尔比:我们聊聊《无耻混蛋》。结构方面有趣的地方有好几点:将故事以章节的形式分成好几个部分,而不是交叉剪辑(cross-cutting),还有不同风格的切换——意大利西部片和“二战”电影。苏珊娜化妆的那一段像是来自《明月照沟渠》(*The Moon in the Gutter*,让-雅克·贝奈克斯,1983)。

塔伦蒂诺:我认为这部电影没这么复杂。我读了尼克·詹姆斯发表在《视与听》杂志(2009 年 7 月)上的影评,我显然不同意他在很多方面的观点。我不赞同的是——他不是唯一这么做的人——影评人评论我的作品时,他们知道我是超级影迷,会尝试和我斗智斗勇,炫耀自己的电影知识。所以我不喜欢尼克在影评中说:“哦,这里深受莱昂内的影响,这里是西米诺,再配上丁度·巴拉斯。”我要抗议!我不喜欢他们这么写。

(不过)《杀死比尔》确实如此(引用了很多其他电

影)。乌玛·瑟曼不仅是在一一杀死她暗杀名单上的人,不仅是在一一干掉曾经的致命毒蛇暗杀小组成员,还在穿越全球剥削电影的编年史。我不认为拍摄《无耻混蛋》时我采用了相似的手法。话虽如此,但前两章确实有类似的做法,我想用“二战”(电影)的意象拍摄意大利西部片。我认为仅限前两章,后面就是另外的内容了。为了切实营造这种风格,而不是仅仅把它当作一个时髦的点子,我注重表现意大利西部片严酷的环境——见证这些故事的严酷世界。这比美国西部大多数地方的环境要无情和严酷得多。非常暴力,人命轻贱,死亡近在咫尺。这就是“二战”期间的欧洲,就在20世纪。在我看来,《无耻混蛋》的开头很有意思:纳粹制服、摩托车和汽车并没有破坏西部片的感觉。这些元素明明应该打破这种氛围,实际上却对其有所助益。影片给人西部片的感觉,而且不是随便某一部意大利西部片:可能是《原野奇侠》(*Shane*,乔治·史蒂文斯,1953)。

吉尔比:苏珊娜逃跑时透过门拍摄的镜头让人不由想起《搜索者》(*The Searchers*,约翰·福特,1956)。

塔伦蒂诺：我要对此表示轻微抗议。这么说应该不为过：如果约翰·福特的母亲没有遇到约翰·福特的父亲，我也会发现透过门能拍到一个很酷的镜头。

吉尔比：但我们看电影时自然会联想到看过的其他影片。

塔伦蒂诺：我理解，没错，但相较于其他电影，我的作品似乎最容易得到此类评论！

吉尔比：你也有一部分责任：包括《无耻混蛋》在内的作品的配乐是由其他电影配乐的选段构成的。所以观众就会坐在那里想："这段音乐来自哪部名不见经传的电影？"

塔伦蒂诺：没错，你说得对。确实会这样，而且越是了解电影，就越想玩这个游戏。但回到西部片的话题，我觉得拍摄开场片段时发生的事情很有意思（那是拍摄的第一周，我们拍各种外景）。我的场记（马丁·基特罗瑟，他参与了我执导的每一部电影）对我说："昆汀，这是你的第一部西部片。"我确实感觉我们在拍摄一部西部片。第二章有搞笑的残暴、黑色幽默、绞刑架幽默①、血腥的玩笑和莫里康内的音乐，更给人一种意大利西部片的感觉。但在我看来它既有电影感，又有小说感。第三章是一部小型法国电影，带点刘别谦风格，尤其是戈培尔吃午餐的场景。而第四章给人一种影片及这个故事真的开始了的感觉。麦克·梅尔斯和迈克尔·法斯宾德说明情况的场景有点像60年代中期“几个人去打仗”那种影片的开场。你可以在不同的章节中灵活运用类型片的各种要素，但在我看来，影片是有小说感的。一章介绍人物，然后放下他们，介绍一批新的人物，然后搁置，再引入新的人物。但这一切都是在为将所有线索汇集在一起的第五章做铺垫。

吉尔比：对于观众来说有点难以理解，《低俗小说》和《金刚不坏》也有这样的问题，但程度较轻。

塔伦蒂诺：因为观众需要不断从头开始。有人喜欢，也有人不喜欢。有人批评我说，如果选几个人物并在他

---

① 绞刑架幽默(gallows humor)是指在极度不适、严肃或痛苦的情形下表现出来的幽默。

们的基础上不断构建，剧情就会更加有力。我不同意这种说法。我一直非常欣赏小说式的结构，我喜欢有些人物在部分章节中不出现，在其他章节中再出现。

在我的“大画布”电影，也就是《低俗小说》和《杀死比尔》中，我削弱了高潮，希望没有让观众感到失望和不满。我没有拍观众看大片的时候以为自己会看到的那种高潮。《低俗小说》以黑人风俗喜剧收尾。在《杀死比尔》中，新娘和比尔的终极对决与观众以为自己会看到的不同。《无耻混蛋》的不同之处在于，如果要拍一部冒险电影——最终这部影片变成了一部冒险电影——那我就要在第五章为观众准备盛大的结局，否则一定无法令人满意。影片过程中我可以随意打破规则，但高潮必须遵守规则。

吉尔比：对于热爱电影的人来说，这部电影的高潮犯了忌讳。你烧了一座电影院，把它炸毁了。你肯定知道这就是渎圣。

塔伦蒂诺：（笑。）是的！那是一座美丽的电影院。我们将高度易燃、非常漂亮的 35 毫米醋酸老胶片（nitrate film）用作爆炸物。那种感觉是：“他们要毁掉哪些电影？

难道是……不！那是《大幻影》(*La grande illusion*，让·雷诺阿，1937)吗？是唯一的拷贝？”

这是一个十分有趣的隐喻——电影摧毁第三帝国。另一方面，这根本不是隐喻，而是实际发生的事情：35毫米胶片在摧毁第三帝国！我想到这个结局时，它是写作中最令我兴奋的灵感。那是我艺术生涯的顿悟时刻之一。我想(用很低的声音激动地说)：“用醋酸胶片把剧院炸掉！”因为这是实际可能发生的。“我的天，为什么以前从来没有人想到过？”

当时，电影院老板的首要工作不是放映电影，而是防止该死的电影院被烧毁。只要想想以前发生的各种影院火灾，尤其是在默片时代(两百人死亡，三百人死亡，轰的一声付之一炬)，就会觉得将电影视为一种艺术形式几乎是不可思议的。因为胶片他妈的太易燃了。35毫米醋酸胶片随时可能爆炸。

结局还有更多的内涵。让我们考虑一下那一堆电影拷贝。如果那一堆胶片——我在电影里没有探讨这一点，但现在可以讨论一下——如果苏珊娜收藏的35毫米胶片被纳粹归为违禁品呢？比如《大幻影》。比如《梅耶林》(*Mayerling*,安纳托尔·李维克,1936)、《鸭羹》(*Duck Soup*,莱奥·麦卡雷,1933)、《寻子遇仙记》(*The Kid*,查理·卓别林,1921)。好,现在让我们看看另一种可能。它们都是戈培尔的电影,是三百份纳粹宣传电影的拷贝,所以是戈培尔自己的作品摧毁了第三帝国。

吉尔比:双赢。

塔伦蒂诺:没错!你越是深挖这些与电影有关的隐喻,越会有丰富的想象空间。

吉尔比:当影片中的暴力有广泛的现实依据时,你是如何处理暴力的呈现和拍摄的?我想到了第一章的片段——纳粹隔着地板用机关枪扫射犹太人一家。

塔伦蒂诺:我一直知道那里我想怎么拍。但这和你提到的事情没有什么关系。我从来没想过拍地板下的人被子弹击中后(流出)的血。我希望用木头上落下的木屑代替血肉。我觉得这更可怕。知道(将死的犹太人)在那里,但你只能看到地板发生的变化。看到苏珊娜出来你就会明白,你知道她在下面一定有炼狱般的经历。

吉尔比:在到处都是巨大的万字符的片场拍摄感觉如何?是不是逐渐就习惯了?

塔伦蒂诺:尽管有点奇怪,但确实如此。和拍《杀出个黎明》的时候类似,当时我们在一个(墨西哥)脱衣舞酒吧拍摄了三周,身边全是裸女。到了一定阶段,你就不会在意了。

吉尔比:杀死纳粹(和剥头皮)是影片中最血腥暴力的场面。你有没有注意避免迎合观众对杀戮和恶有恶报的渴望?

塔伦蒂诺:我的想法是这样的:无良杂军们百无禁忌。他们不会正面战斗,都是先伏击纳粹士兵,一定他妈的赶尽杀绝。亵渎尸体就是他们的战术,这样其他德国人遇到他们就会绝望地哀号:“上帝啊!”知道吗?你在被无良杂军抓住之前,最好自杀。

瞧,我完全没有改变无良杂军的做法。但我描写了一个德国中士。他不是一名畏畏缩缩的懦夫。如果从他的角度看,他甚至是英雄。弗雷德里克·佐勒也是如此。

用任何标准去衡量，佐勒在战争中的表现都是英勇的。如果奥迪·墨菲是英雄，佐勒就是英雄。所以观众可以享受无良杂军的行动，我就是这么设计的。但一切又没这么简单。无良杂军们完全不介意杀死电影院里的所有人——包括军官的妻子和女友。他们的看法是：和敌人同床共枕的婊子们也应该去死。观众可能不会认同这种观点，可能会反对。观众可以有自己的想法。但电影本身不会这么简单分明。

吉尔比：汉斯·兰达上校让影片更加复杂，他是影片中最具个人魅力的人物，符合银幕上历史悠久的、抢戏的可恶纳粹形象。在你看来，兰达的个人魅力——他对整部影片的主宰——是为了向观众表明影片没有这么“简单分明”所做的尝试之一吗？

塔伦蒂诺：克里斯托弗精彩的表演之外，剧本中的一些元素也会让观众对兰达产生这样的感觉。其中之一是，电影开始后不久，观众就会意识到兰达不是纯粹的纳粹党成员。他只是在做自己的工作。他不是极端狂热的第三帝国鹰犬。纳粹党不是他的宗教；他是一个非常实际的人。如他所说,他是一名优秀的侦探。“我的工作是找人,所以我自然为纳粹做找人的工作。这就是我的工作。”在第三帝国,无论你是演员、工程师,还是从事其他职业,战争开始后你都继续做以前的工作。不为纳粹服务相当于在战场上叛逃。我并不是说他是无辜的,但他显然和戈培尔不同。爱国和对政党忠诚不是他的主要追求。

他很有魅力,会令观众感到矛盾。这不是说想给他加油。你不会想的。当他在餐馆出现在苏珊娜身后的时候,你会感到害怕。但他建立了出色侦探的形象,你不希望他令你失望。你希望他像你想象的那么厉害。

吉尔比:他说话非常有技巧,以至于当他失控并袭击布里奇特(黛安·克鲁格饰)时我感到很失望。

塔伦蒂诺:我其实很喜欢他失控这一段。原因之一(我在电影里没有详细解释,但观众会注意到)是,只要发现布里奇特·冯·哈默斯马克在为敌人工作,任何德国人都他妈的会失控。我设计了完整的背景故事。布里奇特是一位女演员,对于德国人来说,她有点像《忠勇之家》(*Mrs. Miniver*,威廉·惠勒,1942)中的葛丽亚·嘉逊。

她被誉为留下来(留在德国)的黛德丽[①]。她是德国士兵的海报女孩,他们的梦中情人,第三帝国影坛的甜心。发现她在撒谎令他们发疯!

吉尔比:看电影期间,我一直在想兰达为人处世有几分是真心、几分是表演。

塔伦蒂诺:兰达对自己总是诚实的。但在任何情况下,无论是审问犯人还是为了达到某个目的做某事,他都完全是在表演。如果我是兰达,而你走进来采访我,你还没坐下我就已经知道关于你的一切了。我会提到让你措手不及的事情,让你感到有点不安,不是处于劣势,但就是有点不踏实。而他则永远胸有成竹。他和农夫拉帕迪特说话的时候假装自己法语不好。我们都知道这完全是扯淡,他的法语他妈的太好了。但他希望拉帕迪特说英语,因为这样拉帕迪特就会感到紧张。还有一个原因:他不希望藏在地板下的一家人听懂他们在说什么。

---

① 玛琳·黛德丽(Marlene Dietrich,1901—1992),美籍德裔女演员,出生于柏林,后来在好莱坞发展,代表作有《控方证人》等。

在剧本中,我在那个片段中写了兰达拿出葫芦烟斗(calabash pipe)——福尔摩斯的烟斗——然后抽烟斗的情节。克里斯托弗和我在德国的一家餐馆——名字竟然叫奥地利——吃晚餐。那里有全柏林最好吃的炸肉排(schnitzel)。我们坐在那里聊天,我给克里斯托弗提了个建议,然后问他:"克里斯托弗,你觉得怎么样?也许兰达根本不抽烟斗。烟斗是一个在适当的时间拿出来用的道具。拿一个什么样的烟斗?福尔摩斯的烟斗。你让他(拉帕迪特)知道:'什么都瞒不过我。'"

克里斯托弗说:"没错!我就是为此才选它的。"

吉尔比:你写的精彩对话得到了很多关注。但相较于对话,语言在《无耻混蛋》中更重要,不是吗?我指的是掌握不同语言的能力,兰达就拥有这种能力。这正是力量之所在。所有对话都是用相应的语言进行的,然后再打上字幕,这一点也很关键。

塔伦蒂诺:可以说整部电影就是围绕语言展开的。这甚至不是潜台词,就是影片的表面讯息之一。我显然不喜欢所有人(影片中的外国人)都说英语,以及让皇家莎士比亚剧团[1]的演员或者克里斯托弗·普卢默饰演纳粹这种不自然的设置。瞧,我不介意60年代的电影这么做;这是一种不自然的设定,但因为是时代色彩所以我们接受了。事实上,(尽管)这种做法现在看来很过时,但其实是那些电影的特色之一。它们是你父亲看的那些"二战"电影,事实上,我认为我们这一代人已经不吃那一套了。你能想象一部伊拉克人说英语的伊战电影吗?在《血染雪山堡》这样的电影中,理查德·伯顿和克林特·伊斯特伍德德语都说得非常流利——我不是在取笑他们——他们德语说得很好,只要穿上德军制服就他妈的可以去任何酒馆,和很多(纳粹)士兵待在一起,完全不用担心暴露。他们刻意设定英语就是德语。这需要观众努力去接受。

整部影片中原本应该最具悬念的因素却他妈的被舍弃了!在"二战"期间的欧洲,语言能力可能会决定你是被枪决后扔进沟里,还是能够再活一天。所以《无耻混

---

① 皇家莎士比亚剧团(Royal Shakespeare Company),英国剧团,历史悠久,主要表演莎士比亚的作品。

蛋》中)有名叫路易斯安那的酒馆中的片段,那个酒馆和《血染雪山堡》中的酒馆差别不大,但是阿奇·希科克斯(迈克尔·法斯宾德饰)必须说好德语。一切都取决于此。不仅仅是流利——他德语说得很流利。这还关系到方言,以及德语是不是他的母语。

写兰达时,我知道自己创造了我笔下最伟大的人物之一。他是一名语言天才。如果我不选一名同样是语言天才的演员,剧本上的兰达就无法被呈现在银幕上。克里斯托弗就是这样的天才。他说我的母语(英语)就像念诗一样,在这方面,他和塞缪尔·杰克逊不相上下。

吉尔比:我想和你聊聊《刑房》,影片在美国之外被分成了两部电影,你的《金刚不坏》和罗伯特·罗德里格兹的《恐怖星球》。

塔伦蒂诺:我不介意它在日本、德国、法国、捷克斯洛伐克和其他国家被分成两部电影。在英国也分成两部是一个糟糕的错误。这是惶恐之下做出的决定,因为《刑房》在美国的表现很糟糕。(但)事实上英国是有观看双片电影的传统的。在我的电影海报收藏中,有一个专门为英国双片电影海报预留的小分区，它们非常棒。所以在英国，他们并不是要让对这个传统完全陌生的观众去接受这种形式。英国是有这种传统的。

吉尔比：你喜欢现在两小时版本的《金刚不坏》吗？还是说你希望观众去看《刑房》中的九十分钟版本？

塔伦蒂诺：就观影体验来说，《刑房》是我最成功的作品。周五在美国首映的成绩很好——如果只看周五的总票房，你会认为影片后来的表现非常好。但随后形势急转直下。所以死忠影迷基本上都在周五看过了。我确实认为这才是观看《刑房》的正确方式——在电影院看完整版。我认为如果你在电视上看，那最好是《金刚不坏》和《恐怖星球》分开看。

吉尔比：这部影片被你说得好像是必须在特定场所欣赏的艺术品。

塔伦蒂诺：没错！

"Days of Gloury" by Ryan Gilbey from *Sight & Sound* 9, no. 9 (September 2009).

# “被解救的”塔伦蒂诺:姜戈三部曲

小亨利·路易斯·盖茨/2012 年

你是不是以为《无耻混蛋》之后,昆汀·塔伦蒂诺不会再拍历史复仇幻想故事了?他的最新作品《被解救的姜戈》,用《根》杂志主编小亨利·路易斯·盖茨的话说,是“一部后现代奴隶叙事①西部片”。这部灵感来自意大利西部片的《被解救的姜戈》,用大量露骨的暴力画面、种族侮辱和塔伦蒂诺影片中惯有的狂妄不敬,描绘了南北战争前美国南方奴隶制的恐怖。影片讲述了一个宏大的

① 奴隶叙事(slave-narrative)是对逃亡奴隶或前奴隶的人生的描述,是最具影响力的美国文学传统之一。

故事:原先是奴隶的赏金猎人(杰米·福克斯饰)在他导师(克里斯托弗·瓦尔兹饰)的帮助下,将他的妻子(凯丽·华盛顿饰)从一座残酷的密西西比棉花种植园救出来。影片得到了黑人评论家和知识分子的好评,但也遭到了批评。在以下与《根》杂志常驻奴隶叙事学者的主题宽泛的对谈中,塔伦蒂诺详细解释了他对姜戈-无耻混蛋三部曲的设想、福克斯最初与其饰演的姜戈的隔阂,以及《被解救的姜戈》中灵感间接来自《一个国家的诞生》(*The Birth of a Nation*,大卫·格里菲斯,1915)的片段。

小亨利·路易斯·盖茨(以下简称盖茨):你在《无耻混蛋》和《被解救的姜戈》中分别攻击了纳粹和奴隶主。接下来你准备对付什么压迫者?

昆汀·塔伦蒂诺(以下简称塔伦蒂诺):《无耻混蛋》曾经是一个规模很大的故事(剧本),其中还有一队黑人士兵,他们被美国军队欺压。就像奥尔多·雷恩中尉和无良杂军的阿帕切式反抗,黑人士兵们(也)走上了同样的斗争道路,在一个军事基地杀死了一些白人士兵和军官,一路打到瑞士。我原本计划把这个故事拍成迷你剧,因为情节太庞杂了。最终(将《无耻混蛋》)拍成电影时,为了保证影片可控,我将这部分全部删除了。大部分内容都写好了。剧本是现成的。

盖茨:这样三部曲就有第三部了。

塔伦蒂诺:就是三部曲的第三部。无良杂军还会在其中出现,但主要人物是(黑人)士兵。影片会叫《杀人乌鸦》(*Killer Crow*)之类的名字。

盖茨:故事发生在什么时间?

塔伦蒂诺:1944 年。诺曼底登陆之后。

盖茨:我最近看了杰米·福克斯接受杰·雷诺的采访。他说(最初)在饰演姜戈时他演得过度自信和英勇了,后来你让大家都坐下,然后说大家要乘时光机回到过去,把自己当成奴隶,想象那种感觉。他说这对他来说是一个意义深远的时刻。

塔伦蒂诺:那是第一天排练,当时只有他和克里斯托弗·瓦尔兹(饰演舒尔茨)。我们在排剧本的前十五页。

盖茨：能详细说说吗？

塔伦蒂诺：坦白说就是，杰米作为一名强势的黑人男性想要把这个人物演成一个强势的黑人男性。我注意到他在舒尔茨面前都有些我行我素。排练了一阵之后，我（对自己）说：“好，我不去纠正他。就让他这样演。让他把自己的想法演出来。让他按照自己的方式去演。我也不想草率地对他进行评判。”

我们拍了一整天，结束之后，我找到杰米，就我们两人。我说：“如果姜戈一上来就是一个只是偶然沦为奴隶的了不起的大英雄，那我们就没有故事了。还要考虑到，在影片中的故事开始之前，他（镣铐加身）从密西西比州走到了得克萨斯州。因此观众见到你时，你已经累得半死了。他们的食物有限。如果没有遇到苹果树，就没有东西吃，就是这样。所以你是很虚弱的。”

事实上，我拿来了一张纸，在上面画了七个 X，然后用像锁链一样的小圆圈把 X 的腿连在一起。我把第六个 X 圈了出来。然后我说：“这是刚出场的姜戈。在后面，第六个。他不是吉姆·布朗，不是超级英雄。你太急于成为吉姆·布朗了。就这么简单。你得不断成长才能逐渐变成他。你要表现出他此前一直是奴隶，一直在种植园生活。”

盖茨：杰米说那个时刻立刻改变了他？

塔伦蒂诺：他意识到我不是让他软弱，不是让他放弃他的力量。我们必须在观众眼前一步步构建他的力量。

盖茨：必须有叙事弧线[①]。

塔伦蒂诺：事实上，姜戈是一个了不起的人物。所以他才经得住考验。我们不用在第一个场景就表现这一点。

盖茨：你作为一个白人导演，做这样的决定会感到不安吗？

塔伦蒂诺：我创作时从来不征求“昆汀”的意见，这可

① 叙事弧线(narrative arc)指小说或故事中按照时间顺序构建的情节，一般包括阐述、上升动作、危机、下降动作、解决五个阶段。

以说是我任性的坚持。我完全遵循人物的意愿。我对人物可能有自己的设计，但如果他们不接受，有自己的想法，我就听他们的，跟着他们的想法走，义无反顾。所以无论是男性还是女性，黑人还是白人，我做出关于人物的决定之前从不犹豫。我做决定只是为了厘清情节。

盖茨：明年，《林肯》(*Lincoln*，史蒂文·斯皮尔伯格，2012)和史蒂夫·麦奎因的《为奴十二年》(*12 Years a Slave*，2013)都会上映。我是索尼的一部关于弗雷德里克·道格拉斯[①]的影片的联合制片人。你为何现在要拍一部关于奴隶制的电影？

塔伦蒂诺：天啊，我不知道。我拍这部电影的时候，不知道有这么多类似主题的电影要上映。说实话，从美国故事和美国治愈的角度看，没有什么比这个主题更让我激动的了，空气中就是有某种氛围。

① 弗雷德里克·道格拉斯(Frederick Douglass，1817—1895)，非裔美国人，废奴主义者、演说家、作家，代表作有《道格拉斯自述》。

盖茨:是什么催生了《被解救的姜戈》?为什么将奴隶叙事和西部片结合在一起?

塔伦蒂诺:第一,我一直想讲一个西部故事。第二,我一直想在电影中重现南北战争之前的美国南方,奴隶制废除之前的美国,我想展示那是一个多么截然不同的地方。一个令人难以理解的地方。(我想要)创造一种环境,不仅让一个历史故事在其中重演——人物先这样再那样——而且把它变成一个类型故事,把它变成激动人心的冒险。

八年前,我和雷吉·哈德林——《被解救的姜戈》的制作人之一——聊起了(当时的)一部关于奴隶制的电影,他不喜欢那部电影。他分析了原因——为什么他认为那部影片在赋予人力量方面没有达到预期。他有一句约翰尼·柯克伦①风格的总结语令我十分震惊。他说:"你看,拍摄这部电影的意图显然是好的,但最终对于黑人观众来说,在给人力量方面,它还不及《黑查理传奇》

---

① 约翰尼·柯克伦(Johnnie Cochran,1937—2005),美国黑人律师,因代理辛普森杀妻案而闻名全球。

(*The Legend of Nigger Charley*,马丁·高德曼,1972)的一半。"

盖茨:他的话对你产生了什么样的影响?

塔伦蒂诺:他的话就像一颗击碎幻觉的钻石子弹。我完全明白他在说什么。我听进去了,然后我说:"总有一天我要拍那样一部电影。"

盖茨:所以你是以《黑查理传奇》为基础在做各种尝试?你在暗示它?

塔伦蒂诺:是的,没错。那其实是一部能够让人充满力量的影片。他们想拍一部好电影,但是资金不足。不过,它还是独树一帜。

盖茨:《被解救的姜戈》与《一个国家的诞生》截然相反。你是刻意这么做的吗?逆转《一个国家的诞生》对奴隶制的描述?

塔伦蒂诺:是的,你要知道,我对《一个国家的诞生》及其制作过程很着迷。

盖茨:为什么?

塔伦蒂诺:我认为它导致了3K党的重生及之后的流血事件——几乎直到20世纪60年代早期。我认为小托马斯·狄克逊[《族人》(*The Clansman*,1905,《一个国家的诞生》的原著)的作者]和电影人大卫·格里菲斯如果根据纽伦堡法案受审,他们会因为制作了这部电影及该片引发的后续事件而被判战争罪。我读了《美国种族主义者:托马斯·狄克逊的人生和电影》(*American Racist: The Life and Films of Thomas Dixon*,安东尼·斯莱德,2004),这是一本令人十分不安的书——因为我一直讨厌狄克逊,所以更觉得反感。这本书其实让我加深了对他的了解,尽管把他视为怪物反而更容易。但如果你试着读《族人》,就会发现在丑恶程度上真的只有《我的奋斗》能与之比肩。

盖茨:天啊,真的很邪恶。

塔伦蒂诺:非常邪恶!我是不会轻易用这个词的。这也是当时最受欢迎的巡回演出剧目之一。

盖茨：也是影史上的一个重要时刻。

塔伦蒂诺：（我来说明一下）我是怎么想到（《被解救的姜戈》中的）3K 党人的，他们还不是 3K 党，巡逻员们[①]还在就（他们戴在头上的）帽子相互争论。导演约翰·福特是《一个国家的诞生》中的 3K 党人之一，所以我猜：在影片中，约翰·福特为了大卫·格里菲斯穿上了 3K 党的制服。为什么？他是怎么被说服的？他不能说自己不了解影片的内容。当时所有人都知道《族人》。

盖茨：是的。那是一本畅销书。

塔伦蒂诺：然而（福特）还是穿上了 3K 党的制服。他骑上马，奔向对黑人的奴役。我写下了这句话：“他一路狂奔，我确定他骑马时 3K 党人的斗篷在他头上晃来晃去，他根本什么都看不见。”天啊！可能确实如此。

---

① 夜晚，巡逻员（the Regulators）骑着马在美国南方的街道上巡视，监督奴隶执行宵禁，寻找逃亡奴隶，并保护农村地区不受黑人起义的威胁。

盖茨：所以九十八年之后，你用《被解救的姜戈》解构了《一个国家的诞生》。

塔伦蒂诺：是的，其实很好笑。约翰·福特显然不是我的美国西部英雄。我讨厌他，这么说已经算十分委婉了。忘掉他像杀僵尸一样杀掉的面目模糊的印第安人。正是这样的人让盎格鲁-撒克逊人的人性与其他种族不同这一观念得到延续。你可以在20世纪三四十年代的电影中看到这一点——现在仍旧存在。50年代也能看到。这种观念近来才被指出是胡扯。

我的西部片英雄之一是一位名叫威廉·威特尼的导演，他拍摄系列片。他的作品包括《佐罗的战斗军团》(*Zorro's Fighting Legion*，1939)和大约二十二部罗伊·罗杰斯电影；他拍了很多西部片。他是共和影业[1]的伟大动作片导演。70年代他还在拍电影。

所以他就像低成本版的约翰·福特。他们和同样的人合作：他的特技演员是亚基马·坎纳特。所以可以说，

---

① 共和影业(Republic Pictures)是20世纪中叶运营的美国电影制作和发行公司，擅长制作以悬疑和动作为重心的西部片、系列片与B级电影。

约翰·福特穿着3K党的制服奔向了对黑人的奴役。威廉·威特尼则以执导(黑人电影)《暗镇流浪者》(*Darktown Strutters*,1975)结束了自己五十年的电影生涯,请(灵魂音乐组合)戏剧乐队(The Dramatics)在影片中演唱歌曲《所见即所得》("Whatcha See Is Whatcha Get")。他还执导了吉姆·布朗主演的《魔鬼岛》(*I Escaped from Devil's Island*,1974)。我知道我站在哪一边。

盖茨:斯派克·李总是批评你用"黑鬼"这个词。对于那些因为你用"黑鬼"这个词或你对奴隶制的残酷描述而受到冒犯的黑人电影人,你想说什么?

塔伦蒂诺:如果要拍一部有关奴隶制的电影,要让21世纪的观众回到过去,你就一定会听到一些难听的话,一定会看到丑陋的东西。这是真实地表现这个故事、这种环境和这片土地所不可或缺的。

我个人认为(这种批评)十分荒谬。因为如果有人说,"电影里的表现比1858年的密西西比夸张多了",这种批评可能还有一定的合理性。但没人这么说。如果不这么说,批评我的人就是在让我撒谎。(他们认为)我应该稀释残酷,让观众更容易接受。不,我不希望它变得容易接受。我希望它像一块巨石,一颗形状尖锐的药丸,而且你没有水,只能干吞。

盖茨:你猜怎么着?你成功了。远比"黑鬼"这个词及奴隶制的残酷更让人不安的是塞缪尔·杰克逊成功演绎的斯蒂芬(莱昂纳多·迪卡普里奥饰演的种植园老板卡尔文·坎迪的家奴[①]头领)。在他面前,斯特平·费奇特[②]简直就像马尔科姆·X[③]一样!这一切是你在剧本中事先写好的,还是塞缪尔自由发挥出来的?是他的即兴发挥吗?

塔伦蒂诺:塞缪尔是一位很出色的作家。他会给对白添加塞缪尔·杰克逊的独特色彩。但这个角色在剧本中早已存在。这其中还有一个有趣的故事,塞缪尔听说

---

① 家奴(house slave)是在种植园从事家务劳动的奴隶。

② 斯特平·费奇特(Stepin Fetchit,1902—1985),非裔美国肢体喜剧演员,在20世纪30年代很受欢迎,但他饰演的懒惰迟钝、胡言乱语的"黑鬼"角色冒犯了非裔美国人群体。

③ 马尔科姆·X(Malcolm X,1925—1965),美国黑人民权运动领导人物之一。

我在写这部电影时，我觉得他默认姜戈是为他打造的。我早期也是这么想的。我开始——最早的时候——的想法是，用几个片段讲述姜戈的背景故事，然后跳到南北战争后，将主人公设定为一个与塞缪尔·杰克逊年纪相仿的人物。后来我决定：“不，这样不行。故事缺失了最重要的部分。”我决定保留相对年轻的主人公。

把剧本给塞缪尔之后，我打电话给他：“如你所见，主人公和预想的不太一样。你大概比他大了十五岁。”

“是的，我注意到了。”

我问他：“你介意饰演斯蒂芬吗？”

“我介不介意演有史以来最可恶的黑人混蛋？不，我完全不介意。不，我已经在做准备了。我在和我的化妆师商量头发与肤色。我希望这个人物像刚下奴隶船的样子。”

盖茨：西部最坏的黑人牛仔姜戈和影史上最厉害的汤姆叔叔斯蒂芬形成了极致的对比。（他们是在密西西比的种植园相遇的。）

塔伦蒂诺：前往坎迪种植园（Candieland）的一段几乎

类似《黑暗的心》。我的设想是一个大型的、工业化的、附有建筑物的种植园。我是说，密西西比第四大棉花种植园——相当于现在拥有都乐菠萝公司[①]之类的。一个大型的、赚钱的商业机构。种植园可能横跨四十英里或者六十五英里。

盖茨：当时，密西西比、阿拉巴马和佐治亚的棉花种植园创造了美国空前的经济繁荣。

塔伦蒂诺：没错。不需要向工人支付任何报酬。种植园里有很多奴隶，种植园主拥有他们；他们是种植园主的财产。还有同样住在种植园里的白人工人。这片土地上有一个完整的社群。种植园规模扩大到一定程度，人口增长到一定程度之后，种植园主就变得像国王一样。正如臣民属于国王，国王可以处死臣民，种植园主也可以这样对待奴隶，而且完全无须担心受到惩罚，他们也可以这样对待贫穷的白人，但不是完全没有被追责的风险。

---

① 此处指的是都乐食品公司，于1851年在夏威夷成立，发展至今已成为从事新鲜水果、蔬菜的生产和销售的跨国集团。

如果用童话打比方,(姜戈和舒尔茨)就是在向邪恶王国进发。布鲁姆希尔达(姜戈被奴役的妻子,凯丽·华盛顿饰)则是被关在高塔里的公主。

盖茨:你通过在故事中嵌套故事,在神话中嵌套神话,明确地表现了这一点。

塔伦蒂诺:但是若要好好表现这个主题,我们就必须体现种植园(宅子)和农田里的社会阶级区分——家奴和农奴之间类似主仆的关系。

盖茨:斯蒂芬处于什么位置?

塔伦蒂诺:我在剧本中花了很多笔墨写斯蒂芬。我写道:“他有点像巴兹尔·拉思伯恩在冒险电影或剑客电影中饰演的角色,坐在国王身边,对着国王的耳朵窃窃私语,守着自己的小领地,通过宫廷的阴谋诡计操纵所有人。”

盖茨:我记得那种人物,而且讨厌他们。他们令人毛骨悚然。

塔伦蒂诺:在香港电影中,他们是太监。他们能够以这种方式控制皇帝。我也写了:“那就是斯蒂芬。他是家奴中的巴兹尔·拉思伯恩。”

盖茨:这是一流的表演。恶魔般邪恶、自私和自我厌恶。不过我还有一个问题。为何让姜戈成为超人?他是如何躲过那么多子弹、毫发无伤地逃脱的?那显然是一个神话式的结局。不杀死他,让他幸存,把他塑造成一名超级英雄为何重要?

塔伦蒂诺:一方面,我在讲一个历史故事。涉及奴隶贸易的真实情况时,我必须力求真实,用正确的方法去表现。另一方面,如果是与主题相关的部分,我乐于做风格化的处理——从意大利西部片中取材。我对奴隶叙事进行夸张,赋予其民间传说和歌剧的特点。

是的,(姜戈)没有被这些(种植园里的白人)打中。同时,我们其实表现出他们枪法很差,时常误伤彼此。但(关于姜戈)——没有人提这一点,但它其实很重要——观众习惯的香港电影中的人物用的是 .45 口径自动手枪和乌兹冲锋枪,他们可以有很多花样。而姜戈的每把枪里只有六发子弹,就这么多了。当时的子弹还没有弹壳。

所以一切都要在枪管里准备好——用小的铅球和火药。不存在清空枪膛和重新装弹。必须自己准备(弹药)。因此在整场大规模的枪战中,他的主要工作就是杀敌和抢他们的枪。

我的做法之一是反派冲人开枪时,子弹一般不会把人炸开。它们留下小洞,致人受伤或死亡,但不会把他们的身体撕碎。姜戈开枪则会直接把敌人炸成两半。

盖茨:我注意到了这一点。

塔伦蒂诺:我不担心惹怒历史学家,因为我很明显在借鉴意大利西部片:人命很廉价,死亡却很昂贵。死亡是有标价的。我将奴隶在交易中的价格设定得特别低,把(抓住通缉犯的)赏金设置得特别高。

盖茨:这让我有点困惑。

塔伦蒂诺:这只是意大利西部片的一种套路。人命很廉价。人命如浮尘。人命如水牛镍币[①]。人命如草

① 水牛镍币(buffalo nickel)是1913—1938年间美国发行的硬币。

芥。但死亡带来利润。死亡能够赚钱。死亡是黄金。

盖茨:我是一名研究奴隶制的学者。我上课时注意到,我们逐渐习惯奴隶制造成的苦难和痛苦,我们与之保持了足够的距离,人们无法再体会到奴隶的焦虑、压力、恐惧、极端的痛苦等情感。

塔伦蒂诺:(我明白)你的意思,你的学生和普通人刻意与奴隶制保持距离,了解相关的信息对他们来说就足够了——只追求知识。他们刻意约束自己,了解事实就足够了。

盖茨:我认为在《被解救的姜戈》中,你真的开始让现代观众重新去体验那种痛苦,尤其是坎迪的奴隶达达尼昂(奥托·艾森度饰)被狗撕碎的那一段。顺便一提,确实发生过这种事。法国人在海地革命中用过那样的狗。

塔伦蒂诺:是的。他们找来特别凶的狗,从小开始养,让黑人奴隶打它们、折磨它们、不给它们东西吃,所以这些狗认准了黑皮肤的人是敌人。

盖茨:如果有人批评你——因为拍摄一个人被狗撕碎的场景让观众感到不适——你会如何回应?在选择如何表现奴隶的苦难时,你如何做决定?

塔伦蒂诺:我写影评和与电影相关的文字作品。目前都没有出版,但我在积累。这能让我从艺术的角度去思考,去分析,甚至去评论。(完成《无耻混蛋》之后)我在写一篇有关赛尔乔·科尔布奇的文章——一篇长文。他是原版《姜戈》(1966)的导演和编剧。我看了他所有的意大利西部片,非常喜欢他创造的西部。

科尔布奇作品的显著特点是他塑造的西部残酷至极。反派的邪恶令人发指,其他人生性缺乏同情心,生命则廉价至极。暴力是超现实主义的。他拍摄的牛仔电影的真正主题似乎是法西斯主义(这是合理的,因为意大利不久前才挣脱墨索里尼的控制),只是在表面装点了牛仔和墨西哥的意象。他作品中的亡命之徒占领一座城镇时,给人一种纳粹占领的感觉,受害者的遭遇也很像犹太人大屠杀。

我写这些时的想法是:“我并不知道赛尔乔·科尔布奇当时在想什么,但我清楚此刻我自己的想法,而且我可以实现:拍出一个暴力、无情的科尔布奇式的西部。"美国与之相当的是什么?我该讲一个什么样的美国故事?(可以是)南北战争前的南方的(奴隶)故事!(可以有暴行、痛苦)英雄主义,和反抗希特勒的特征十分类似。但我并不想为观众献上一部类似《辛德勒的名单》(史蒂文·斯皮尔伯格,1993)的影片,尽管我很欣赏这部影片。我希望我的作品更具娱乐性,讲述一场激动人心的冒险。

(在《被解救的姜戈》中)越是深入密西西比,观众就越能感同身受,真的看到那种痛苦。在我看来,曼丁哥[①]人决斗(两名奴隶在其中殊死搏斗)和人被狗撕碎的片段体现了那种痛苦。剧本中还有一个片段有点像我的《辛德勒的名单》:买来的曼丁哥角斗士在坎迪种植园站成一排,比利·克莱什(沃尔顿·戈金斯饰)为了让剩下的人更有斗志,随便杀死几个。

坎迪甚至有这样一句台词:"买来的五个角斗士中,我们一般只保留大约三个,但那三个一般都非常幸运。"那个片段真的很像讲述犹太人大屠杀的电影。最终我不

① 曼丁哥(Mandingo)是西非的一个民族,属尼日尔-刚果语系。

需要这个片段了。狗和曼丁哥决斗的两段就足够了。

盖茨:还有,把布鲁姆希尔达关在一个很热的小房子里(对逃跑奴隶的惩罚)的片段也很可怕。

塔伦蒂诺:尤其是因为(之前)你每次看到她,她都是在闪回中或者姜戈的想象碎片中出现的。因此这是你第一次见到现在的她,她的遭遇比你想象的还要糟糕。

盖茨:在你看来,我们为什么必须和痛苦保持距离——让你在影片中对痛苦的再现显得骇人?

塔伦蒂诺:我不知道这个问题的答案,因为我没有这种感觉。我不明白为什么有人会这么想。我认为美国是唯一没有被迫正视自己过去犯下的罪行的国家。

盖茨:无论怎么表现奴隶制的恐怖,现实中的奴隶制都要恐怖一万倍。

塔伦蒂诺:那几乎成了《被解救的姜戈》的口号。我们总说:瞧,影片中的一些画面非常残忍,但实际情况就是非常残忍,事实上比影片残忍得多。

盖茨:你为什么决定将舒尔茨塑造成一个类似耶稣的人物?

塔伦蒂诺:剧本公开后引起了一些(争论)。有些人猜测舒尔茨是白人救世主类型的人物。他(拿出)魔杖一挥,姜戈就有了各种技能。姜戈之所以能做到这些,是因为舒尔茨允许他这么做。这种说法其实有点意思。(但是)我认为它不适用于我的故事。我在讲一个黑人故事,与此同时也是一个西部故事。我有西部片的手法帮助我讲述这个故事。

盖茨:事实上,我会称之为一部后现代奴隶叙事西部片。

塔伦蒂诺:我可以接受这种说法。西部片的套路之一就是,一个有经验的枪手遇见一名需要完成某个任务的年轻牛仔,年长的、经验丰富的枪手会教年轻牛仔这一行的诀窍:如何拔枪,如何杀人。比如《男子汉大丈夫》(*Man Without a Star*,金·维多,1955)中,柯克·道格拉斯教年轻的威廉·坎贝尔;《西部浪子》(*Nevada Smith*,

亨利·哈撒韦,1966)中布赖恩·基思教史蒂夫·麦奎因;还有,在李·范·克里夫参与的多数非赛尔乔·莱昂内执导的意大利西部片中,他出演的都是类似的角色。现在,如果去看功夫电影,也都是类似的剧情。一位年长的人物教导一位年轻的人物,让后者走上复仇之路。

盖茨:这是这种类型的基本套路。

塔伦蒂诺:没错。所以我选择依仗这种模式。不过,我知道影史上有一部关于史蒂夫·比科[1]的电影[《哭喊自由》(*Cry Freedom*),理查德·阿滕伯勒,1987],但我们是从凯文·克莱恩[2]的视角讲述这个故事的。事实上,我希望在故事进行到一半的时候制造一种叙事上的焦虑:“等等,从头到尾都是靠舒尔茨一个人吗?这是怎么回事?”没关系。在我看来这是合理的。但姜戈什么时候成为英雄呢?在故事的前半段,他确实只是舒尔茨的跟班。

---

① 史蒂夫·比科(Steve Biko,1946—1977),南非黑人觉醒运动发起人。

② 凯文·克莱恩(Kevin Kline),在《哭喊自由》中饰演史蒂夫·比科的白人记者朋友唐纳德·伍兹(Donald Woods)。

盖茨:但那是(姜戈的)学徒期。

塔伦蒂诺:没错。稍微偏题一下——对我来说,影片前半段最有意义的时刻之一是,(姜戈和舒尔茨)在雪天骑着马去警长的办公室送尸体,警长说:"嗨,姜戈!舒尔茨!你们还好吗?"

盖茨:那一幕让我印象深刻,因为他接受了姜戈赏金猎人的身份。

塔伦蒂诺:那是影片中唯一一次舒尔茨之外的白人男性和姜戈说话。警长甚至没有提到他的肤色,而且对他很尊重,不仅仅是尊重——警长把他当作一名专业人士对待。(舒尔茨和姜戈)显然已经成为一个真正的团队。他们都被请进了屋里,分享那个人的生日蛋糕。

盖茨:你这么拍,不仅是为了表现警长的性格,还体现了姜戈身上一种全新的成熟。

塔伦蒂诺:三个月的时间被浓缩在这段对话里。姜戈已经成为职业赏金猎人,他不用在屋外和马一起等待了。进入密西西比后,力量的平衡开始发生改变。但即便是在那时——这么说吧,(姜戈和舒尔茨)也是有计划的。不过鉴于这是一个好故事,他们的计划没有成功。所以他们不得不随机应变。是这样的。如果舒尔茨的计划成功了,他们成功把布鲁姆希尔达从坎迪手中救出来,拿到她的卖身契,姜戈可能会带她去纽约。她可能会进入废奴主义者的鸡尾酒会,讲述她的苦痛及她所经历的一切。如果故事这样发展,布鲁姆希尔达和姜戈都会过得很好。但他就不是这个故事里的英雄了。

盖茨:不是了吗?

塔伦蒂诺:舒尔茨就变成这个故事里的英雄了。事情必须出岔子,舒尔茨必须从画面中消失,这样姜戈才能真的成为英雄。姜戈必须被抓住。他可以干掉很多人,但他必须被抓住。就像黑人民间传说中的人物,他必须全凭自己的狡猾和计策摆脱困境。然后他必须主动选择回去。如果不这样,他就不是这个故事的英雄。

盖茨:因此你牺牲了舒尔茨。

塔伦蒂诺:他必须“离去”,这样姜戈才能接过火炬。也有其他叙事方面的考虑。在两个重要片段中,舒尔茨都把自己逼进了绝对无法脱身的死胡同,但他都靠着一张嘴成功逃离。然后他又第三次遭遇同样糟糕的情况。这时,观众应该感觉舒尔茨是无敌的。姜戈很可能就是这么想的。

盖茨:那么舒尔茨为何决定自我牺牲?他已经战胜(坎迪)了。他们给了(坎迪)一万两千美元的赎金。舒尔茨即将(与坎迪)握手——我是说,他受到了侮辱,但这是完全可以克服的。但他决定:“妈的,我要把你炸飞!”

塔伦蒂诺:我不想全部解释清楚,因为我希望观众自己去思考舒尔茨为何这么做。不过在我看来,明确的原因之一是,面对残酷和邪恶,他不得不戴上面具。现在他变成了受害者,倾泻而来的痛苦让他一时间难以接受。

盖茨:他被这些痛苦的回忆所困扰。

塔伦蒂诺:过去他不让自己感受到的那些感觉在涌入他的内心。他还意识到了另外一件事。我认为他意识到了是他(和姜戈)无意中害死了达达尼昂。(如果他们两人不在)我认为坎迪当时不会仅仅因为达达尼昂试图逃跑而杀死他。他不会放狗。这并不能证明他善良——我的意思是,坎迪当时并没有计划杀死达达尼昂。

盖茨:那么他为何动手?

塔伦蒂诺:为了测试姜戈。因为舒尔茨突然提出要买下达达尼昂时(天啊,这是怎么回事?),他在骗人。(坎迪)知道事情不对:“这很奇怪。他们在密谋什么?这是怎么回事?(舒尔茨)为什么在意?他马上就要加入曼丁哥决斗了;他为什么在意这个人?”

盖茨:所以姜戈为了不露馅儿,必须牺牲(达达尼昂)。我的一位朋友对我说:“我很喜欢这部影片,不过(塔伦蒂诺)竟然会让他的詹姆斯·邦德眼睁睁地看着自己的间谍同伴被狗撕碎?”

塔伦蒂诺:如果是我来写詹姆斯·邦德电影的剧本,而邦德的任务是做卧底,那么答案是肯定的:詹姆斯·邦德会这么做,他一定驾轻就熟。他是专业的。

盖茨:姜戈牺牲这个人还有什么原因?

塔伦蒂诺:他不是斯巴达克斯,并不是要解放所有奴隶,然后再带领他们占领加拿大。他有且只有一个任务:把妻子从地狱救出来。和这个目标相比,一切都算不了什么。

盖茨:他必须(在坎迪面前)保持伪装。

塔伦蒂诺:他必须装得像。而且他比舒尔茨更了解情况。到了密西西比之后,师徒关系就改变了。因为姜戈非常了解这个世界。而舒尔茨则在用类似21世纪的视角看待这个世界。概念上他知道奴隶制,但他没有亲眼看到过奴隶制日常的恐怖和邪恶。

盖茨:有没有一些画面因为过于暴力或者压抑而在剪辑过程中被删除,没有出现在成片中?

塔伦蒂诺:没有过于暴力的画面。但在其他的版本中,曼丁哥决斗和狗撕咬人的场景都更糟糕……更暴力。我对暴力的耐受度比一般人高,对血肉横飞的耐受度比绝大多数人高。所以我不觉得有什么问题。但是你拍一部电影,自己先看,到了一定程度,你就要和观众一起看。曼丁哥决斗和狗撕咬人的场景都更暴力的版本会(给观众)造成心理创伤。他们对我有点太怨恨了,因为之前他们都在享受这部电影。

事实上,后面我让他们回心转意了。我不是说后面再出现(喜剧片段)的时候观众不再笑了。他们只是受到了心理创伤。观众最终的反应是折中的。

这部电影在不同的层面上都不能掉链子。搞笑场面要成功,恐怖场面也要成功。我必须把观众逗笑,必须把观众的心态调整好,这样他们才能好好欣赏晚餐桌上发生的充满悬念的大事件。

盖茨:我明白你的意思。

塔伦蒂诺:我也明白。现在我要故意说得模糊一点,应该不会剧透。(影片最后)姜戈转身面对布鲁姆希尔达,脸上带着那种(杰米擅长的)坏坏的微笑。如果我的工作做到位了,把影片调整得恰到好处,那一刻应该会有掌声爆发。观众会和布鲁姆希尔达一起鼓掌。姜戈和他的马一起跳舞时，他们会笑。

盖茨：在马里兰州贝塞斯达（Bethesda）和我一起看这部影片的观众在那个时刻鼓掌了。

塔伦蒂诺：其实我不介意大家知道最后姜戈胜利了。

"Tarantino 'Unchained': Django Trilogy" by Henry Louis Gates, Jr. from *The Root*, December 23 - 25, 2012.

# 中英文人名对照表

## A

| | |
|---|---|
| 阿德勒,斯特拉 | Adler, Stella |
| 阿拉巴马 | Alabama |
| 阿拉基,格雷格 | Araki, Gregg |
| 阿奎特,帕特丽夏 | Arquette, Patricia |
| 阿米蒂奇,乔治 | Armitage, George |
| 阿帕图,贾德 | Apatow, Judd |
| 阿滕伯勒,理查德 | Attenborough, Richard |
| 阿夫瑞,罗杰 | Avary, Roger |
| 阿兹娜,多萝西 | Arzner, Dorothy |

B

| | |
|---|---|
| 巴伦,杰克 | Baran, Jack |
| 巴托舍维奇,凯瑟琳 | Bartosevich, Catherine |
| 巴瓦,马里奥 | Bava, Mario |
| 白兰度,马龙 | Brando, Marlon |
| 班德,劳伦斯 | Bender, Lawrence |
| 邦克,爱德华 | Bunker, Edward |
| 邦泽尔,安德烈 | Bonzel, André |
| 鲍嘉,亨弗莱 | Bogart, Humphrey |
| 保曼,约翰 | Boorman, John |
| 鲍威尔,迈克尔 | Powell, Michael |
| 贝阿尔,亨利 | Béhar, Henri |
| 贝尔,佐伊 | Bell, Zoe |
| 贝尔瓦,雷米 | Belvaux, Rémy |
| 贝奈克斯,让-雅克 | Beineix, Jean-Jacques |
| 贝斯特,詹姆斯 | Best, James |
| 贝松,吕克 | Besson, Luc |
| 贝托鲁奇,贝纳尔多 | Bertolucci, Bernardo |
| 本顿,罗伯特 | Benton, Robert |
| 彼德森,沃尔夫冈 | Petersen, Wolfgang |

| | |
|---|---|
| 比蒂，沃伦 | Beatty, Warren |
| 比科，史蒂夫 | Biko, Steve |
| 比克尔，特拉维斯 | Bickle, Travis |
| 比诺什，朱丽叶 | Binoche, Juliette |
| 毕斯肯德，彼得 | Biskind, Peter |
| 比肖普，拉瑞 | Bishop, Larry |
| 伯顿，蒂姆 | Burton, Tim |
| 伯顿，理查德 | Burton, Richard |
| 波尔沃德，伯努瓦 | Poelvoorde, Benoît |
| 博格丹诺维奇，彼得 | Bogdanovich, Peter |
| 博胡施，扬 | Bohusch, Jan |
| 伯克，杰基 | Burke, Jackie |
| 波兰斯基，罗曼 | Polanski, Roman |
| 布兰德，内维尔 | Brand, Neville |
| 布朗，福克西 | Brown, Foxy |
| 布朗，吉姆 | Brown, Jim |
| 布朗森，查尔斯 | Bronson, Charles |
| 布朗特，丽萨 | Blount, Lisa |
| 布雷特 | Brett |

| | |
|---|---|
| 布里尔，史蒂文 | Brill，Steven |
| 布里奇斯，詹姆斯 | Bridges，James |
| 布鲁赫，丹尼尔 | Brühl，Daniel |
| 布鲁姆希尔达 | Broomhilda |
| 布鲁内特，彼得 | Brunette，Peter |
| 布奇 | Butch |
| 布塞，加里 | Busey，Gary |
| 布西密，史蒂夫 | Buscemi，Steve |

C

| | |
|---|---|
| 查耶夫斯基，帕迪 | Chayefsky，Paddy |
| 彻里，马克斯 | Cherry，Max |

D

| | |
|---|---|
| 达达尼昂 | D'Artagnan |
| 达尔，约翰 | Dahl，John |
| 达吉斯，曼诺拉 | Dargis，Manohla |

| | |
|---|---|
| 达辛,朱尔斯 | Dassin, Jules |
| 黛德丽,玛琳 | Dietrich, Marlene |
| 戴尔,迪克 | Dale, Dick |
| 戴-刘易斯,丹尼尔 | Day-Lewis, Daniel |
| 戴蒙德,尼尔 | Diamond, Neil |
| 戴米,乔纳森 | Demme, Jonathan |
| 丹特,乔 | Dante, Joe |
| 道格拉斯,弗雷德里克 | Douglass, Frederick |
| 道格拉斯,柯克 | Douglas, Kirk |
| 德·邦特,扬 | de Bont, Jan |
| 德赖弗,艾尔 | Driver, Elle |
| 德赖弗斯,苏珊娜 | Dreyfus, Shosanna |
| 德赖弗斯,朱莉 | Dreyfus, Julie |
| 德雷克斯 | Drexl |
| 德龙,阿兰 | Delon, Alain |
| 德·梅黛洛,玛丽亚 | de Medeiros, Maria |
| 德尼罗,罗伯特 | De Niro, Robert |
| 德·帕尔玛,布莱恩 | De Palma, Brian |
| 德普,约翰尼 | Depp, Johnny |

德·维托,丹尼　　DeVito, Danny
迪奥姆金,迪米特里　　Tiomkin, Dimitri
迪恩,詹姆斯　　Dean, James
蒂尔尼,劳伦斯　　Tierney, Lawrence
迪卡普里奥,莱昂纳多　　DiCaprio, Leonardo
狄克逊,小托马斯　　Dixon, Thomas, Jr.
蒂姆,迪米特里　　Tiomkin, Dimitri
多尔,鲍勃　　Dole, Bob
多诺维兹　　Donowitz

F

法比安　　Fabienne
法斯宾德,赖纳·维尔纳　　Fassbinder, Rainer Werner
法斯宾德,迈克尔　　Fassbender, Michael
法塔莱,索菲　　Fatale, Sofie
范多伦,玛米　　Van Doren, Mamie
范霍文,保罗　　Verhoeven, Paul
范·克里夫,李　　Van Cleef, Lee

| | |
|---|---|
| 范·桑特,格斯 | Van Sant, Gus |
| 芳达,布里吉特 | Fonda, Bridget |
| 菲尔兹,W. C. | Fields, W. C. |
| 菲佛,米歇尔 | Pfeiffer, Michelle |
| 费丽托,范妮莎 | Ferlito, Vanessa |
| 费内奇,埃德 | Fenech, Ed |
| 费奇特,斯特平 | Fetchit, Stepin |
| 菲什伯恩,拉里 | Fishburne, Larry |
| 费斯特,费利克斯·E. | Feist, Felix E. |
| 芬奇,大卫 | Fincher, David |
| 冯·哈默斯马克,布里奇特 | von Hammersmark, Bridget |
| 佛洛斯,梅根 | Follows, Megan |
| 福克斯,杰米 | Foxx, Jamie |
| 福克斯,薇薇卡·A. | Fox, Vivica A. |
| 福莱特,肯 | Follett, Ken |
| 弗兰克,丽莎 | Frank, Lisa |
| 弗兰克海默,约翰 | Frankenheimer, John |
| 富兰克林,卡尔 | Franklin, Carl |
| 富兰克林,理查德 | Franklin, Richard |

| | |
|---|---|
| 富勒，格雷厄姆 | Fuller, Graham |
| 富勒，塞缪尔 | Fuller, Samuel |
| 弗林，约翰 | Flynn, John |
| 福茂，蒂耶里 | Frémaux, Thierry |
| 福斯特，罗伯特 | Forster, Robert |
| 福特，德里克 | Ford, Derek |
| 福特，哈里森 | Ford, Harrison |
| 福特，约翰 | Ford, John |

G

| | |
|---|---|
| 盖茨，小亨利·路易斯 | Gates, Henry Louis, Jr. |
| 盖科，里奇 | Gecko, Richie |
| 盖科，赛思 | Gecko, Seth |
| 盖勒，艾米 | Geller, Amy |
| 高德曼，马丁 | Goldman, Martin |
| 高洛斯，罗伯特 | Clouse, Robert |
| 戈达尔，让-吕克 | Godard, Jean-Luc |
| 戈金斯，沃尔顿 | Goggins, Walton |

| | |
|---|---|
| 格拉斯 | Glass |
| 格雷,科林·K. | Gray, Colin K. |
| 格里尔,帕姆 | Grier, Pam |
| 格里菲斯,查尔斯·B. | Griffith, Charles B. |
| 格里菲斯,大卫 | Griffith, D. W. |
| 格林,弗妮塔 | Green, Vernita |
| 格罗斯,特里 | Gross, Terry |
| 格罗斯巴德,乌鲁 | Grosbard, Ulu |
| 戈麦斯,尼克 | Gomez, Nick |
| 戈培尔,约瑟夫 | Goebbels, Joseph |

H

| | |
|---|---|
| 哈德林,雷吉 | Hudlin, Reggie |
| 哈里森,伍迪 | Harrelson, Woody |
| 哈曼,克雷格 | Hamann, Craig |
| 哈米特,达希尔 | Hammett, Dashiell |
| 哈默,迈克 | Hammer, Mike |
| 哈撒韦,亨利 | Hathaway, Henry |

| | |
|---|---|
| 哈森，卡尔 | Hiassen, Carl |
| 哈斯凯尔，莫莉 | Haskell, Molly |
| 海克福德，泰勒 | Hackford, Taylor |
| 海姆，科里 | Haim, Corey |
| 海耶斯，艾萨克 | Hayes, Isaac |
| 汉克斯，汤姆 | Hanks, Tom |
| 汉密尔顿，帕特里克 | Hamilton, Patrick |
| 汉纳，达丽尔 | Hannah, Daryl |
| 豪斯曼，约翰 | Houseman, John |
| 赫顿，布莱恩·G. | Hutton, Brian G. |
| 赫尔曼，蒙特 | Hellman, Monte |
| 赫希伯格，林恩 | Hirschberg, Lynn |
| 赫希特，本 | Hecht, Ben |
| 黑尔，大卫 | Hare, David |
| 亨特，科特妮 | Hunt, Courtney |
| 侯麦，埃里克 | Rohmer, Éric |
| 华莱士，马塞勒斯 | Wallace, Marsellus |
| 华盛顿，凯丽 | Washington, Kerry |
| 惠勒，威廉 | Wyler, William |

| | |
|---|---|
| 贾木许,吉姆 | Jarmusch, Jim |
| 嘉逊,葛丽亚 | Garson, Greer |
| 杰克逊,塞缪尔 | Jackson, Samuel L. |
| 金,斯蒂芬 | King, Stephen |
| 金斯菲尔德 | Kingsfield |

K

| | |
|---|---|
| 卡伯特,埃迪 | Cabot, Eddie |
| 卡伯特,乔 | Cabot, Joe |
| 卡恩,爱德华 | Cahn, Edward L. |
| 卡格尼,詹姆斯 | Cagney, James |
| 卡拉丁,大卫 | Carradine, David |
| 卡拉克斯,莱奥 | Carax, Leos |
| 卡林,汤姆 | Kalin, Tom |
| 卡林,乔治 | Carlin, George |
| 卡罗尔,刘易斯 | Carroll, Lewis |
| 卡朋特,约翰 | Carpenter, John |
| 卡萨维蒂,约翰 | Cassavetes, John |

| | |
|---|---|
| 卡森,L. M. 基特 | Carson, L. M. Kit |
| 卡斯特拉里,恩佐 | Castellari, Enzo |
| 凯,凯琳 | Kay, Karyn |
| 凯恩,迈克尔 | Caine, Michael |
| 凯恩,詹姆斯·M. | Cain, James M. |
| 凯尔,宝琳 | Kael, Pauline |
| 凯利,安布罗西亚 | Kelley, Ambrosia |
| 凯利,吉米 | Kelly, Jim |
| 凯利,罗里 | Kelly, Rory |
| 凯特尔,哈威 | Keitel, Harvey |
| 坎贝尔,威廉 | Campbell, William |
| 坎迪,卡尔文 | Candie, Calvin |
| 坎纳特,亚基马 | Canutt, Yakima |
| 坎帕斯,迈克尔 | Campus, Michael |
| 坎皮恩,简 | Campion, Jane |
| 康普顿,理查德 | Compton, Richard |
| 考普,罗伯特 | Culp, Robert |
| 科波拉,弗朗西斯·福特 | Coppola, Francis Ford |
| 科比,杰克 | Kirby, Jack |

| | |
|---|---|
| 柯蒂兹,迈克尔 | Curtiz, Michael |
| 柯恩,拉里 | Cohen, Larry |
| 科恩,乔尔 | Coen, Joel |
| 科恩,伊桑 | Coen, Ethan |
| 科尔布奇,赛尔乔 | Corbucci, Sergio |
| 科尔曼,罗尼 | Coleman, Ronnie |
| 科尔特拉恩,罗斯科·P. | Coltrane, Roscoe P. |
| 科科蒂,文森佐 | Coccotti, Vincenzo |
| 柯克伦,约翰尼 | Cochran, Johnnie |
| 克拉伦斯 | Clarence |
| 克莱恩,凯文 | Kline, Kevin |
| 克莱恩,T. 杰斐逊 | Kline, T. Jefferson |
| 克莱什,比利 | Crash, Billy |
| 克勒尔,玛尔特 | Keller, Marthe |
| 克雷默,斯坦利 | Kramer, Stanley |
| 克鲁格,黛安 | Kruger, Diane |
| 克鲁尼,乔治 | Clooney, George |
| 克洛弗,卡罗尔 | Clover, Carol |
| 科罗拉多 | Colorado |

| | |
|---|---|
| 科曼,罗杰 | Corman, Roger |
| 肯尼迪,伯特 | Kennedy, Burt |
| 库布里克,斯坦利 | Kubrick, Stanley |
| 库克,乔治 | Cukor, George |
| 库珀,梅里安·C. | Cooper, Merian C. |
| 库尔茨,鲍勃 | Kurtz, Bob |
| 库兹曼,罗伯特 | Kurtzman, Robert |

L

| | |
|---|---|
| 拉米雷斯,理查德 | Ramirez, Richard |
| 拉尼,梅根 | Raney, Megan |
| 拉帕迪特 | LaPadite |
| 拉塞尔,库尔特 | Russell, Kurt |
| 拉思伯恩,巴兹尔 | Rathbone, Basil |
| 莱昂内,赛尔乔 | Leone, Sergio |
| 莱斯特,马克·L. | Lester, Mark L. |
| 赖特,埃德加 | Wright, Edgar |
| 莱特曼,大卫 | Letterman, David |

| | |
|---|---|
| 莱伍赛，罗杰 | Livesey, Roger |
| 兰达，汉斯 | Landa, Hans |
| 兰德尔，特里萨 | Randle, Theresa |
| 兰迪斯，约翰 | Landis, John |
| 兰斯 | Lance |
| 朗，弗里茨 | Lang, Fritz |
| 朗费罗，亨利·沃兹沃斯 | Longfellow, Henry Wadsworth |
| 劳森伯格，罗伯特 | Rauschenberg, Robert |
| 雷，奥尔多 | Ray, Aldo |
| 雷恩，奥尔多 | Raines, Aldo |
| 雷米，山姆 | Raimi, Sam |
| 雷米斯，哈罗德 | Ramis, Harold |
| 雷诺，杰 | Leno, Jay |
| 雷诺阿，让 | Renoir, Jean |
| 雷诺兹，伯特 | Reynolds, Burt |
| 雷瑟曼，沃夫冈 | Reitherman, Wolfgang |
| 李，斯派克 | Lee, Spike |
| 里普利，阿瑟 | Ripley, Arthur |
| 李维克，安纳托尔 | Litvak, Anatole |

| | |
|---|---|
| 利希滕斯坦，罗伊 | Lichtenstein, Roy |
| 林德伯格，克里斯蒂娜 | Lindberg, Christina |
| 林克莱特，理查德 | Linklater, Richard |
| 林奇，大卫 | Lynch, David |
| 刘别谦，恩斯特 | Lubitsch, Ernst |
| 刘易斯，杰瑞 | Lewis, Jerry |
| 刘易斯，约瑟夫 | Lewis, Joseph H. |
| 刘易斯，朱丽叶特 | Lewis, Juliette |
| 鲁本，约瑟夫 | Ruben, Joseph |
| 伦纳德，埃尔默 | Leonard, Elmore |
| 罗伯斯，曼尼·维拉 | Lobos, Manny Villa |
| 罗德里格兹，罗伯特 | Rodriguez, Robert |
| 洛芙蕾丝，格蕾丝 | Lovelace, Grace |
| 罗根，塞斯 | Rogen, Seth |
| 罗杰斯，罗伊 | Rogers, Roy |
| 洛克，米基 | Rourke, Mickey |
| 洛克威尔，亚历山大 | Rockwell, Alexandre |
| 罗兰，梅拉尼 | Laurent, Mélanie |
| 罗兰，索菲娅 | Loren, Sophia |

| | |
|---|---|
| 罗梅罗,埃迪 | Romero, Eddie |
| 罗森,罗伯特 | Rossen, Robert |
| 罗斯,蒂姆 | Roth, Tim |
| 罗斯,伊莱 | Roth, Eli |
| 罗素,肯 | Russell, Ken |
| 罗特,哈里 | Roat, Harry |
| 罗西,约瑟夫 | Losey, Joseph |

M

| | |
|---|---|
| 马德森,迈克尔 | Madsen, Michael |
| 马杜克,约瑟夫 | Manduke, Joseph |
| 马卡帕加尔-阿罗约,格洛丽亚 | Macapagal-Arroyo, Gloria |
| 马克斯,阿瑟 | Marks, Arthur |
| 马克斯兄弟 | Marx Brothers |
| 马力克,泰伦斯 | Malick, Terrence |
| 马梅,大卫 | Mamet, David |
| 马塞尔 | Marcel |
| 马文,李 | Marvin, Lee |

| | |
|---|---|
| 麦圭根,保罗 | McGuigan, Paul |
| 麦卡雷,莱奥 | McCarey, Leo |
| 麦克阿瑟,查尔斯 | MacArthur, Charles |
| 麦克布莱德,吉姆 | McBride, Jim |
| 麦克尔斯,泰德·V. | Mikels, Ted V. |
| 麦克拉格伦,安德鲁 | McLaglen, Andrew V. |
| 麦克莱恩,艾莉森 | Maclean, Alison |
| 麦克默特里,拉里 | McMurtry, Larry |
| 麦克休,康妮 | McHugh, Connie |
| 麦奎因,史蒂夫 | McQueen, Steve |
| 曼,德尔伯特 | Mann, Delbert |
| 曼,迈克尔 | Mann, Michael |
| 梅尔,罗斯 | Meyer, Russ |
| 梅尔斯,麦克 | Myers, Mike |
| 梅尔维尔,让-皮埃尔 | Melville, Jean-Pierre |
| 梅乐丽 | Mallory |
| 孟克,萨莉 | Menke, Sally |
| 梦露,玛丽莲 | Monroe, Marilyn |
| 米彻姆,罗伯特 | Mitchum, Robert |

| | |
|---|---|
| 米基 | Mickey |
| 米克，拉尔夫 | Meeker，Ralph |
| 米勒，弗兰克 | Miller，Frank |
| 米利厄斯，约翰 | Milius，John |
| 米切尔，卡梅隆 | Mitchell，Cameron |
| 米娅 | Mia |
| 莫尔，理查德 | Moore，Richard |
| 墨菲，艾迪 | Murphy，Eddie |
| 墨菲，奥迪 | Murphy，Audie |
| 莫里康内，埃尼奥 | Morricone，Ennio |

N

| | |
|---|---|
| 纳瓦罗，吉列尔莫 | Navarro，Guillermo |
| 尼奥格雷，于贝尔 | Niogret，Hubert |
| 尼基 | Nikki |
| 诺瑞斯，亚伦 | Norris，Aaron |
| 诺伊斯，菲利普 | Noyce，Phillip |

## P

| | |
|---|---|
| 帕克斯,戈登 | Parks, Gordon |
| 帕克斯,迈克尔 | Parks, Michael |
| 帕西诺,阿尔 | Pacino, Al |
| 潘,克里斯 | Penn, Chris |
| 潘,西恩 | Penn, Sean |
| 培根,凯文 | Bacon, Kevin |
| 佩吉,西蒙 | Pegg, Simon |
| 佩金帕,萨姆 | Peckinpah, Sam |
| 皮尔森,弗兰克 | Pierson, Frank |
| 皮特,布拉德 | Pitt, Brad |
| 皮特里,丹尼尔 | Petrie, Daniel |
| 珀西,沃克 | Percy, Walker |
| 普拉莫,阿曼达 | Plummer, Amanda |
| 普赖尔,理查德 | Pryor, Richard |
| 普雷斯伯格,埃默里克 | Pressburger, Emeric |
| 普卢默,克里斯托弗 | Plummer, Christopher |

Q

| | |
|---|---|
| 钱德勒，雷蒙德 | Chandler, Raymond |
| 琼斯，查克 | Jones, Chuck |
| 琼斯，瓦莱丽 | Jones, Valerie |

R

| | |
|---|---|
| 瑞姆斯，文 | Rhames, Ving |

S

| | |
|---|---|
| 萨蒂，埃里克 | Satie, Erik |
| 萨福德，托尼 | Safford, Tony |
| 萨里斯，安德鲁 | Sarris, Andrew |
| 萨瑟兰，基弗 | Sutherland, Kiefer |
| 塞尔斯，约翰 | Sayles, John |
| 塞克，道格拉斯 | Sirk, Douglas |

| | |
|---|---|
| 斯皮格尔,斯科特 | Spiegel, Scott |
| 斯塔克,理查德 | Stark, Richard |
| 斯泰格尔,罗德 | Steiger, Rod |
| 斯特奇斯,约翰 | Sturges, John |
| 斯通,奥利佛 | Stone, Oliver |
| 斯图尔特,詹姆斯 | Stewart, James |
| 斯托尔兹,埃里克 | Stoltz, Eric |
| 索尔,大卫 | Soul, David |
| 索尔兹伯里,莱拉 | Salisbury, Leila |
| 索维诺,米拉 | Sorvino, Mira |
| 索南菲尔德,巴里 | Sonnenfeld, Barry |

T

| | |
|---|---|
| 塔伦蒂诺,托尼 | Tarantino, Tony |
| 泰勒,埃拉 | Taylor, Ella |
| 汤,罗伯特 | Towne, Robert |
| 唐纳,理查德 | Donner, Richard |
| 汤普森,吉姆 | Thompson, Jim |

| | |
|---|---|
| 维卡里奥,马可 | Vicario, Marco |
| 威利,弗兰克 | Whaley, Frank |
| 威利斯,布鲁斯 | Willis, Bruce |
| 威廉森,弗雷德 | Williamson, Fred |
| 威瑟斯,比尔 | Withers, Bill |
| 维斯克,大卫 | Wasco, David |
| 韦特缪勒,里娜 | Wertmüller, Lina |
| 威特尼,威廉 | Witney, William |
| 薇芝,拉蔻儿 | Welch, Raquel |
| 文德斯,维姆 | Wenders, Wim |
| 沃茨,杰基 | Watts, Jackie |
| 沃尔布鲁克,安东 | Walbrook, Anton |
| 沃尔什,拉乌尔 | Walsh, Raoul |
| 沃肯,克里斯托弗 | Walken, Christopher |
| 伍顿,阿德里安 | Wootton, Adrian |
| 伍尔里奇,康奈尔 | Woolrich, Cornell |

X

| | |
|---|---|
| 希顿,乔治 | Seaton, George |

| | |
|---|---|
| 希尔,杰克 | Hill, Jack |
| 希尔,乔迪 | Hill, Jody |
| 希尔,沃尔特 | Hill, Walter |
| 西尔沃,乔 | Silver, Joel |
| 希格尔,唐 | Siegel, Don |
| 希科克斯,阿奇 | Hicox, Archie |
| 西芒,米歇尔 | Ciment, Michel |
| 西米诺,迈克尔 | Cimino, Michael |
| 希区柯克,阿尔弗雷德 | Hitchcock, Alfred |
| 肖,罗伯特 | Shaw, Robert |
| 谢尔曼,加里·A. | Sherman, Gary A. |
| 辛格,布莱恩 | Singer, Bryan |

Y

| | |
|---|---|
| 雅各布,伊莲娜 | Jacob, Irène |
| 伊多,雅基 | Ido,Jacky |
| 伊斯特伍德,克林特 | Eastwood,Clint |

## Z

| | |
|---|---|
| 扎斯托皮尔，柯蒂斯 | Zastoupil, Curtis |
| 詹姆斯，尼克 | James, Nick |
| 朱尔斯 | Jules |
| 卓别林，查理 | Chaplin, Charles |
| 兹威克，爱德华 | Zwick, Edward |
| 佐勒，弗雷德里克 | Zoller, Fredrick |

# 中英文作品名对照表

## 部分导演作品

| | |
|---|---|
| 《被解救的姜戈》 | *Django Unchained* |
| 《低俗小说》 | *Pulp Fiction* |
| 《金刚不坏》 | "Death Proof" |
| 《落水狗》 | *Reservoir Dogs* |
| 《杀死比尔》 | *Kill Bill: Vol. 1* |
| 《杀死比尔 2》 | *Kill Bill: Vol. 2* |
| 《四个房间》 | *Four Rooms* |
| 《危险关系》 | *Jackie Brown* |
| 《我最好朋友的生日》 | *My Best Friend's Birthday* |

| | |
|---|---|
| 《无耻混蛋》 | *Inglourious Basterds* |
| 《刑房》 | *Grindhouse* |

## 部分编剧作品

| | |
|---|---|
| 《杀出个黎明》 | *From Dusk Till Dawn* |
| 《桃子毛船长和凤尾鱼大盗》 | *Captain Peachfuzz and the Anchovy Bandit* |
| 《天生杀人狂》 | *Natural Born Killers* |
| 《真实罗曼史》 | *True Romance* |